本书系2020年国家社科基金一般项目"马克思主义法治思想中国化的发展历程与基本经验研究"(20BKS019)的阶段性成果。

中国书籍学术之光文库

法律治理观念源考

李 墨 | 著

中国书籍出版社

光明日报出版社

图书在版编目（CIP）数据

法律治理观念源考/李墨著.—北京：中国书籍出版社：光明日报出版社，2020.10
ISBN 978-7-5068-8027-5

Ⅰ.①法… Ⅱ.①李… Ⅲ.①社会主义法治—研究—中国 Ⅳ.①D920.0

中国版本图书馆 CIP 数据核字（2020）第 198206 号

法律治理观念源考

李 墨 著

责任编辑	李 新
责任印制	孙马飞　马 芝
封面设计	中联华文
出版发行	中国书籍出版社　光明日报出版社
地　　址	北京市丰台区三路居路 97 号（邮编：100073）
电　　话	（010）52257143（总编室）　（010）52257140（发行部）
电子邮箱	eo@chinabp.com.cn
经　　销	全国新华书店
印　　刷	三河市华东印刷有限公司
开　　本	710 毫米×1000 毫米　1/16
字　　数	253 千字
印　　张	16
版　　次	2020 年 10 月第 1 版　2020 年 10 月第 1 次印刷
书　　号	ISBN 978-7-5068-8027-5
定　　价	95.00 元

版权所有　翻印必究

序

杜鸿林

自2003年起，我在我的母校天津师范大学政治与行政学院任教授、博士生导师，在我的学生中有一位是李墨，即本书的作者。李墨于2015年成了我指导的最后一名博士生，同时也是我学生的学生。带了学生的学生，这是我未曾预想到的。李墨硕士毕业后，考取了天津市宝坻区法院，后又调到了和平区综合执法局，总之没离开"法"的实施部门。于是，我提议，李墨的博士学位论文就瞄准"法"，因为他具有比较优势。试想，一位本职工作是天天直面形形色色的治理对象，对不守法的乱象和执法的乱象均有着直接的切身的体验，这样的一块材料，如插上理论的翅膀，保不齐能做出好一点的博士论文。

李墨很用心且用功，属于悟性强的那类学生，读博期间，自行撰文，凭着真诚加勇气，文稿盲投出去，居然也被较为著名的学刊录用，读博期间就发了7篇论文，其中中文核心4篇。研究生乃至教学研究人员发文难的关隘，在他那里似乎不怎么难闯，其实，还是他论文的问题域选择得应时、批判意识和建设意识并具、学理逻辑自洽、文字表述清晰、合乎学术规范等方面的优长起了决定性作用。我也特意带他一道撰写论文，发表在2015年第4期《天津大学学报（社会科学版）》的《我国传统重民思想评析》就是我们合作的成果之一。李墨是个兴趣广泛、欲求新知的年轻人，博士毕业不久，他和我商量，想到天津师范大学历史学院的博士后流动站，师从易学名家杨效雷深造，研究方向是《周易》。我的指导方向一是社会主义理论，一是中国传统文化，对他的这个选择表示赞成，并嘱咐他，能够通过对博大精深、奥妙无穷、含有中国文化若干元理念的《周易》的钻研，进一步提高守正出新的悟

1

性和能力。他的出站学术报告是关于《周易》辩证法与黑格尔辩证法的比较研究，我和南开大学的《周易》专家吴克峰、学界名家荣长海等参加了他的答辩会，对他的这一见识和勇气加以鼓励，对他的一些观点予以肯定，并就一些疑难问题做了讨论，特别是指出，对现有的成果要有一个恰当的定位，要清醒认识，真正进入和攀援《周易》和黑格尔这两座中西方学术之巅峰，那是何等的艰难，更遑论打通这两者间的关联性、差异性！

2017年，李墨调入了天津美术学院任政治理论课教师，天美的党委书记孙杰、党委副书记蒋宗文、副院长李鑫等都是多年做思政教育工作的行家里手，更具挑战性的是，学院思政课的主要受众是美术专业的学生，从本质上讲，思政课是一项培育人性之美的铸魂工程，是另一样式的美育，它与美术专业的价值归旨大有相通之处。我曾一度担心李墨因兴趣广泛而放逐了对本业的专注，还好，经过一段时间的观察，他的心思和精力很快就投入到本职工作上来，在力求打造思政金课方面持续做着努力。

众所周知，高校思政课的讲授内容是有严格规定的，为了提高授课效果，现大都采取集体备课的方式，就讲好规定性极强的授课内容集思广益，即使这样做了，同样的内容，在不同的讲授者那里，效果还是有差别。可能是居高临下，一副教师爷口气，照本宣科，味同嚼蜡，犹如催眠，令人昏昏欲睡，招来一片低头族——玩赏手机；也可能是亲和力尽显，平等相待，鼓劲提神，讲授者真情倾注，受众入脑入心，课上课下结成了一个充满温情的师生命运共同体。达到后者的高度，讲授者的底蕴甚为紧要，其中强大的逻辑力、理论力是不可或缺的。因而，当我看到李墨《法律治理观念源考》书稿时，心中涌起几分喜悦。《法律治理观念源考》这部书稿的主体脱于李墨的博士学位论文，但又有了许多新的改动和添加，可见他与科研并没有疏离，而是葆有着思索探研的精神状态。在此，我只做出两点评价：一是该书对我国从古至今的法律思想和法治思想做了梳理、归纳、提炼，并尽可能地予以适当评价。在纵向研究中，论及我国传统法律思想和法治观、西方传统法治观，归属于马克思主义谱系和中国化马克思主义的法治思想。工作量之大可以想见，很是费时劳神，对李墨这样一个需要对我国古代、中西方近现代法学文典深入研究的年轻学人，是极具挑战性的，好在他熬过了这一关。二是该书初步构建了一个中国特色法律治理观念的学理框架，并对其内部结构和重要节点做了简明解说，并在中国特色法律治理观念的实现路径方面着以笔墨，尤其是对习近平同志关于法治的一系列重要论述做了阐析，揭示其中的学理蕴含和价值意蕴，在我国学界，做这些工作的同仁尚不太多，该书的这一尝试也算得上是一大优长。

下面，我想引先人诗文，与李墨共勉。

"春灯补读未完书"。（清·黄慎）望他能戒满戒躁，多读书，读经典之书，与经典同思同行。"行之力则知愈进，知之深则行愈达"。（宋·张栻）宋代的朱熹也说过同样意思的话："知之愈明，则行之愈笃；行之愈笃，则知之愈明。"作为一名从事马克思主义法治理论宣传和研究的年轻学人，作为一名肩负新时代重任的高校思政课教师，基本功是把马克思主义的根本立场、基本原理、基本观点学到手，在学习马克思主义和中国化马克思主义理论，把握其科学世界观、方法论上，永无止境，须臾不可懈怠。唯有读好马克思主义和中国化马克思主义这本真经，实践才能既守正，又创新。知难行易，亦或知易行难，都是从不同角度的理解，无论怎样，处理好知与行的关系是教学、治学、为人乃至贯串整个人生的必修课。

最后，还要感谢天津美术学院设立的"131创新人才培养工程"，这是个旨在培育天美人才的孵化器，而李墨和他的同事们是这一善举的极大受益者。

（杜鸿林　中共天津市委宣传部原巡视员，天津市哲学社会科学规划办公室主任；南开大学、天津师范大学政治与行政学院教授、博士生导师）

前 言

本书认为，作为中国特色社会主义法治理论的有机组成部分，中国特色法律治理观念是在广泛结合中国法治现实的基础上，融合中西方优秀法律思想渊源和理论观点的马克思主义法学思想和法治理论中国化的创新成果。

首先，中国古代法治观与西方文化中的法治观为中国特色法律治理观念提供了本土思想渊源与外来思想借鉴。中国古代法治观兼收儒、法两家的法价值观念，将"忠孝仁义"的伦理等级观念与道德教化思想法律化、制度化，以儒家伦理法为表征的道德约束具有相当于法律的权威性与强制性，对于中国人和中国社会而言更具有本土治理优势。相形之下，西方法治文化与法学理论所积累的丰富的思想素材，为马克思主义法治观的孕育提供了丰厚的文化土壤，对我们正确认识和理解法治的历史地位和作用，牢固树立唯物史观具有重要借鉴意义。与此同时，苏联共产党在政策法律文本与法治实践上的悖离及其失败后果，也为坚持社会主义制度、树立社会主义法治观提供了重要的历史镜鉴。

其次，马克思主义法学思想构成了中国特色法律治理观念直接的思想理论来源，是指导中国法治实践的基础性学说。这些思想包括：法根源于一定的物质生产条件和现实的经济基础，作为统治阶级"共同意志"上升为国家意志的直接反映，法的内容和形式随着社会形态的发展而变化，在私有制条件下，法律所规定的人的权利和自由是抽象且难以实现的，必须通过变革物质条件和阶级基础来扬弃资本主义的法，实现人的最终解放。同时，相比于哲学、艺术、宗教等上层建筑，法自身相对独立的能动作用能够更为深刻地影响经济社会的发展与变革。因此，在向共产主义过渡的很长一个时期，我国仍须坚持对法的改造和实行，按照宪法法律实行无产阶级专政。总体上，马克思主义经典作家法治观强调人的权利与自由，崇尚公平正义，致力于人的解放，他们围绕宪法法律地位、争取和保障人权、政党与法治关系等重大论题进行阐述，为中国共产党人推进社会主义法治建设提供了理论基础。

再次，以毛泽东、邓小平、江泽民、胡锦涛为代表的中国共产党人的法治观，是中国特色法律治理观念的重要组成部分，表征其酝酿与发展的整个进程。毛泽东法治思想中的宪法宪政思想以及人民民主专政的理论与实践，作为唯物史观同中国革命实践相结合的具体产物，为中国特色法律治理观念的酝酿与构建提供了坚实基础。邓小平法治观是马克思主义法学基本原理同当代中国法制建设结合的智慧结晶，其中，反对人治与主张法治、坚持社会主义民主与法制并举，构成了邓小平法治观的主要特征。"三个代表"重要思想囊括了依法治国与以德治国的基本方略以及从严治党、依法治党的理念选择，在发展社会主义市场经济的关键时期，稳固了中国共产党依法治国的执政方向。科学发展观所蕴涵的以人为本的法治精神以及依法执政的法治思维，则在回应和解决构建和谐社会的现实矛盾中发挥了重要的指导作用。总之，中国特色法律治理观念涵盖不同历史阶段党领导人民依法治国理政的不同理论面相，这些思想理论作为一个整体，共同推动着社会主义民主法治理论不断发展。

最后，以习近平同志为核心的党中央将社会主义法治建设推向更高境界。司法体制改革、维护国际法治、依宪执政、依宪治国等重大法治理论进一步深化，全面依法治国被纳入"四个全面"战略布局，这些新思想、新理论极大地丰富了中国特色法律治理观念的思想宝库与理论内涵。综上，可将中国特色法律治理观念的主要内容涵盖如下：党的领导论、依法执政论、人民主体论、科学立法论、宪法中心论、法治国家论、法治政府论、法治社会论、严格执法论、公正司法论、反人治论、法治与德治结合论、全民守法论、国际法治论。另外，中国特色法律治理观念的实现路径应着眼于"四个全面"的视域范畴，结合发展改革、治党理政的整体布局与实际要求，保证法治的各项制度设计和政策措施落到实处。

目 录
CONTENTS

导　论 ……………………………………………………………………… 1

第一章　中国特色法律治理观念的新范畴何以需要 ………………… 20
 第一节　基于中国特色社会主义的实践逻辑 ………………………… 20
 第二节　基于中国特色社会主义的理论逻辑 ………………………… 28
 第三节　中国特色法律治理观念的概念考析与研究框架 …………… 36

第二章　中国特色法律治理观念的来源之一 ………………………… 49
 第一节　中国古代法治观的核心范畴及其展开 ……………………… 49
 第二节　西方传统文化中的法治观及其借鉴意义 …………………… 61

第三章　中国特色法律治理观念的来源之二 ………………………… 78
 第一节　马克思、恩格斯、列宁的法治观 …………………………… 78
 第二节　经典作家法治观的基本内涵与当代价值 …………………… 93

第四章　中国特色法律治理观念的酝酿形成与发展 ………………… 110
 第一节　毛泽东法治观的特征与时代意义 …………………………… 110
 第二节　邓小平法治观的主要内涵 …………………………………… 120
 第三节　"三个代表"重要思想中的法治观内涵 …………………… 128
 第四节　科学发展观的法治意蕴 ……………………………………… 134

第五章 十八大以来中国特色法律治理观念及其实践的新发展 ………… 140
  第一节 法治是治国理政的基本方式 …………………………… 141
  第二节 全面推进依法治国与建设法治中国 …………………… 151
  第三节 推进司法体制改革与完善中国特色社会主义司法制度 ……… 167
  第四节 积极推动全球治理格局中的国际法治 ………………… 174

第六章 中国特色法律治理观念何以构建与实现 ………………… 187
  第一节 构建中国特色法律治理观念必须处理好的三大关系 …… 187
  第二节 中国特色法律治理观念的组成部分、主要内容和实现路径 … 193

结　语 ……………………………………………………………… 220
参考文献 …………………………………………………………… 223
后　记 ……………………………………………………………… 240

导 论

一、法律治理观念研究意义概观

（一）研究背景

法治是政治文明发展到一定历史阶段的产物，从中国共产党重视和实行法治的历史来看，法治建设开展得好的时期，国家治理就有章可循，人民民主就能得到较好的保障，社会大局就能保持和谐安定。十一届三中全会召开后，民主与法治精神在国家社会中得到前所未有的彰显，特别是党的十五大报告，首次将"依法治国"提升至国家战略的高度，为中国共产党人有效治国理政、推动改革发展提供了一种新的路径选择。党的十八大继承和总结了十六大、十七大以来我国法治建设的经验成果，将"依法治国"推向更加"全面"的新高度，特别是以中央全会形式专门讨论形成的十八届四中全会《中共中央关于全面推进依法治国若干重大问题的决定》（以下简称《决定》），首次写入建设"法治中国"，这不仅表明党中央对于法治问题有了新的认识和诠释，也将法治提高到了一个全局性的国家战略的高度，意味着新时期改革发展的各个领域，都离不开法治建设，都必须与法治改革相适应、相协调。同时，全面实现"法治"本身既是目标又是路径，是包含立法、司法、执法、守法在内的一项重大系统工程，要求秉承社会主义法治观的基本遵循，在价值观念、制度机制、思想理论以及战略措施等顶层设计上统一协调规划，以科学和符合中国实际的法治观统领包括立法、执法、司法和守法在内的法治建设各个方面。

"四个全面"重大战略布局为中国法治明确了战略定位，对建设具有中国特色的社会主义法治理论，协调处理好推进法治同深化改革、从严治党、建设小康社会的关系，起到了极大的推动作用。党的十八届四中全会所明确的"全面推进依法治国"①的表述，被"四个全面"思想理论完全吸纳，不仅坚持了党的领导、人民当家作主、依法治国有机统一的"法治中国"的本质内涵，更将这一内涵纳入当前改革发展的大环境中考察，不论是经济管理领域的简政放权，社会治理领域的法治保障，还是党建领域的依规治党、依法执政，正是在"四个全面"的更大坐标系中审视，法治才找到了更加宽广的实践舞台，也正是有了法治的规范和引领，有了全面依法治国的有力保障，新的历史时期我们党完成促改革、谋发展、保稳定的任务目标才有了基本支撑。

法治是社会主义核心价值观的基本内容，对于坚持正确的社会主义意识形态方向、践行社会主义核心价值观、加快培育现代民主法治精神，都具有十分重要的现实意义。党的十八大报告从国家、社会和个人三个层面出发，提出了"三个倡导"②的重要理论，以"国之魂"的历史定位，阐释了社会主义核心价值观的主要内容。十八届四中全会则继承并创新发展了十五大所提出的依法治国方略，站在"国之制"的政治高度，指出法治化道路是社会主义国家治国理政的必由之路。"国之魂"构成了"国之制"的精神引领和内生动力，"国之制"体现了"国之魂"的物质保障与治理要求，二者相辅相成、有机统一，共同服务于全面深化改革的总目标。有必要将法治观的研究与社会主义核心价值观相结合，一方面在推进依法治国、建设法治中国的新时期，坚持社会主义核心价值观这个"国之魂"不动摇，积极融入马克思主义、中华传统文化以及西方先进价值理念，使之有机结合，凝聚为社会主义核心价值观的"内核"，努力推进依法治党、依宪治国、司法公正，将法治

---

① 党的十八届四中全会是对依法治国展开"全面"论述的会议，形成了许多理论创新成果，涉及六个"第一次"：全会第一次以文件的形式阐明了党的领导和依法治国的关系；第一次明确了党在依法治国中的地位；第一次明确提出依法治国是实现国家治理体系和治理能力现代化的必然要求；第一次提出了建设中国特色社会主义法治体系；第一次将守法提高到与立法、执法、司法在依法治国中同等重要的地位；第一次强调党内法规要同国家法律相衔接与协调。可以说，这六个第一次的提出囊括了当今社会主义法治理论的各个方面，对丰富中国特色法律治理观念及其思想理论来源意义重大。

② "三个倡导"即倡导富强、民主、文明、和谐，倡导自由、平等、公正、法治，倡导爱国、敬业、诚信、友善。

化治理模式深深地打上"核心价值观"的精神烙印;另一方面,构建并发展依法治国这个"国之制"的制度体系,更好地承载和弘扬社会主义核心价值观,不仅离不开党内法规制度建设,离不开宪法的权威与执行力建设,也离不开独立、公正、高效、便民的司法体制建设。同时,社会主义法治精神应当作为社会主义核心价值观的一部分,伴随着司法体制改革和完善,不断深入人心。

(二)研究的理论价值与现实意义

理论的最终价值在于解释历史、发现真理、指导现实、引领未来。社会主义法治事业伴随着改革开放发展到现在,坦率地说,不论从理论上还是在实践中,都已经与马克思主义关于法治的原创理论形成了一定的差异。如何去解释这种现实与原创理论的差异?我们有必要在尊重原创理论的基础上,结合"摸着石头过河"而形成的新理论、新经验,阐释和丰富中国特色法律治理观念及其思想理论来源,实现马克思主义法学思想和法治理论的时代化、中国化和大众化。

本书可能产生的理论价值与现实意义有如下几点:

1. 阐释中国特色法律治理观念的内涵

社会主义法治观和法治理论关系到法治建设的旗帜、道路等重大问题。中国特色法律治理观念是经过党和人民长期艰苦探索,总结发展中的正反两方面经验,从我国基本国情出发逐步形成的一套思想和理论。中国特色法律治理观念对科学阐释我国法治建设的目标、内容和实践都具有十分重大的理论与现实意义。其内涵主要围绕全面推进依法治国的主题,从六个方面进行展开:一是在"总目标"层面,即不断完善中国特色社会主义法律体系,变"有法可依"为"法律完备",建设社会主义法治国家;二是在"总布局"层面,即做到治国、执政、行政的依法推进与共同推进,做到国家、政府、社会的依法建设与一体建设;三是在"方向"层面,即努力实现立法、执法、司法、守法上的科学、严格、公正,推动全民全社会共同参与,最终达到国家治理体系和治理能力的两个现代化目标;四是在"保障"层面,即维护宪法法律权威,依法保障人民权益、社会公平正义和国家安全稳定;五是在"道路"层面,即坚定走中国特色社会主义法治道路,坚持在党的领导、人民当家作主、依法治国有机统一的前提下创新法治理论、开展法治建设。① 另外，笔者还认为，中国特色法律治理观念是对中国特色社会主义法治理论和法治实践的归纳总结，是马克思主义法治思想中国化的理论成果，因此，可以作为中国特色社会主义理论的一个组成部分，纳入中国特色社会主义理论体系当中进行考察。

2. 丰富和优化中国特色法律治理观念的思想理论来源

一是重新审视马克思主义关于法治的原创理论，整理提炼其中的核心观点，进一步丰富目前关于马克思主义法学理论特别是法治观的理论成果，立足于中国法治建设的经验与实际，合理地将马克思主义法学的基本理论和基本观点纳入中国特色法律治理观念之中；二是厘清马克思主义法学原创理论中被误解、曲解和遮蔽的观点，揭示其思想精髓在当下的强大指导力和解释力，以时代发展与实践要求的现实环境为根据，坚持从"法治中国"的理论现实出发，进一步优化中国特色法律治理观念的思想理论来源；三是汲取中华法律文化的精华，借鉴国外法治有益经验，但绝不照搬外国法治理念和模式，而是将中华优秀传统法治文化与西方有益法律理念融入中国特色法律治理的思想理论之中，使之有机结合、共同作用，引领法治建设过程中的各项改革。同时，就法治实现过程中亟待解决的问题提出合理的解决路径，有助于丰富十八届四中、五中全会提出的五大体系②、六项任务③以及将经济社会发展纳入法治化轨道的实践内容，为破解操作层面的难题提供一些可行思路。

3. 把握法治建设规律性认识，助推党的法治理论创新

在革命、建设和改革的各个时期，党和国家的法治理论和实践都体现着鲜明的中国特色和时代特点。从毛泽东在主持起草新中国第一部宪法时提出的宪政法治思想，到十一届三中全会"十六字"法制工作方针的提出，从党

---

① 党的十八届四中全会《决定》学习辅导百问［M］. 北京：党建读物出版社，学习出版社，2014：25.
② "五大体系"即形成完备的法律规范体系、高效的法治实施体系、严密的法治监督体系、有力的法治保障体系、完善的党内法规体系。
③ "六项任务"即完善以宪法为核心的中国特色社会主义法律体系，加强宪法实施；深入推进依法行政，加快建设法治政府；保证公正司法，提高司法公信力；增强全民法治观念，推进法治社会建设；加强法治工作队伍建设；加强和改进党对全面推进依法治国的领导。

的十五大报告首次写进"依法治国"的国家战略,到党的十六届四中全会对"依法执政"的科学论证,可以说,中国共产党人在不同历史时期、不同发展阶段,无不对法治问题给予过重要关注,而随着中国法治进程的不断发展,整个国家和社会的法治化水平迈入更高境界。习近平总书记在多个重要场合反复强调,法治是治国理政的基本方式,并开创性地将"全面依法治国"纳入全面深化改革、全面建设小康社会以及全面从严治党的战略布局当中,提出"有机统一"①"共同推进"② 和"一体建设"③ 等重要法治思想,极大地拓展了"法治中国"的理论空间与实践维度,开创了依法治国的新局面。可以看出,党和国家关于法治建设的重大理论主张既一脉相承又与时俱进,中国特色法律治理观念在思想理论层面对党的法治理论的凝结与梳理,体现着中国特色法治事业的规律性特点,反映着社会主义法治道路的各个阶段及其时代特点。

二、法律治理观念研究脉络简析

目前学术界关于中国特色法律治理观念的系统研究较为鲜见,以科学社会主义为研究视角的更为匮乏,相关学术研究有的侧重对马克思、恩格斯有关法律论述的解读,有的关注无产阶级革命语境下法律思想的评析,有的注重中国特色社会主义关于立法、执法、司法方面的理论与实践的研究,有的侧重中、西方政治文化语境下法治观的研究。以中国特色法律治理观念为研究域,结合新时期关于法治建设的诸多新论断,通过史论结合、系统梳理方式研究法治观的专门论著尚不多见。

本书就此选取一些较为典型和有一定学术影响力的论文、著作,概括介绍当前国内外关于法治观研究的学术成果。

(一)国内关于社会主义法治观的学术研究现状

1. 关于马克思主义法学思想与法治观的研究

国内学界关于马克思主义法学思想与法治观研究的论著颇丰,主要呈现

---

① "有机统一"即坚持党的领导、依法治国、人民当家作主的有机统一。
② "共同推进"即坚持依法治国、依法执政、依法行政的共同推进。
③ "一体建设"即法治国家、法治政府、法治社会的一体建设。

出以下几种研究思路：

一是对马克思主义经典作家法学思想的产生、形成、发展、完善的进程进行系统梳理，就其中蕴涵的法学思想和法治观展开论述。马克思主义法学思想是指运用马克思创立的无产阶级科学世界观的立场、观点和方法，阐述人类社会法律现象的总称，包括经典作家的法律观与基础理论，以及其他马克思主义者的法律思想和理论。其科学性在于其不是从唯心史观出发来理解和阐述社会法律现象，单纯把法律现象看成超阶级、超时空的抽象的东西，也没有忽视社会经济条件这个对人类社会法律现象产生最终影响的决定性因素，而是从唯物史观和辩证法的科学视角，对法的本质作了科学的阐述，指明了无产阶级法律观的同时，为建立社会主义法治国家提供了基本的理论遵循。以侯廷智、邰丽华主编的《马克思主义法学思想理论及其现实意义》一书为例，该书分四个篇目，共十二章，分别阐述了马克思主义人权思想、产权思想、经济法学思想以及环境法思想。该书从马克思主义法学思想的创立、马克思主义法理学原理两个维度出发，对马克思、恩格斯关于法的自然历史基础、法的精神、法的发展等基础理论进行了概括汇总，从总体上全面介绍分析了马克思、恩格斯的法学思想。研究思路类似的文献还包括公丕祥主编的《马克思主义法学中国化的进程》，李光灿、吕世伦的《马克思恩格斯法律思想史》，付子堂的《马克思主义法律思想研究》，胡玉鸿2005年的博士学位论文《马克思主义司法公正学说研究》，王建国的《列宁的司法权思想及其对当代中国的影响》等。这些论著较为系统地论述了马克思、恩格斯、列宁的法学理论和法治思想，从不同视角充实了构建社会主义法治观的理论资源，为丰富中国特色法律治理观念提供了思想基础。

二是结合法治建设现实，就马克思主义经典法学思想在部门法领域的微观应用进行阐述。如李可的《马克思恩格斯环境法哲学初探》、黄立君的《论马克思对法律的经济分析》、吴易风的《产权理论：马克思和科斯的比较》、武建奇的《马克思的产权思想》、黄和新的《马克思所有权思想研究》等，这些论著虽出于不同的学术专业或具体领域视角，但都立足于马克思主义经典法学理论的原则和框架，大多将马克思主义法学思想中的某一部门、领域的具体法学思想观点作为研究切入点，从不同角度反映马克思、恩格斯、列宁法治观的具体内涵。其中有的强调了马克思主义视域内各学科之间的互相渗透和强化，如法学与经济学、社会学结合形成法经济学和法社会学，至于其他部门法学的结合就更为显著，这些领域的理论融合为指导和解决某些现实法治问题提供了理论支持。不足之处在于这类研究因学术背景和观察角度不同，得出的结论也有差异，虽可为诠释马克思主义法治理论提供思想理论来源上的补充，但并不能形成对社会主义法治观的整体认识。

三是以法理学或法哲学为研究视角，从宏观层面对马克思主义法学展开研究。如吕世伦、文正邦主编的《法哲学论》《马克思主义法哲学中国化研究论纲》，公丕祥的《马克思的法哲学革命》，陆俊杰的《传统东方社会的法律文化与社会治理——基于马克思晚年人类学笔记的法哲学考察》，李真的《马克思法哲学方法论的承继与超越——以法本质观为视角》，李龙的《以人为本与法理学的创新》，张小莉、沈慧的《马克思法哲学方法论思想——以人的历史作用为视角的分析》等，这些书文普遍关注马克思主义法学思想中的法哲学和法理学领域，或就其中的某一具体问题展开研究，具有相当的整体性和理论深度，其中值得注意的是以吕世伦教授为代表探讨马克思主义法学与中国法哲学的系列著作，如1999年版的《法哲学论》，以马克思主义法学为视角系统探讨了马克思主义法的本体论、法的价值论、法学方法论等内容，是基于法哲学和法理学视角，国内较早系统研究马克思主义法学思想与法治观的学术论著。但不可忽视的是，这些论著多倾向于法学理论与哲学理论的高度抽象结合，不同于科学社会主义的学科特征，在史论结合、反映和解决现实问题方面难免有所不足。

2. 关于中国特色社会主义法治及其相关理论的研究

从已查阅到的资料来看，目前学术界涉及中国特色社会主义法治及其相关理论的研究成果颇为丰富，关于这方面的专著已出版若干种，与法治相关的诸如司法类、法治文化类、法价值观类、法治国家类等学术论文成果更为丰硕。

权威读本方面：由最高人民法院编写的《法治中国》一书，以习近平关于法治的重要论述为内容主线，从全面推进依法治国的总体思路、基本方针、社会主义法治理念、司法体制改革等几个方面深入汇总剖析了习近平同志关于法治的集中论述，全面反映了当前法治建设的最新理论成果；《依法治国新征程学习读本》以11章的篇幅论述了依法治国的诸多方面，其中与法治观联系紧密的有第七章的第二节"法治社会建设的总体思路和基本原则"以及第三节"让法治成为社会信仰";《党的十八届四中全会〈决定〉学习辅导百问》第十二问对发展中国特色社会主义法治理论进行了直接论述,提出社会主义法治理论的发展必须立足中国实际,反映中国特色,体现社会发展规律,为中国特色法律治理观念的构建明确了立论前提;《习近平总书记系列重要讲话读本》第五部分着重介绍了习近平关于发展社会主义民主政治和依法治国的理论,将"全力推进法治中国建设"纳入"充分发挥我国社会主义政治制度优越性"的范畴,表明新时期法治建设在政治制度层面的重要地位进一步提高。除此之外,习近平《在庆祝全国人民代表大会成立60周年大会上的讲话》《在第十二届全国人民代表大会第一次会议上的讲话》《习近平关于全面深化改革论述摘编》《在中央国家安全委员会第一次会议上的讲话》以及纪念宪法颁布30周年讲话等系列重要讲话中,都包含了对法治理论的论述,这些关于法治的讲话、论述同党的十八大以来的重要会议的主旨一脉相承,包含于中国特色社会主义理论体系的框架之中,贯穿于党的全部理论和全部实践,需要构建一个与之相对应的具有相对独立性、系统性的理论形态即中国特色法律治理观念。

学术著作方面:(1)法治理论层面如张恒山的《法治与党的执政方式研究》,苏力的《法治及其本土资源》,叶传星的《转型社会中的法律治理——当代中国法治进程的理论探讨》,徐建波主编的《法学家眼中的中国法治》,谭智华的《法治与社会和谐》,刘海年、李步云、李林主编的《依法治国建设社会主义法治国家》,沈德咏主编的《中国特色社会主义司法制度论纲》等。这些论著就马克思主义法治理论中国化的重要成果如法治与法制、依法治国、法治理念进行了深入探讨,提出了法治的若干原则和理论内涵,比较具有代表性。(2)中国特色社会主义理论层面如汪青松等著《中国特色社会主义理论体系与和谐社会建设》,赵存生著《"共产党宣言"与中国特色社会主义》,唐家柱著《现代化进程中的中国特色社会主义理论体系研究》,这些论著大多从中国特色社会主义理论角度对相关的法治建设领域进行了重点解读,但以"中国特色法律治理观念"为专题开展集中论述的还不多见。除此之外,国内相关领域法学专家如张文显、公丕祥、李林、卓泽渊、马怀德、付子堂、韩大元、王振民、贾宇、李步云、吕世伦等学者,对中国特色社会主义法治理论充分关注并进行了大量富有创新性的论述,体现了新时期中国特色社会主义法治理论的深化与进展,但其中关于法治观的论述较少,对法治与法治观的基础理论与思想理论来源方面的研究亦不够深入。

学术论文方面:(1)关于社会主义法治观的研究。这部分研究包括王慧扬的《论当代中国社会主义法治观》、莫纪宏的《"三个至上"与社会主义法治观》、赵圣熠的《浅析我国社会主义法治观的基本内涵及其哲学底蕴》等,这些研究对法治观的诠释多于探索,总体而言文书总量较为匮乏,创新性较弱;有的较多地关注现实层面上的研究,对涉及社会主义法治观尤其中国特色法律治理观念的基础理论问题研究不深;有的关于社会主义法治观的研究思路和视角相对较窄,往往沿着当时的现实法治政策或热点理论进行诠释分析,多学科融通与支撑不够,缺乏系统化和体系化;还有的或是对传统文化中法治观的继承和发扬不够,或是对西方有益法律文化的借鉴不足,抑或缺乏对苏联法治观以及十一届三中全会前我国法治领域经验教训的吸收,特别是缺少对"中国特色法律治理观念"的内涵与思想理论来源的专题研究。(2)关于中国特色社会主义法治理论的研究。学术界普遍高度重视对中国特色社会主义法治及其相关理论的研究,笔者在知网查阅相关论文,保守统计也超过百篇,但其中大部分都是从法治概念、体系、制度、架构、道路、模式等方面进行论述,虽然有与法治观直接联系的"法治理念、法治精神、法治文化"等内容,但论述不够系统全面,没有全面诠释中国特色法律治理观念的思想理论来源问题,大多针对现实中某一或某些具体问题进行阐释,整体性、系统性不强。(3)关于社会主义司法观的研究。司法观作为法治观的重要组成部分,随着司法体制改革的逐步深入,近些年得到了学术界的重视。朱前星的《试论中国特色的社会主义司法话语权理论》、朱立恒的《人权保障与社会主义司法文明》、左春和的《司法的本真》、崔永东的《司法价值论与司法平衡论》、于浩的《法律价值再检讨:以自由为视角》、公丕祥的《当代中国的自主型司法改革道路——基于中国司法国情的初步分析》、文正邦的《论司法改革与公民参与问题》等,这些论文从司法价值、司法改革、司法话语权等诸多方面深入论述,丰富了社会主义法治观在司法层面的内容。其中,公丕祥提出的独立自主、贴近实际的司法改革观为法治观的构建提供了启示,他指出当代中国的司法改革应当走自主型改革道路,中国司法国情的实际决定了这一现实选择。作者从自主型改革同依附改革的关系、自主型司法改革的国情基础、自主型改革的基本要求三个维度展开论述，认为司法改革所要体现出的特征是"中国中心主义"，即对中国经验、中国道路、中国模式、中国国情的坚持。[①] 这类论著对法治在实践领域如司法实践领域的关注度很高，但弱化了对法治观这一指导司法实践理论的重视，关注现实法治问题的同时，就一些如"司法独立、宪法法律至上同党的领导的关系"等重大理论课题并未提供认识上的解决途径。

综上所述，关于社会主义法治观的相关学术研究成果较为丰富，但是这些研究仍存在一些局限性。（1）学术界以科学社会主义为研究领域，系统探讨社会主义法治观及其思想理论来源的著作或论文尚不多见。（2）召开为时不长的十八届四中全会是我们党历史上第一次以中央全会形式研究依法治国、司法公正等相关问题，该会议直接影响并决定着未来法治建设的大方向和具体路径问题。目前大量论著集中于单纯对法治建设现实层面的探讨，并没有将其同四中全会的重要理论成果结合起来，因此，这些论著在更全面统摄中国特色社会主义法治理论，更具体指导我国现实法治实践的时代性、创新性上显得有些不足。（3）目前关于法治观的研究，主要存在着两方面的研究进路选择：一是站在某个学科专业的视角，如单纯就政治学意义或法律意义上的法治观问题进行论述，以本学科的方法论和基础理论作为研究工具，其研究视域较为狭窄，难以形成覆盖法治观思想理论来源的系统研究；二是将法治纳入法哲学或法理学的研究视域，缺乏价值观念层面对现实法治建设的统摄和引领，尚未形成法治在思想理论来源方面的系统性学术成果。

（二）国外关于法治观的学术研究现状

由于笔者对国内翻译出版的外文资料掌握有限，且国外有关社会主义法治和法治观的直接研究比较罕见，故选取了一些笔者认为较有启发意义的著作进行研究，对其中部分较有借鉴价值的观点和理论进行综述如下：

1. 将法治与法治观研究融入经济学、政治学或社会学等视域展开的研究

西方法学对社会、经济、政治乃至生活中的制度建设和程序性设计非常

[①] 公丕祥. 当代中国的自主型司法改革道路——基于中国司法国情的初步分析［J］. 法律科学，2010（3）.

重视，相关经典论著包括孟德斯鸠《论法的精神》、卢梭《社会契约论》《论人类不平等的起源和基础》、哈特的《法律的概念》、洛克的《政府论》、韦伯的《法律社会学》、德沃金的《认真对待权利》、约翰·罗尔斯的《正义论》《政治自由主义》等，在这些论著里法治观并不是单一被提及，而是融入社会道德、法律价值、法律精神之中，通过资本主义经济基础和政治法律制度反映出来的一种意识形态。

  这些著作注重法治理论同其他学科的交叉融合，这种融合的渊源在于西方资本主义法治观特有的思想文化渊源和经济环境，包括古代自然法思想、神学思想、近代社会契约论等理论及反思。罗尔斯作为"二战"后对西方法学产生深刻影响的美国法学家，在其代表作《正义论》中提出正义应当成为社会制度的首要价值，继承了自洛克、卢梭和康德以来的社会契约理论，为代替长期占据主流的功利主义法律观发挥了很大作用。现代西方学者更多关注的是通过法律在政治、经济制度设计上的不同解读，表达对资本主义世界中各种制度性矛盾的反思，有的学者从宪政视角研究法治，如乔治·P. 弗莱切在其著作《隐藏的宪法》①一书中，以美国宪法为研究对象，通过对美国宪政史、宪法修正案、宪法价值观等问题的梳理论述，深入探讨了法律背后所体现的人的生命、尊严、平等、自由、权利等一系列法价值观问题。认为美国实际存在着两部宪法，而这第二部宪法是以林肯的葛底斯堡演说为序言，以1865年后美国内战重建时期各条宪法修正案为核心内容，包含了民族国家、平等及大众民主在内的"隐藏的宪法"，与我们现在所看到1787年制定的，宣扬社会契约论、政治自由以及共和精英主义价值观的美国宪法大不相同。②有的西方学者从市场机制下的法治理论出发，站在西方经济学的视角，为运用经济学理论与方法研究法治相关问题进行了有益探索。英国法经济学家安东尼·奥格斯（Anthony I. Ogus）在其著作《规制：法律形式与经济学

---

① [美]乔治·P. 弗莱切. 隐藏的宪法 [M]. 陈绪纲，译. 北京：北京大学出版社，2009.
② [美]乔治·P. 弗莱切. 隐藏的宪法 [M]. 陈绪纲，译. 北京：北京大学出版社，2009：286-287.

理论》① 中详细阐述了经济学规制和社会性规制两大模块下各自的规制工具，分类分析并解释了各种法律规制形式，并评估了它们达成公共目标的能力和过程，他认为：第一，市场模式中的法律只有一个主要功能即服务功能，它提供一套制度化安排，私主体可以以此作为他们所从事的追求利益的活动，并为因此而形成的关系附上一系列正式安排的外表；第二，仅仅认为市场体系下的法律绝对的归属于私属性、服务功能和分散化是错误的，在市场体系中的国家应当通过颁布法律和强制履行某些义务完成对经济和社会的规制。这些论著体现了西方资本主义法治观转化为法治实践，对社会、经济、政治等制度方面产生的影响，其中有益于社会主义市场经济和法治建设的思想理论和制度设计是值得借鉴的，但其实质还是分别从不同学科或视角解释评价相关法律制度，为维护改善资本主义制度服务。

2. 以法律文化观为研究视角，将不同国家的法观念作为比较对象展开对比研究

国外以法律文化观为研究视角的研究路径大致可分为两大类，一是通过比较研究的方式梳理不同国家法律制度和法律文化，系统诠释不同国家的法律认识论以及关于法律文化的比较研究成果。马克·范·胡克（Mark Van Hoecke）、马克·沃林顿的《法律文化、法律范式与法律学说———种迈向新的比较法研究模式》②、考夫曼的《法律哲学》、尼尔·麦考密克的《法律推理与法律理论》等著作或文章都系统探讨了不同国家的哲学、意识形态在法律解释、推理、论证以及司法机关运转过程中的重要作用。其中，学者帕克里克·格伦在《法律文化与法律传统》③ 一文中，对法律的历史、法律文化的理解方式、文化概念对法的影响等方面进行了比较性研究。他认为法律不可能抛弃文化观念，在法律中，传统的地位根深蒂固，人们在法律思维中的分

---

① [英] 安东尼·奥格斯. 规制：法律形式与经济学理论 [M]. 骆梅英，译. 苏苗罕，校. 北京：中国人民大学出版社，2008.
② [比] 马克·范·胡克（Mark Van Hoecke），马克·沃林顿. 法律文化、法律范式与法律学说——迈向一种新的比较法研究模式 [M] //马克·范·胡克. 比较法的认识论与方法论. 北京：法律出版社，2012.
③ [加] 帕克里克·格伦. 法律文化与法律传统 [M] //马克·范·胡克. 比较法的认识论与方法论. 北京：法律出版社，2012.

析工具包括了知识、信仰、艺术、技术、传统甚至……意识形态。学者马莱克·齐克－萨多夫斯基（Marek Zirk－Sadowski）在《法律认识论与法律文化的转变》一文中引入对法律实证主义的哲学思考，将笛卡尔主义认识论模式与法律实证主义结合，认为法院得出的裁决完全基于制度的权威。二是从法观念的角度将不同国家的法观念划分为东西两派进行比较研究，日本学者大木雅夫在《东西方法观念比较》① 一书中，通过对各国法观念的深入比较研究，批判了所谓日本法学者与西方法学者所达成的共识，即法观念在东西方文化中的差异带有历史性，更多的体现在"德治"与"法治"的对立上，并由此形成了以德为治和以法为治两种不同的法治观念，就东方法观念来看，人与人之间的以血亲、家族等"关系"为主体内容的"德律"成为衡量公正是非的评价标准，从而形成东方人更多靠调停解决纠纷的思维倾向与行为方式；而就西方法观念来看，依法行事、信任法律及其工作者是西方社会的普遍共识，为此，通过法律途径化解纠纷以及保卫自身的法定权利，就成为西方人思维意识中的重要内容。② 他认为：第一，不能只以儒家的德治主义作为中国人思想，特别是其法观念的特征。西洋法学者们眼里之所以只有儒教被放大，恐怕正是由于儒教具有治世之教的性质，而且其德治主义被视为具备了可以与西洋的法治主义相抗衡的意识形态的实质。第二，就作为典型东方人思维的中国人思维来讲，不只是儒教构成了中国人思想意识形态的主要要素，包括道家和法家思想在内的众多古代思想（其中当然地包含了法的思想），都是构成现实中国人思维和行为方式的重要来源，如果离开孔子、老庄思想，甚至马克思主义、列宁主义和毛泽东思想，就不可能懂得现在的中国。③ 第三，中国人更多依赖调解而非诉讼，其缘由不仅在于他们广泛的生活领域受到私人组织和不成文的习惯所规范，也在于受到司法体制缺陷、职业法官不足、律师职业发展缓慢以及对法律工作者的不信任等因素影响。又如

---

① ［日］大木雅夫. 东西方法观念比较［M］. 华夏，战宪斌，译. 北京：北京大学出版社，2005.
② ［日］大木雅夫. 东西方法观念比较［M］. 华夏，战宪斌，译. 北京：北京大学出版社，2005，2－4.
③ ［日］大木雅夫. 东西方法观念比较［M］. 华夏，战宪斌，译. 北京：北京大学出版社，2005：91.

马克·范·胡克（Mark Van Hoecke）等学者在《比较法的认识论与方法论》[1] 一书中，指出在20世纪的历史进程中，英、法、德三大传统的法律成为一种值得效仿的参照系，其中法德主要因其缜密的学术品性得以传承，英美主要借助其政治实力和经济实力的推动。中国法律及其制度虽然发展起步较晚，受到上述国家的影响不可避免，不过中国从未发展出一种独立于其社会、经济、政治乃至意识形态环境的法律，乃至司法体系，这一点与欧洲大陆颇为不同，在欧洲大陆，法律往往脱离上述语境而被独立适用。

3. 以西方马克思主义法律价值观作为研究视角

西方马克思主义法学的研究与影响力虽然不及法律实证主义和自然法学广泛，但也始终在西方法学理论界占有一席之地。近代以来西方众多流派的学者从自然主义、结构主义、社会理论、女权主义等视角对马克思主义法律理论作出了新的解读。总体而言，西方马克思主义的法律价值观存在着两种倾向，一种将法视为社会结构，通过法律的制定和实施获得财产关系的规范，即结构主义倾向，代表论著有阿尔都塞的《意识形态和意识形态的国家机器》、P. 贝尔尼的《经验主义和法与犯罪的马克思主义的批评》等；另一种则注重法在阶级统治中的维护作用，即工具主义倾向，相应论著如米利班德的《资本主义社会与国家》、加布里·科尔克的《美国社会中的财富与权利》、丹霍夫的《上流社会》等。[2] 部分西方学者认为，马克思主义法律观反对这样的观念：资本主义建立在私人拥有生产资料的基础上，不管怎样它是自然形成的，而社会主义与人的本性格格不入。在资本主义制度下，法律在掩饰社会不平等，削弱阶级划分意识和加强"商品拜物教"方面，发挥了意识形态的作用。因此，它体现和歪曲了常常推定为"人类本性"的东西。[3]

进入21世纪以来的当代西方马克思主义法律观多散见于法律社会学、后现代法学、批判法学、女权主义法学等流派的论著中，英国学者柴纳·米耶维的《平等权之间：马克思主义的国际法理论》、伦敦国王学院苏珊·马克斯

---

[1] ［比］马克·范·胡克，等. 比较法的认识论与方法论［M］. 魏磊杰，朱志昊，译. 北京：法律出版社，2012.

[2] 宋玉波. 西方马克思主义主要流派述评［J］. 现代法学，1994（1）：55–58.

[3] ［澳］迈克尔·黑德. 叶夫根尼·帕舒卡尼斯：一个批判性的再评价［M］. 刘蔚铭，译. 北京：法律出版社，2012：29.

主编的《左翼的国际法：反思马克思主义者的遗产》、英国布鲁内尔大学法学院教授苏珊·伊斯顿的《马克思与法律》等论著，围绕马克思有关法律的分析从自身学派的观点进行了解释，不过需要指出的是，由于这些研究者所运用的研究方法各异、研究视角不同，他们在结论成果中对许多马克思主义的实质问题所持看法差别很大。① 其中迈克尔·黑德博士对马克思主义法律观的阐述具有一定代表性，其著作《叶夫根尼·帕舒卡尼斯：一个批判性的再评价》② 中指出马克思主义法律观的核心即社会主义和民主。（1）社会主义意味着民主的产生和国家的消亡，而不是斯大林统治下随后出现的官僚"指令性经济"。（2）社会主义是无法通过试图改造旧封建或资本主义秩序的国家机器来实现的。它需要一种彻底的人民革命来建立一种崭新的国家，即一个真正民主的国家，以此作为一种过渡性制度，最终为无阶级和无国家的共产主义社会创造条件。（3）对一个社会而言，法律不是固有的或有机的，相反，它产生于社会利益的冲突，并主要反映统治阶级的利益。因此，在无阶级社会，法律形式的社会规制将成为多余。国家和法律的消亡可以而且必须在社会主义革命已经成功地从旧的统治阶级手中夺取权力后尽快开始进行。（4）法律和社会经济权力之间的关系是辩证的。对原始唯物主义，马克思主义者解释说，法律定义和措施，在某些情况下，可以对经济和社会发展施加急剧的影响。在某种程度上，这源自法律和法律理论的神秘意识形态。③

三、法律治理观念研究现状综述

（一）基本研究思路

本书关注中国特色法律治理观念及其思想理论来源，基本研究思路也围绕这个主题展开。

首先，本书对中国特色法律治理观念的直接思想理论来源、本土思想渊

---

① 李其瑞，邱昭继. 西方马克思主义法学的源流、方法与价值 [J]. 法律科学（西北政法大学学报），2012（5）：23-29.
② [澳] 迈克尔·黑德. 叶夫根尼·帕舒卡尼斯：一个批判性的再评价 [M]. 刘蔚铭，译. 北京：法律出版社，2012.
③ [澳] 迈克尔·黑德. 叶夫根尼·帕舒卡尼斯：一个批判性的再评价 [M]. 刘蔚铭，译. 北京：法律出版社，2012：28-29.

源与外来思想借鉴、重要历史镜鉴进行梳理、对比和阐述，试图勾画其逻辑脉络与形成基础。具体从以下几个方面展开：一是确定马克思、恩格斯、列宁的法治观为直接思想理论来源，通过对马克思、恩格斯与列宁在不同时期法学思想和法治观的演进进行分析，提炼总结马克思主义经典法学思想与法治观的主要内涵，证明马克思主义法治观是马克思主义法学理论体系的有机组成部分，在历史进程中所体现出的巨大理论逻辑力量，进而与其他非马克思主义或反马克思主义的法学思潮区分开来。二是将中国古代、近代与西方传统文化中的法治观，作为中国特色法律治理观念的本土思想渊源与外来思想借鉴，分别通过对古代伦理法思想的阐述，对以孙中山为代表的近代法治思想变迁的梳理，萃取中华传统文化中的优秀思想理论，使之成为中国特色法律治理观念的本土思想渊源；选取西方法治文化中的精华和有益部分作为借鉴，丰富和拓展中国特色法律治理观念的时代内涵与思想维度。三是以苏共法治观在文本事实之间的困境为重要历史镜鉴，从法治以及良法之治的反面，史论结合地阐述背离法治、抛弃社会主义法治观的历史教训与经验启示，为坚持和发展中国特色法律治理观念的科学性和必要性提供支持。

其次，将我国法治理论的发展置于社会主义在中国的历史演进大背景之中，系统论述中国特色法律治理观念的酝酿与发展过程。以中国共产党人把马克思主义基本原理与中国革命与建设的具体实际相结合所产生的"两次历史性飞跃"[①] 作为大逻辑，以毛泽东法治思想、邓小平法治理论、"三个代表"重要思想、科学发展观的法治内涵作为小逻辑，展示中国特色法律治理观念在两次飞跃的不同阶段所产生的重大理论创新成果。拟从以下几个重点展开论述：一是分析毛泽东的宪法观与人民民主专政理论，揭示毛泽东法治观的基本内容与时代意义；二是论述邓小平主张法制与反对人治、强化并举民主法制的理论观点与实践活动，阐释邓小平法治观的主要内涵与具体体现；三是重点剖析"三个代表"重要思想在依法治国与以德治国、从严治党等方面的法治观内涵；四是围绕以人为本法治精神，以及依法执政在和谐社会构建中的地位作用，体现科学发展观内含的法治观意蕴。

再次，系统阐述新时期以习近平同志为核心的党中央关于法治建设的系

[①] "两大历史性飞跃"形成了两大理论成果即毛泽东思想与中国特色社会主义理论体系。

列重要论断，系统提炼出党的十八大以来法治理论发展的新的重要成果，动态地反映中国特色法律治理观念理论与实践层面的新境界。为此，拟将论述的重点概括如下：一是基于体现中国实际、反映中国特色以及社会主义发展规律这个立论前提，从概念定义、主体内容、研究框架等层面系统阐释中国特色法律治理观念，全面论述其思想理论的来源与依据；二是基于法治观角度历史性、规律性的考察分析，就依宪治国、依宪执政、依法治党、依法治权等若干重要理论与现实问题进行深入论述，说明这些最新理论成果是构成中国特色法律治理观念思想理论的重要来源；三是紧密结合党的十八届三中、四中、五中全会及其形成的政策文件，将其中"共同推进""一体建设""四位一体""推进司法体制改革与实现司法公正""运用法治思维与法治方式"等新的重要论断，纳入中国特色法律治理观念的视域范畴进行深入分析阐释，从而为依法治国在价值观层面提供更为丰富的学理支撑。

最后，提出关于构建中国特色法律治理观念的若干理路，从三个方面进行阐述，一是从历史逻辑、理论逻辑、思想理论源流的视角出发进行梳理，为进一步厘清构建中国特色法律治理观念须把握好的几个关系提供依据。二是总结构成中国特色法律治理观念的主要内容，并提炼其主要思想理论观点，力求从整体性认识上把握中国特色法律治理观念。三是从改革、党建、民主政治和依法治国几个主要层面进行展开，结合最新提出的"四个全面"重要战略布局，全面深入探讨中国特色法律治理观念的实践路径。

（二）主要研究方法

在研究方法上，本书拟采用的方法包括：

文献解读的方法，如在考察马克思、恩格斯法治观的产生与演进时，将马克思主义经典著作作为解读的文本，将法治观的研究纳入马克思主义法律学说的范畴。从文本出发找原理、原话，再由原著文本推导至现实层面，为现实问题的解决提供理论依据。

历史考察的方法，如在论证苏共法治观文本与实践的背离以及新中国成立后法治观的曲折发展时，对苏联和我国法治理论与实践的演进过程进行分析，证明坚持和发展中国特色法律治理观念的历史合理性与必然性。

跨学科分析的方法，特定的社会实践存在于特定的时空，可以呈现出不同的理论形态。对于不同理论的认识需要运用跨学科的知识进行分析，本书不局限于运用专门法学或政治学的理论进行问题论述，亦积极借鉴哲学、社会学、心理学等学科的理论，考察、比较相关学说理论的内涵及特定背景。

比较分析的方法，如在研究中国特色法律治理观念的酝酿与发展问题时，将两次历史性飞跃产生的毛泽东法治思想、邓小平法治理论、"三个代表"重要思想的法治内涵、科学发展观的法治意蕴进行梳理比较，更好地把握中国特色法律治理观念酝酿与发展的各个阶段及其特征。

四、法律治理观念研究重点难点

（一）研究的重点和难点

研究的重点在于论述中国特色法律治理观念作为一种新型的法价值观所内含的思想理论，以及在新时期指引现实法治建设的实践路径。旨在通过将马克思主义经典作家的法治观与中华传统文化、西方法治文化中的法治观进行梳理比对，综合分析中国特色法律治理观念演进的理论特征，并论证其形成的逻辑起点和合理性依据，从而勾勒出新时期中国特色法律治理观念的基本内涵与实现路径。

研究的难点在于对马克思主义经典法学理论同当代法学理论，即与中国特色社会主义法治理论关系的正确把握。马克思主义经典法学理论多以法理学或法哲学形式表现，是批判资本主义法学虚伪性的不朽之作，但要将其与中、西方其他法治思想理论进行有效融合，吸收转化为能够合理解释当代中国法治发展现状、能够反映社会主义法治建设规律、能够增强社会主义法治理论的说服力和生命力的理论，存在一定难度。

（二）可能创新之处

从唯物史观的视角出发，将马克思主义经典作家法学思想与中、西方有益法治观进行梳理比较、筛选整合，将其纳入中国特色法律治理观念的范畴进行考察，对社会主义法治观的主要内涵与适用域予以揭示，进而使之与新时期形成的法治创新理论形成价值层面的对接。论证真正实现全面依法治国的宏伟目标，必须在法治观念层面找到可靠的价值引领，即中国特色法律治理观念的引领，并且，这个引领的过程不是简单的意识形态领域的单向宣教，而是需要通过渗入各项法治建设与改革的具体环节来实现。

中国特色法律治理观念是统摄新时期中央全会文本中重要法治思想的理

论形态,党的十八大以来,理论界还鲜有能够将依宪治国、依法治党、公正司法、法治思维与方式等众多新理论、新论断纳入一个研究域进行系统探讨的学术成果,本书试图将十八大以来各中央全会关于法治的新理论与新观点纳入法治观的视域范畴,从历史逻辑、理论逻辑以及思想理论源流等方面梳理总结中国特色法律治理观念的主要组成部分与思想理论观点,探讨其实践路径,最后,从学理框架建构的视角提出构建中国特色法律治理观念的若干理路,以期从整体性和学理性上进一步深化对社会主义相关法治理论的认识。

第一章

中国特色法律治理观念的新范畴何以需要

党的十八大与十八届三中、四中、五中全会是在全面推进依法治国的历史新时期召开的具有历史性意义的重要会议,在这些会议中,法治建设以前所未有的高度被纳入党和国家的重要战略部署中。中国特色社会主义法治理论所包含的"法治"这一党的十八大的主旨,既贯穿于党的全部理论和全部实践,同时也呼唤着与之相对应的具有相对独立性、开放性、系统性的理论形态的建构。

第一节 基于中国特色社会主义的实践逻辑

社会主义法治之所以具有中国特色,是因为这种法治思想理论的产生并不是逻辑推演的理论成果,而是中国共产党领导人民在中国大地开创法治事业的历史使然,其本质上,是经过长期实践探索,不断萌生、阐发和凝练生成的一种理论形态,"是实现国家治理体系和治理能力现代化的必然要求,事关我们党的执政兴国、人民幸福生活、国家长治久安"[1]。

一、执政党执政理国的必然选择

"全面推进依法治国与建设法治中国"是中国共产党执政理国的必然选择,表明中国特色法律治理观念具有一个动态、开放的理论场域,是党的民

---

[1] 党的十八届四中全会《决定》学习辅导百问 [M]. 北京:党建读物出版社,学习出版社,2014:1.

主法治理论不断丰富发展的新的成果。可以说，社会主义法治观作为中国共产党依法执政过程中的一个不断丰富的概念，其内涵不是凭空产生或人为定义的，而是随着依法治国伟大进程的深入，在改革开放的历史实践中逐渐饱满和丰富的。

1978年党的十一届三中全会提出："必须加强社会主义法制，使民主制度化、法律化，做到有法可依，有法必依，执法必严，违法必究。"[1] 在社会主义法制"十六字方针"的指导下，我国法制建设的基本方针得到确立，中国特色法律治理观念的基本框架得以形成。1997年党的十五大把建设社会主义法治国家确定为社会主义现代化建设的重要目标，江泽民同志全面论证了社会主义法制方针的精神实质，进一步明确了依法治国的领导主体、依据要求与实现方式。"依法治国就是广大人民群众在党的领导下，依照宪法和法律规定，通过各种途径和形式管理国家事务，管理经济文化事业，管理社会事务，保证国家各项工作都依法进行，逐步实现社会主义民主的制度化、法律化，使这种制度和法律不因领导人的改变而改变，不因领导人看法和注意力的改变而改变。"[2] 由此，中国特色法律治理观念的"中国特色"更加显著，依法治国、建设社会主义法治国家被纳入法治观的内涵框架。2011年胡锦涛同志在庆祝中国共产党成立90周年大会上指出："要全面落实依法治国基本方略，在全社会大力弘扬社会主义法治精神，不断推进科学立法、严格执法、公正司法、全民守法进程，实现国家各项工作法治化。"[3] 这也使得中国特色法律治理观念的理论内涵更为丰富。

党的十八大以来，习近平总书记对法治建设作了大量重要论述，将全面推进依法治国的指导思想定位为"高举中国特色社会主义伟大旗帜，坚持邓小平理论、三个代表重要思想、科学发展观为指导"[4]。习总书记多次强调，

---

[1] 最高人民法院中国特色社会主义法治理论研究中心. 法治中国——学习习近平总书记关于法治的重要论述［M］. 北京：人民法院出版社，2014：65.
[2] 江泽民文选：第二卷［M］. 北京：人民出版社，2006：28-29.
[3] 最高人民法院中国特色社会主义法治理论研究中心. 法治中国——学习习近平总书记关于法治的重要论述［M］. 北京：人民法院出版社，2014：65.
[4] 习近平. 在首都各界纪念现行宪法公布实施30周年大会上的讲话［M］. 北京：人民出版社，2013：12-13.

"法律是治国之重器"①,"法治是治国理政的基本方式"②,要"努力建设法治中国,以更好发挥法治在国家治理和社会管理中的作用","坚持依法治国、依法执政、依法行政共同推进,坚持法治国家、法治政府、法治社会一体建设,不断开创依法治国新局面"③。可见,随着中国特色社会主义法律体系的逐渐完善,立法、执法、司法、守法"四位一体"的"大法治"格局正逐步显现,中国特色法律治理观念的思想理论发展到一个新的境界。

十八大以来党的文献中许多关于"法治"的论述都可以转化为(或可以视为)党的法治观和中国特色法律治理观念的新内容。"全面推进依法治国与建设法治中国"成为中国特色法律治理观念在新时期的重要实践体现。例如,十八届三中全会首次明确了"法治中国"的表述,提出"坚持依法治国、依法执政、依法行政共同推进,坚持法治国家、法治政府、法治社会一体建设"④的观点;又如十八届四中全会全面阐述了"五大体系"⑤ "六项任务"⑥的理论,五中全会将坚持依法治国作为"十三五"时期的发展的指导思想加以确定,提出"将经济社会发展纳入法治化轨道"⑦ "运用法治思维和法治方式推动发展"⑧等思想,这些新观点新理论与改革开放以来我们党和国家的诸多法治理论和观点一脉相承又各有时代特色,共同作用于新时期党

---

① 党的十八届四中全会《决定》学习辅导百问 [M]. 北京:党建读物出版社,学习出版社,2014:6.
② 党的十八届四中全会《决定》学习辅导百问 [M]. 北京:党建读物出版社,学习出版社,2014:31.
③ 中共中央宣传部. 习近平总书记系列重要讲话读本 [M]. 北京:学习出版社,人民出版社,2014:80-81.
④ 党的十八届四中全会《决定》学习辅导百问 [M]. 北京:党建读物出版社,学习出版社,2014:3.
⑤ "五大体系"即形成完备的法律规范体系、高效的法治实施体系、严密的法治监督体系、有力的法治保障体系、完善的党内法规体系。
⑥ "六项任务"即完善以宪法为核心的中国特色社会主义法律体系,加强宪法实施;深入推进依法行政,加快建设法治政府;保证公正司法,提高司法公信力;增强全民法治观念,推进法治社会建设;加强法治工作队伍建设;加强和改进党对全面推进依法治国的领导。
⑦ 党的十八届五中全会《建议》学习辅导百问 [M]. 北京:党建读物出版社,学习出版社,2015:5.
⑧ 党的十八届五中全会《建议》学习辅导百问 [M]. 北京:党建读物出版社,学习出版社,2015:34.

和国家各项事业之中，依然具有长期存在和运用的现实基础。

因此，随着党和国家不同时期的法治思想、理论、观点以及相关意识形态内容的不断深化、丰富和发展，在全面推进依法治国与建设法治中国的新时期，有必要建立起一种更加全面、立体、开放的理论表达方式，将发展着的党的法治观和中国特色社会主义法治理论囊括进来，笔者认为，这一新的理论形态可以表述为中国特色法律治理观念。

二、人民群众的理性期盼

党的十八大报告指出："我国处于并将长期处于社会主义初级阶段的基本国情没有变，人民日益增长的物质文化需要同落后的社会生产之间的矛盾这一社会主要矛盾没有变，我国是世界上最大发展中国家的国际地位没有变。"[①] 这一社会主要矛盾从根本上反映了广大人民群众对党和政府全心全意为人民服务的需求是不断增长的，随着我国法治进程的深入，反映群众新要求、新期待的法治观也将逐步构建并趋于完善，人民群众对中国特色社会主义法治建设的理性期待将进一步得到满足。

广大人民群众对法治化水平期望值的不断提升，反映出民众法治观念与权利意识的增强，而不同时期党的战略、方针、政策、制度的制定和实施，正是对人民这一诉求与期盼的回应。早在党的十一届三中全会公报中，党中央就提出"必须加强社会主义法制建设，使民主制度化、法律化，使这种制度和法律具有稳定性、连续性和极大的权威性……要保障人民在自己的法律面前人人平等，不允许任何人有超越法律之上的特权"[②]。之后，邓小平对过去存在的人治泛滥、法治混乱、人权受到随意侵犯的问题进行了深刻批判与反思，指出："要通过改革，处理好法治与人治的关系，处理好党和政府关系。"[③] 坚决制止和遏制权力机关非法侵犯人民群众权利和利益的"人治"行为，邓小平认为，经历了"文革"动乱后的中国，必须从"人治社会"转向"法治社会"，建立社会主义法治国家，而只有做到依法治国，才能确保"制

---

① 胡锦涛. 坚定不移沿着中国特色社会主义道路前进　为全面建成小康社会而奋斗——在中国共产党第十八次全国代表大会上的报告［M］. 北京：人民出版社，2012：16.
② 三中全会以来的重要文献选编（上）［M］. 北京：中央文献出版社，2011：9.
③ 邓小平文选：第3卷［M］. 北京：人民出版社，1993：177.

度和法律不因领导人的改变而改变，不因领导人的看法和注意力的改变而改变"①，才能破除权力在运行中的随意性与可变性，增强刚性制度对权力监督制约的可操作性，从而消除凌驾于法律之上的特权，使人民群众的基本权利和根本利益得到保障。

党的第三代领导集体及时顺应人民群众的新期待，在1996年2月举办的中央领导人法制讲座上，江泽民同志首次提出了依法治国重大战略，并从领导主体、实践依据、任务目标等角度作出概念阐释，为坚持人民主体地位、保障人民根本利益、实现人民当家作主提供了坚实的制度保障，他指出："依法治国，就是广大人民群众在党的领导下，依照宪法和法律规定，通过各种途径和形式管理国家事务，管理经济文化事业，管理社会事务，保证国家各项工作都依法进行，逐步实现社会主义民主制度化、法律化。"② 随着"建设社会主义法治国家"在1999年九届全国人大二次会议写入宪法，依照宪法和法律治理国家的重大战略在我国得以确立，社会主义法治观的"人民性"得到凸显，依靠人民、造福人民、保护人民、为了人民的社会主义法治建设框架基本形成。

党的十六大以来，胡锦涛同志系统阐述了科学发展观、构建和谐社会等系列重大战略思想，在法治领域，提出"以人为本"的立法、执法、司法理念，将依法执政思想纳入依法治国战略之中，大大丰富了中国特色法律治理观念的思想理论来源。胡锦涛认为，贯彻以人为本的要求，必须"发展社会主义民主政治……以保证人民当家作主为根本，扩大社会主义民主，建设社会主义法治国家"③。这表明，法治建设的各项原则要求，首要是对人民民主及其实现条件的体现，中国特色社会主义法治建设的初衷应当是对人民民主权利的满足，以及对人民权益和社会公平正义的保障。胡锦涛进一步指出："党要坚持依法执政，各级党委和领导干部都必须增强法制观念，善于把坚持党的领导、人民当家作主和依法治国统一起来，不断提高依法执政的能

---

① 邓小平文选：第2卷［M］．北京：人民出版社，1994：146．
② 江泽民文选：第2卷［M］．北京：人民出版社，2006：28．
③ 庆祝中国共产党成立90周年胡锦涛同志"七一"重要讲话学习问答［M］．北京：学习出版社，2011：22．

力。"① 将党的执政方式、执政理念、执政能力建设纳入法治化建设的轨道之中，更好实现人民当家作主的法治目标。

习近平总书记在2014年中央政法工作会议上指出："保障人民安居乐业是政法工作的根本目标。政法机关和广大干警要把人民群众的事当作自己的事，把人民群众的小事当作自己的大事，从让人民群众满意的事情做起，从人民群众不满意的问题改起，为人民群众安居乐业提供有力法律保障。"② 这表明新时期党中央对服务人民群众理性期盼的要求更加具体，全党应当更加积极主动、求真务实地关心、了解、顺应人民群众对公共安全、司法公正、权益保障的新期待，紧紧围绕这"三个新期待"来推进平安中国和法治中国建设。③

"人民是依法治国的主体和力量源泉，人民代表大会制度是保证人民当家作主的根本政治制度。必须保证人民在党的领导下，依照法律规定，通过各种途径和形式管理国家事务，管理经济文化事业，管理社会事务。"④ 可以说，人民当家作主不仅是中国特色社会主义制度的本质属性，体现着人民的理性期盼，更是中国特色法律治理观念建构的重要原则。一方面，法治的根本目标是基于对人民根本利益的保障，党的领导和国家法律的根本出发点和最终落脚点，就在于中国共产党坚持的全心全意为人民服务的根本宗旨，因此，社会主义法治观的构建如果不能落脚到人民利益实现这个终点，不能引领依法保障人权、维护公平正义、促进共同富裕，那么，法治观的构建就无法具有现实的积极意义；另一方面，构建社会主义法治观所坚持的"中国特色"，应当是对党的领导的坚持，对中国特色社会主义政治制度、法律制度的坚持，即"坚持人民主体地位，扩大人民民主，推进依法治国，坚持和完善人民代表大会制度的根本政治制度，中国共产党领导的多党合作和政治协商

---

① 十六大以来重要文献选编（上）[M]. 北京：中央文献出版社，2005：74.
② 习近平. 在中央政法工作会议上的讲话[N]. 人民日报，2014-01-09（1）.
③ 最高人民法院中国特色社会主义法治理论研究中心. 法治中国——学习习近平总书记关于法治的重要论述[M]. 北京：人民法院出版社，2014：129.
④ 中共中央关于全面推进依法治国若干重大问题的决定[M]//党的十八届四中全会《决定》学习辅导百问. 北京：党建读物出版社，学习出版社，2014：4-5.

制度、民族区域自治制度以及基层群众自治制度等基本政治制度"①。为此，法治理论所具备的品格，应当建构于中国特色社会主义基本政治制度的框架之内，在此基础上，通过对法治领域相应理论、观点、思想的科学阐释，不断完善、改进、优化现有政治制度与时代发展不适应的地方，更全面、科学地反映人民群众的意志和利益诉求，并由此与各类保证人民当家作主的政治制度一道，形成互补和呼应的合力，促进人民群众的意志依法得以体现，权利依法得以维护，利益依法得以实现，从而满足人民群众的理性期盼。

三、建设法治国家的现实要求

在中国特色社会主义法治的理论视界中，法治国家的目标达成并不是单向和孤立的。坚持"党的领导、依法治国、人民当家作主的有机统一"，始终是构建法治国家进程中重要而现实的理论观点，在据此创新所产生的新的理论成果中，仍有必要将三者统一作为一个整体纳入进去，以此更加突出党、人民、法治在社会主义事业中的总体价值与各自职能，为后续法治理论发展提供基本前提。

总体上，中国特色法律治理观念是围绕法治国家建设所建构的一种新的理论形态，它所体现的不仅仅是建设法治国家进程中"党的领导、依法治国、人民当家作主"中的某一选项或某些选项，而是三者作为一个整体的有机统一。习近平总书记在2012年纪念宪法实施三十周年纪念大会上的讲话，在2013年全国政法工作会议，在十八届三中、四中、五中全会等重要文本和系列讲话中，对坚持三者有机统一的重大意义以及新形势下如何坚持，都作出了许多新的重要论述，认识这些新的论断，对深化中国特色社会主义法治建设意义重大。

第一，党的领导是建设法治国家的现实要求。"党的领导是中国特色社会主义最本质的特征，是社会主义法治最根本的保证。把党的领导贯彻到依法治国全过程和各方面，是我国社会主义法治建设的一条基本经验。"② 中国共

---

① 习近平. 在第十二届全国人民代表大会第一次会议上的讲话 [M]. 北京：人民出版社，2013：5.
② 中共中央关于全面推进依法治国若干重大问题的决定 [M] //党的十八届四中全会《决定》学习辅导百问. 北京：党建读物出版社，学习出版社，2014：4.

产党作为执政党,执政的合法性是由宪法确定的,党领导人民制定和实施宪法法律,再通过宪法确立了中国共产党的领导地位,使党的主张通过法定程序成为国家意志,这一实践路径本身就贯穿了党的领导、人民主导、法律指导的三者统一。并且,作为政治、法律等上层建筑的总体反映,法治观所表征的,是对历史和现实国家体制、政治制度、人民意志、发展要求的客观反映,是根植于中国国情实际的法的思想和理论形态。同时,执政的中国共产党的法治理论也是法治观的一个重要方面,这不仅是因为社会主义法律体系是不同于西方的法律体系,是带有阶级性、人民性和党性("两个先锋队"的阶级属性)的法律体系,更在于,如果缺失了党的领导,中国特色法律治理观念乃至整个中国特色社会主义就会失去其立论基础和发展方向,这一理论形态本身的合法性和合理性前提就会动摇。因此,对党的领导的坚持,积极推进依法执政、依宪执政,对全面推进依法治国具有重大作用,理应成为中国特色法律治理观念的题中之义。

第二,依法治国是建设法治国家的现实要求。"全面推进依法治国,必须贯彻落实党的十八大和十八届三中全会精神,高举中国特色社会主义伟大旗帜。"[①] 因此,高举中国特色社会主义伟大旗帜,也应当成为中国特色法律治理观念的首要坚持。从认识来源上看,中国特色法律治理观念的构建不是凭空产生的,它产生于两个方面:一是对中国国情和现实法治建设经验的归纳,二是对中国共产党的法治思想理论创新成果的系统总结,总体上是立足于我国基本国情、顺应我国经济社会发展要求,在总结社会主义法治建设正反两方面经验教训的基础上形成的理性认识。构建中国特色法律治理观念,并不是在空洞的思想观念上的改造和构筑,而是根植于社会主义法治建设的历史实践之中,根植于全面推进依法治国、建设法治中国的具体举措之中,根植于沿着中国特色社会主义法治道路前进的具体进程之中。只有在建设法治国家、法治政府、法治社会的各个领域,充分研判我国经济社会发展中的各种矛盾问题,保持理论自省,才能构建反映我国法治建设规律、总结法治实践经验、指导解决法治问题的法治观,以中国特色社会主义法治理论创新,助

[①] 中共中央关于全面推进依法治国若干重大问题的决定[M]//党的十八届四中全会《决定》学习辅导百问. 北京:党建读物出版社,学习出版社,2014:3.

推党的法治理论、执政思想创新,为丰富中国特色社会主义理论体系提供学理支撑。

第三,人民当家作主是建设法治国家的现实要求。"人民是依法治国的主体和力量源泉。保证和发展人民当家作主,充分反映人民意愿、充分实现人民权利、充分保障人民利益,是法治建设的题中应有之义。"① 人民当家作主首先是对人民主体地位的坚持。国家建设的法治化离不开民主而有序的制度运行,只有坚持人民代表大会制度,在党的领导下通过宪法法律的有效实施,畅通和保障人民管理国家事务的各种途径,人民的意愿和主张才能通过法律得到更好的反映和保障;只有将坚持人民主体地位作为全面推进依法治国的内在要求,以法治方式保障人权、保障自由,把人民群众赞不赞同、满不满意、受不受益作为立法、行政、司法的出发点和落脚点,法治的公信力和正义性才能得到确立,国家治理现代化进程的正确方向才能被科学把握。其次,人民当家作主是对人民根本利益的保障。公共权力是一把"双刃剑",历史上公权力缺乏监督、使用不当甚至被滥用侵犯人民权益的事件不胜枚举,一方面是由于历史文化的原因,"我们这个国家有几千年封建社会的历史,缺乏社会主义的民主和社会主义的法制"②。另一方面是法治思想淡漠,"往往把领导人的话当作'法',不赞成领导人说的话叫做'违法',领导人的话改变了,'法'也就跟着改变"③。究其根源,还在于法治对人民行使监督权的保障不到位。因此要实现法治,需要以中国特色法治观统领执政为民、执法为民、监督用权的法治观念,不断完善权力运行监督的体制机制,使人民对公权力的监督权具有可操作性,保证权力真正属于人民。

第二节 基于中国特色社会主义的理论逻辑

马克思主义法学思想的中国化进程,是中国特色社会主义法治理论日臻

---

① 张德江. 完善以宪法为核心的中国特色社会主义法律体系[M]//党的十八届四中全会《决定》学习辅导百问. 北京:党建读物出版社,学习出版社,2014:53.
② 邓小平文选:第2卷[M]. 北京:人民出版社,1994:348.
③ 邓小平文选:第2卷[M]. 北京:人民出版社,1994:146.

成熟、逐步完善的过程，其理论形态透过法治观的逻辑演绎得以阐发。同时，作为一个动态而开放的理论系统，法治观也是党的十八大及其全会精神的具体体现，在这个意义上，构建中国特色法律治理观念并明确其思想理论来源，使之成为丰富和发展中国特色社会主义理论体系的一个理论增长点，既是可行的也是必要的。

一、马克思主义法治思想中国化的重大理论课题

马克思、恩格斯创立了历史唯物主义和辩证唯物主义，两位导师基于科学的理论基础，描述了作为意识形态的理论产物及其形式，他们在《德意志意识形态》中写道："这种历史观就在于：从直接生活的物质生产出发阐述现实的生产过程，把同这种生产方式相联系的、它所产生的交往形式即各个不同阶段上的市民社会理解为整个历史的基础，从市民社会作为国家的活动描述市民社会，同时从市民社会出发阐明意识的所有各种不同的理论产物和形式，如宗教、哲学、道德，等等，而且追溯它们产生的过程。"① 这表明，包括法治理论、观念、思想等在内的法的意识形态的内容，并不是从某时某地的某个节点开始，突然萌生和发展的，而是根植于"同这种生产方式相联系的、它所产生的交往形式即各个不同阶段上的市民社会"，中国特色法律治理观念的产生与演进亦是如此，它是在以党的十八大及其三中、四中、五中全会主旨为指导的新时期，结合依法治国在各个时期的重要理论成果，于中国法治建设的历史进程中逐步丰富和发展起来的一种理论形态，因而，关于法治观的研究理应成为马克思主义法治思想中国化的重大理论课题。

从本质上讲，马克思主义法治思想是马克思主义关于共产党执政、社会主义建设以及人类社会发展"三大规律"在法治层面的科学认识。在马克思主义法治思想中国化历史进程的各个时期，党和国家关于法治建设的重大理论主张既一脉相承又与时俱进。从毛泽东主持起草新中国第一部宪法时提出的宪政法治思想，到十一届三中全会邓小平提出的法制"十六字"工作方针，从江泽民同志主持将"依法治国、建设社会主义法治国家"写入党的十五大报告，到党的十六届四中全会胡锦涛同志提出"坚持依法执政"，法治中国的

---

① 马克思恩格斯选集：第 1 卷 [M]. 北京：人民出版社，2012：171.

历史进程中一直闪耀着马克思主义法治思想的光芒。

新的历史时期，马克思主义法治理论中国化的发展进程进入新的历史水平。以全面依法治国为表征的法治理论创新，延续着马克思主义法治思想中国化与时俱进的理论品格。全面推进依法治国是党的十八大的重要战略部署，它标志着中华民族依法治国伟大事业进入了新的历史时期；建设法治中国，是十八届三中全会确立的新的目标，将全面推进依法治国的伟大目标向前迈进了一大步；全面建设中国特色社会主义法治体系等新论题，写入十八届四中全会《决定》，不仅将党的十八大和三中全会关于法治的重要精神具象化，又为五中全会推动"经济社会发展纳入法治化轨道"打下思想基础。习近平总书记站在社会主义发展的历史高度，阐明法律与法治的历史地位与职能作用，指出"法治是治国理政的基本方式"[1]，论述全面依法治国若干子系统和重要环节的"有机统一"[2]"共同推进"[3]和"一体建设"[4]，开创了依法治国事业的新局面。

中国特色法律治理观念作为马克思主义法治思想中国化的理论创新，反映出党领导下的社会主义法治建设在不同历史阶段的规律性特点。新的时期，"全面推进依法治国、建设法治中国"集中勾勒出中国特色法律治理观念的时代要求，这一表述始终贯穿于党的十八大及其全会的精神始终，并被纳入"四个全面"重要战略布局的理论视野。可以说，法治这一治国理政的基本方式，必将带动党的领导的体制机制创新，有效推进国家治理现代化的发展进程。

通过对建设法治国家的历史考察，笔者认为：第一，从十一届三中全会以来，中国特色社会主义的每一次重大发展进程，无不闪耀着马克思主义法治思想的光辉。依法治国在我国各个发展时期的阶段表现，表明社会主义各项建设事业不仅需要依法治国和相关理论的新发展与之相适应，更在经济社会发展的各个方面对推进法治建设提出了更高要求。第二，马克思主义法治

---

[1] 党的十八届四中全会《决定》学习辅导百问[M]．北京：党建读物出版社，学习出版社，2014：31．
[2] "有机统一"即坚持党的领导、依法治国、人民当家作主的有机统一。
[3] "共同推进"即坚持依法治国、依法执政、依法行政的共同推进。
[4] "一体建设"即法治国家、法治政府、法治社会的一体建设。

思想中国化的每一次重大思想理论的提出和阐发，无不突出地体现和强调了它理应反映的中国特色、中国实际和社会主义规律，伴随着每一个历史发展阶段的实际而变、特点而变，但其中不变的是我们党对中国特色社会主义伟大旗帜的高举，对社会主义道路、制度和理论体系的自信和坚持。第三，围绕法治国家建设所形成的一系列的法治理论、法治思想和法治观点，都代表了马克思主义法学思想中国化的最新成果，都是中国特色社会主义理论体系的重要构成。但就新时期现有党的法治理论的发展状态来看，能够囊括、包容、统摄中国特色社会主义法治思想理论成果，并与"全面推进依法治国，建设法治中国"相对应的科学理论体系尚未形成。依法治国等重大法治建设部署，作为党和国家的重大战略方针，同时理应有其相应的理论形态——中国特色法律治理观念与之对应。

二、中国特色社会主义的本质要求

马克思在《哥达纲领批判》中指出："权利决不能超出社会的经济结构以及由经济结构制约的社会的文化发展。"① 中国特色社会主义深刻反映了中国在社会主义初级阶段的国情与实际，这一阶段社会的经济结构和文化发展程度决定了"公平正义"及受其影响的"公民权利"的本质规定性，并通过中国特色社会主义的制度安排得以实现。法治既透过对权力的制约和对权利的保障，构成社会公平正义的制度基础，又以法治思想观念的教化，规范公民行为和社会秩序，成为实现社会公平正义的要求与结果。党的十七大报告将促进社会公平正义作为构建和谐社会的重点内容加以强调，报告从建设中国特色社会主义的战略高度出发并指出："实现社会公平正义是中国共产党人的一贯主张，是发展中国特色社会主义的重大任务。"② 号召全党要"加强宪法和法律的实施，坚持公民在法律面前一律平等，维护社会公平正义，维护社会主义法制的统一、尊严和权威"③。

---

① 马克思恩格斯选集：第3卷［M］．北京：人民出版社，2012：364.
② 十一届三中全会以来历次党代会、中央全会报告 公报 决议 决定：下［M］．北京：中国方正出版社，2008：915.
③ 十一届三中全会以来历次党代会、中央全会报告 公报 决议 决定：下［M］．北京：中国方正出版社，2008：922.

中国特色法律治理观念是法治关于公平正义的理想和经济社会发展要求的阶段性成果，反映了中国特色社会主义制度的本质要求，并透过依法治国、建设法治中国等重要法治理论，贯穿于党的十八大及其全会的精神。

一方面，构建中国特色法律治理观念，是中国特色社会主义制度的本质要求。秩序的维护和公正的保障，根本在于制度，而法治则是制度实现的重要方式。法治与法治观作为意识形态领域的上层建筑，在每个国家体现各异，不能随意定义，必须根据每个国家的基本制度来确定。中国特色社会主义制度是在党领导全国人民制定的宪法和法律的基础之上，立足中国国情，经过长期艰苦奋斗和积极探索总结并确定下来的国家制度，全面推进依法治国、建设法治中国，正是对中国特色社会主义制度的坚持。正如十八届四中全会《决定》所明确的："依法治国，是坚持和发展中国特色社会主义的本质要求和重要保障。"[①] 依法治国这一重大战略作为中国特色法律治理观念的重要组成，通过对社会公平正义的促进和实现，落实着中国特色社会主义的本质要求。

公平正义既是历史的、具体的，也是相对的。中国特色社会主义制度下的社会公平正义，首先要立足于当代中国所处的历史地位与基本国情，其次要体现出具体的人民诉求和国家发展方向，再次要突出社会自身的发展特色与实际情况。中国特色法律治理观念是能够基于中国国情（即处于并将长期处于社会主义初级阶段），反映人民群众意愿（即依法维护人民群众权益，保障法律面前人人平等，使人民群众当家作主），推进党和国家事业发展的理论形态，简言之，是能够高度融合于中国特色社会主义理论体系的思想观念总和。

另一方面，构建中国特色法律治理观念，是党的十八大及其全会精神在法治理论层面的具体体现。第一，坚持法律面前人人平等旨在依法维护社会公平正义。十八届四中全会《决定》指出："平等是社会主义法律的基本属性。"十八大报告也提出坚持"八个基本要求"，其中之一就是必须坚持维护社会公平正义，围绕权利、公平、规则等范畴建设保障公平的社会体系。从

[①] 党的十八届四中全会《决定》学习辅导百问 [M]. 北京：党建读物出版社，学习出版社，2014：1.

法理上讲，无论在何种政治体制下的国家中，法律的灵魂始终离不开对公平正义的坚守，构建符合中国国情和实际的中国特色法律治理观念，建设法治中国，实现法律面前人人平等，是维护社会公平正义的重要手段。① 第二，全面推进依法治国是实现社会公平正义的有力举措。习近平总书记在谈及全面推进依法治国指导思想时，强调要全面落实十八大精神，正如十八大报告明确指出的那样，要真正将法治确定为治理国家的基本方式，从而保障社会公平正义的实现，保证公民的自由、权利不受侵犯。将依法治国贯彻到建设中国特色社会主义的各项事业当中，保障人的平等、促进社会治理的公平正义。第三，以法治方式规范权力运行是促进社会公平正义有效手段。要"把提高领导干部运用法治思维和法治方式"作为一项重要的政治任务来抓，以此提高这个关键少数"深化改革、推动发展、化解矛盾、维护稳定"的认识与能力。同时，"党领导人民制定宪法和法律"，表明我们党在宪法法律实施过程中既是领导核心，又是实践的主体力量，因此，党自身必须首先做到在宪法和法律范围内活动，包括中国共产党在内的"任何组织或者个人都不得有超越宪法和法律的特权"，党员和领导干部则更应以身作则、依法办事、依法履职、遵纪守法，"绝不允许以言代法、以权压法、徇私枉法"②，以此将法治思维和法治方式落实到党的建设的各项要求中去。可以说，新时期中国特色社会主义的各项建设，从一开始就被打上了深深的法治印记，社会主义法治事业中蕴含的法治化因素已在社会发展中发挥着常态效应，中国特色法律治理观念的构建条件越发成熟。

三、发展创新中国特色社会主义理论体系的一个增长点

在中国特色社会主义理论体系的研究域中，法治理论一直是一个重要组成部分，理论界关于此方面的论述一直比较丰富。笔者查阅有关中国特色社会主义理论体系的相关资料，着重对中央权威读本和相关学术论著进行比对，发现有关法治理论的论说并没有得到系统化、整体性的呈现，并且，学界并

---

① 党的十八届四中全会《决定》学习辅导百问［M］. 北京：党建读物出版社，学习出版社，2014：19.
② 中国共产党第十八次全国代表大会文件汇编［M］. 北京：人民出版社，2012：25-26.

无社会主义法治观的提炼整合，这说明社会主义法治理论的深化同法治实践的要求仍存在一些距离，中国特色社会主义理论体系在法治理论层面的预留空间还很大。

在权威读本中，法治理论的部分较少被单独提及。如作为重点教材的《中国特色社会主义理论与实践研究》①，全书内容分为八讲，没有一讲提到法治理论或问题；2012年12月中央党校出版社出版的《中国特色社会主义理论体系学习读本（十八大修订版）》，除在第九章第二节（坚持走中国特色社会主义政治发展道路和推进政治体制改革）和第四节（在改善民生和创新管理中加强社会建设）等几个方面，涉及依法治国、依法治理等法治问题以外，并没有单独的法治理论内容；研究出版社2013年11月出版的《中国特色社会主义理论体系学习读本》分十五章论述理论体系的各个领域，除在第十章（必须坚持维护社会公平正义）的正文中，提及法治的个别内容以外，在其他各个章节并无法治和法治理论的内容；中共中央宣传部理论局编著，学习出版社2009年出版的《中国特色社会主义理论体系学习读本》同样没有在各章节中直接安排法治理论的内容。

目前中国特色社会主义理论体系权威的读本与著作中涉及法治理论的较少，除有部分读本将法治理论作为社会主义民主政治建设范畴个别探讨以外，单独就中国特色社会主义法治理论成章节专门论述的较为鲜见。

在国内关于中国特色社会主义理论的个人著作当中，如唐家柱著《现代化进程中的中国特色社会主义理论体系研究》，汪青松、罗本琦、王兆良著《中国特色社会主义理论体系与和谐社会建设》，王伟光著《中国特色社会主义旗帜、道路和理论体系》，阮青、李海青、徐化影著《中国特色社会主义理论体系党员干部读本》，方燕著《中国特色社会主义理论体系基本问题研究》，这些论著大多没有以社会主义法治为中心内容展开论述，有的将法治理论作为民主政治的一部分仅作梗概介绍，有的从中国特色社会主义理论角度，结合法治建设的部分领域进行解读，也并未完全展开。总的来讲，单独以"中国特色法律治理观念"为专题开展集中论述的还不多见。

在目前的党的文献和权威读本中，虽有许多关于法治及其相关内容的论

---

① 本书编写组. 中国特色社会主义理论与实践研究［M］. 北京：高等教育出版社，2013.

述和阐释，但除了专门就法治问题进行论述的书文以外，大部分读本普遍没有将"党的法治观和法治理论"单作一章来设计并专题阐述，更从未使用过"党的法治观"和"中国特色法律治理观念"这两个概念，大都呈离散状态。在党的十八大和三中、四中、五中全会高度重视法治建设的背景下，这似乎与全面推进依法治国和建设法治中国的理论与实践不相匹配，随着有关法治理论、思想、观点在中国特色社会主义的理论视域中的不断阐发，这一理论体系仍存在着重新整合、提炼、概括、建构的巨大空间。

笔者在网上粗略搜索发现直接关于社会主义法治观的研究少之又少，仅存王慧扬的《论当代中国社会主义法治观》、莫纪宏的《"三个至上"与社会主义法治观》、赵圣熠的《浅析我国社会主义法治观的基本内涵及其哲学底蕴》等数篇论文，这些相关研究中对法治观的诠释多于探索，总体而言文献总量较为匮乏，创新性较弱。

国内相关领域法学专家如张文显、公丕祥、李林、卓泽渊、马怀德、付子堂、韩大元、王振民、贾宇、李步云、吕世伦等，对中国特色社会主义法治理论充分关注并进行了大量富有创新性的论述，其中关于法治及其相关理论方面的专门著作有如徐建波主编的《法学家眼中的中国法治》，刘海年、李步云、李林主编的《依法治国建设社会主义法治国家》，张恒山的《法治与党的执政方式研究》，苏力的《法治及其本土资源》，叶传星的《转型社会中的法律治理——当代中国法治进程的理论探讨》，谭智华的《法治与社会和谐》，沈德咏主编的《中国特色社会主义司法制度论纲》等。这些论著表明了新时期中国特色社会主义法治理论的深化与进展，但其中关于法治观的论述较少，关于法治与法治观的基础理论与思想理论来源方面的研究亦不够深入。

以上这些论著就马克思主义法治理论中国化的重要成果如法治与法制、依法治国、法治理念进行了深入探讨，提出了法治的若干原则和理论内涵，比较具有代表性。但有的较多地关注法治实践层面或部门法的操作层面，以唯物辩证法为方法论，以法价值观作为切入点，展开的基础理论问题研究不够深入；有的对党和国家法治观的研究思路和视角相对较窄，往往沿着某一或某些法治理论和观点深入进行，进而展开到实践操作，缺乏全面立体的论述；有的缺乏跨学科跨领域的系统梳理，法治观的演进与构建既是历史形成的，也是在改革发展的整体进程中逐步完善的，并非法治理论与实践的"一枝独秀";有的关于"中国特色法律治理观念"范畴和概念的论述并未提出,更缺少相关论题的专题研析。

总体上看,在中国特色社会主义理论体系的框架内,法治理论、法治价值、法治观点高度融合、有机统一于中国特色法律治理观念。中国特色社会主义事业作为不断发展的开创性事业,是我国根据自身的国情,在世界范围内走出的一条与众不同的具有中国特色的发展新路。在这个历史进程中,中国特色社会主义理论体系呈现出与时俱进、开放包容的理论品质,其中不断发展丰富而形成的理论观点,不仅积累形成了社会主义法治观的主要内容,也是中国特色社会主义理论体系的有机构成。鉴于此,怎样丰富发展中国特色社会主义理论体系中内含的法治理论、法治观点、法治思想等既有成果,笔者认为,构建一个具有相对独立性和系统性的理论分支——中国特色法律治理观念,是统摄我国法治理论与实践成果的正当选项与必要选择。因此,在中国特色法律治理观念的理论形态尚未成型,理论界尚未形成对中国特色社会主义法治理论和观点系统化论述的情况下,系统全面地提炼整合反映中国特色、体现社会主义规律的法治观理论,势必对推动中国特色社会主义理论体系的丰富发展起到积极作用。

第三节 中国特色法律治理观念的概念考析与研究框架

法治的概念与法治观的概念实则融为一体,互为表里,有什么样的法治观,就能够衍生出什么样的法治思维、法治方式、法治精神等。尽管关于法治的概念有着许多见解和争论,但这些观点理论产生的根源始终绕不开一定时空下法治观的影响。法治概念的界定至少应分解为两个方面的内容,一是作为名词的"法",即什么是法,二是作为动词的"治",即"治理",衍生出何为治理、如何治理,等等。前者要科学地界定"法"的概念、内涵、价值等基本内容,后者要科学地评判"治"的地位作用及其实现方式。

一、"中国特色法律治理观念"概念考析

"中国特色法律治理观念"这一词组的重点部分是"法治观",而"法治

观"概念关键在于对"法"与"法治"的理解,因此有必要从"法""法治"这些基本元素的概念梳理考察;另外,由于"中国特色法律治理观念"是由"中国特色社会主义""法治观"组成的一个偏正词组,因此对其概念的考察应至少包含上述两个方面。

(一)"法""法律""法治"及其相关概念的辞书考析

在国内辞书和论著中,关于"法"(law)的概念表达基本相同,一般指"由国家制定和认可,并由国家强制力量保障实施的,以权利和义务的形式表达其要求的规范或规范体系"①。"法"的英语译文"law"同汉语中"法律"一词的习惯用法相当。在我国当代法学理论中,法律是"由国家制定和认可的,并由国家强制力保证实施的,体现统治阶级的利益要求和意志的,具有明确的权利与义务、权力与职责关系的普遍行为规则体系"②。广义的法律是"法的整体,包括法律、有法律效力的解释及行政机关为执行法律而制定的规范性文件(如规章)"③,"狭义的法律仅指全国人民代表大会及其常委会制定的基本法律以及基本法律以外的法律"④。

法治(rule of law)译文即法律的统治,或译为依法治国、以法治国等,上海辞书出版社 2000 年 12 月出版的《精编法学辞典》对"法治"的解释为:与"人治"相对,严格依照法律管理国家的一种治国方式。基本特征是:(1)由国家制定较完备的法律,运用法律调整各方面关系;(2)严格依法办事,国家机关及其人员依法行使国家权力,人民群众依法享有权利和履行义务;(3)在适用法律上对所有人一律平等;(4)它以一定阶级的民主政治为前提,本质上是一定阶级民主的制度化、法律化,故现实的法治只有资本主义法治和社会主义法治。⑤《马克思主义大辞典》关于"法治"的解释针对性更强,并明确了社会主义法治的概念,其中写道:"法治是一种主张以法治国的政治思想,与人治相对,无产阶级夺取政权后需要建立健全法治,作为管理国家的重要工具,以确立有利于无产阶级的社会关系和社会秩序,巩固无

---

① 刘作翔. 法理学 [M]. 北京:社会科学文献出版社,2005:1.
② 吕世伦,文正邦. 法哲学论 [M]. 北京:中国人民大学出版社,1999:203.
③ 张文显. 法理学 [M]. 北京:高等教育出版社,北京大学出版社,1999:43-44.
④ 张文显. 法理学 [M]. 北京:高等教育出版社,北京大学出版社,1999:45.
⑤ 曾庆敏. 精编法学辞典 [M]. 上海:上海辞书出版社,2000:729.

产阶级专政，促进社会主义建设的发展。"①

"法治"虽然具有相对确定的内涵，但其概念仍无法得到全面的定义。在《牛津法律大辞典》中：法治（rule of law）②被定义为某种需要得到各类权威机关广泛服从的原则，法治的内容应当在立法、执法的各项活动中得到体现，其方式包括对公权力的限制、反对权力滥用、保障公民平等自由的私权利，其目标在于肯定人在法律面前的平等地位，并保证这一地位不因权力的干涉而遭到改变。

法治与法制在概念上的差别细微而显著。曾庆敏主编的《法学大辞典》中的"法制"意为："法律和制度的统称，或法律制度的简称。"（1）它包括国家组织机构的设置、管理活动以及其他方面的一切章典、规范。（2）作为法律制度本身，它概括一国全部法律、法规以及立法、执法、司法、守法和法律监督等各项制度。（3）严格依照法律治理国家的一种方式或原则。③"法治"并不像"法制"那样具有某种制度的确定性，从上述关于"法治"的解释和描述可以看出，"法治"作为一个概念，更多地体现为一种法的价值观念或法治观，其概念与法治观有着紧密的联系。这一思考在笔者后续的考察中得到些许印证，笔者在《英汉双解法律辞典》第2版中并没有找到关于"法治"的解释，但找到了关于"法制"的解释，该辞典将"法制"翻译为"the rule of law"④，与"法治"的"rule of law"虽仅有一个单词"the"的差别，但意思已不尽相同：法制，即法律管辖原则（所有个人和组织以及政府本身

---

① 卢之超. 马克思主义大辞典 [M]. 北京：中国和平出版社，1993：154.

② 《牛津法律大辞典》将法治定义为：一个无比重要、但未被定义、也不是随便就能定义的概念，它意指所有的立法、行政、司法及其他机构都要服从于某些原则。这些原则一般被看作表达了法律的各种特征，如正义的基本原则、道德原则、公平和合理诉讼程序的观念，它含有对个人的至高无上的价值观念和尊严的尊重。接着，该辞书对法治的内容作了几点描述：（1）对立法权的限制；（2）反对滥用行政权力的保护措施；（3）获得法律的忠告、帮助和保护的大量的和平等的机会；（4）对个人和团体各种权利和自由的正当保护；（5）在法律面前人人平等。参见牛津法律大辞典 [M]. 北京：光明日报出版社，1988：790.

③ 曾庆敏. 法学大辞典 [M]. 上海：上海辞书出版社，1998：1078.

④ 法制：the rule of law，英文译为 "principle of government that all persons and bodies and the government itself are equal before and answerable to the law and that no person shall be punished without trail" 参见同上。

在法律面前是平等的，都得对法律负责和在无审判情况下不得对任何人进行惩罚的管辖原则）。①

西方法学思想关于"法治"的思考多与"法制"这种制度化的规范有关，更多地体现为某种原则（如"法制"定义中的无审判情况下不得对任何人进行惩罚的管辖原则），其实质不仅在于依法治理国家、依法审判、依法保障人人平等的权利之"依法"意识，更在于运用法律对人施以惩罚时必须经过审判这一环节，本质上是一种程序意识的观念反映。从以上阐释中可见，在不同意识形态的解释范畴中法治的概念差异明显。

（二）"法治观"的一般概念定义

"法治"作为合法化的政治理想在不同时代、地域被不同的概念解释着，由此可以形成具有不同内涵的法治观。

西方学者结合民主、正义、权利、自由、信仰的大量论述，形成了包含法治与法治观概念在内的诸多理论。德沃金的权利法治观强调了法治的权利价值，罗尔斯在《正义论》中通过法治概念中的正义内涵，集中论述了公平正义的法治标准。英国学者拉兹将法治的原则设定为八个方面，从立法、行政和司法三个层面具体描述了法治所应具备的主要内容，对欧美法律的制定实施产生了深远影响。② 1959年国际法学家会议通过的《德里宣言》确认法治为一个能动的概念，法治原则的内容包括：明确宣示，立法机关的职能在于创造和维持使个人尊严得到维护的各种条件；既要防范行政权力的滥用，又要有一个维持法律秩序的有效的政府存在，正当的刑事程序，司法独立和律师自由。③

国内学者对法治的论述角度不同、观点各异。葛洪义认为法治与法治观密不可分，将法治与法治观放在一起探讨，法治首先意味着服从规则，是按

---

① [英] P. H. 科林. 英汉双解法律辞典 [M]. 陈庆柏, 王景仙, 译. 北京：世界图书出版社, 2000：489.

② 这八项法治原则包括：法不溯及既往，应公开明确；法律应相对稳定；特别法的制定应受公开、稳定、明确的一般规则指导；保障司法独立；遵守自然正义原则；法院应对议会和行政立法等的执行握有审查权；法院应易于接近；预防犯罪的机构在行使裁量权时不得滥用法律。（参见沈宗灵. 现代西方法理学 [M]. 北京：北京大学出版社, 2003：215.）

③ 李林. 法治的理念、制度与运作 [J]. 法律科学, 1996 (4)：5.

照预先确定的一般标准规范人的行为；法治意味着分权，意味着所有人在规则面前一律平等，所以是民主化的、平等的、世俗的，依赖着每个人对法律的自觉遵守；法治天然是一种维持体制的秩序，法治反对破坏体制，意味着尊重体制、通过体制去解决纠纷。① 这意味着法治观本身蕴含着法治的内容，法治是法治观的实现方式。李林认为："法治存在于理念、制度以及运作的三个层面，不同层面的法治具有不同维度的内涵，比如在理念层面，表现为一种统治和管理国家的思想理论和学说；在制度层面，表现为自法律基础上构建起的各项制度与原则；在运作层面，则表现为一种法律秩序实现的过程及状态。"② 这表明法治观的概念同样存在于多个层面和维度。谢遐龄认为："法治是某种特定的结构及特定方式的运行和相应的意义世界——即运行中内含的原理、原则和价值，以及人们的态度（文化心态）。"他还从哲学角度概括了法治的基本特征，指出"法治建设核心点是培育国民为人格、法权主体，并从法官、公民、律师、证人的角度提出法治实现的前提，认为法治内涵的理念在于发展公民的人格性"③，即法治的实现路径和理念追求在于法治观在民众内心确立。庞正认为法治是一个实践的概念，法治所关心的乃是法律统治地位的确立与法律的有效实现。因此，他认为法治可被界定为形式意义上的一种社会政治实践方式。④ 可见，法治观具有某种实践属性。夏恿则从法治概念的对立面展开讨论，认为既不宜把法治理解为世俗化运动的结果，也不能简单地看做近代革命的产物。而应当把法治依次解释为一项历史成就、一种法制品德、一种道德价值和一种社会实践。⑤

可见，国内外学者关于法治概念的论述一般强调了这些内容：一是从自然正义原则、权利自由原则等角度探讨法治的制度内涵，说明法治是一种对法律确定性的安排和对秩序稳定性的保护，应该得到人们的尊重和遵守；二

---

① 葛洪义. 法治与法治观 [J]. 法治论坛, 2007 (4): 1-2.
② 李林. 法治的理念、制度与运作 [J]. 法律科学, 1996 (4): 3.
③ 谢遐龄. 法治：概念及其实现——兼答几位法学界人士的质疑 [J]. 汕头大学学报, 2013 (3): 5.
④ 庞正. 法治概念的多样性与一致性——兼及中国法治研究方法的反思 [J]. 浙江社会科学, 2008 (1): 67.
⑤ 夏恿. 法治是什么——渊源、规诫与价值 [J]. 中国社会科学, 1999 (4): 117.

是从理念、思想、心理、文化和价值层面对法与法治在具体语境中进行解读，认为法治作为一种实践的概念具有某种过程和状态；三是从法治的实践层面探讨，认为法治的核心内容是对法律的适用与遵守，立法、执法和司法承担着这一功能。总之，法治的内涵、外延及相关概念在不同时空不同语境存在着不同认识。

法治观作为一个运动的概念也在不断变化，但其中内含的确定性可以比照法治的概念确立下来。笔者认为，不涉及文化与意识形态影响，就一般概念而言法治观的核心在于"法治"的概念，特点在于"观"的概念。具体而言，第一，法治构成了法治观概念的核心内涵，揭示了法治观概念的内在规定性：首先是"良法之治"的价值取向，即制定和实施的法律与制度本身具有合理性和正义性；其次是"依法之治"的实践要求，即统治者应当依照法律和制度来实现自己的意志；再次是"观念之治"，即公民个体和整体对法律和制度具有现实的、强烈的崇尚，具有依法活动的自觉。第二，法制观念、法律意识、法律思想等法的观念、意识、思想组成了法治观的重要外延：一是这些观念的上层建筑具有一定的历史性和规律性，并非某个人或某个时期的特殊状态；二是具有意识形态性，即受到不同地域、不同文化以及不同价值观的强烈影响。由此，就一般意义而言，"法治观"可以被定义为人们依据优良法律制度治国理政、实现意志、规范行为的观念自觉。当然，笔者并不排斥在不同语境和学科中对法治观的概念的不同使用。因为法治观作为一种运动的思想观念，其概念本身就是受文化与意识形态影响后的产物，很难明确其概念的唯一性并对其所有概念全面阐释。因此，将法治观的概念放在特定的文化语境中进行定义，方能真正理解和解释法治观的概念。

（三）"法治观"及其概念在中西方传统文化中的解读

从字源上看，"法"字具有公平、正义等含义，中国古代法治观中的"法"象征明辨是非善恶的独角兽，西方古代法治观中的"法"则是手持天平利剑的正义女神的化身。

西方古代先哲的法治观通过他们关于法与法治概念的阐释体现出来，其中大部分思想家从法律的角度探讨法治。在柏拉图的名著《法律篇》中，这位"哲学王"的推崇者视法律为治国安邦的根本准则，他从"人性恶"的逻辑前提出发，将人类的本性归结为"谋求私利，超越一切理性而避免痛苦，寻求快乐，并把这些目的置于正当与善之上"①。因此，法律之于人类就如同野兽需要驯服一般，需要被广泛地遵守和发自内心信仰。而谈到治国理念时，柏拉图明确指出了法律应当在一个国家中处于主导地位而不是"从属地位"，而一个法律失去了权威的国家是注定要覆灭的。另外，在论及官员同法律的关系时，柏拉图的观点也颇为深刻，他认为一个国家的法律要想获得权威，必须得到官吏真正的认同与服从，所有官吏唯有基于法律来行使行政权力，"城邦和人民才能得享安宁。享受神赐予的一切美好之物"②。

亚里士多德作为古希腊法治思想的集大成者，对西方法治思想的形成起到了基础性作用，他提出法律要符合正义、体现平等、保持稳定、具有权威等重要观点，认为"良法之治"是法治的根本要义，他认为邦国具有良法是法治之基础，不过如果缺乏人们对良法的全部遵守，那么法治的实现仍将沦为空谈。据此，亚氏提出了广受推崇的法治内涵，即两重意义上的法治："已成立的法律获得普遍的服从，而大家所服从的法律又应该本身是制定的良好的法律。"③可见，亚氏所认为的法治一是良法的制定，二是人民的服从。古罗马思想家们继承古希腊法治思想的同时，丰富了自身的法治思想。西塞罗认为法律作为立国之本，应当符合理性、公正、平等和善良。查士丁尼提出从每个人的权利实现出发来制定和实施法律，"正义是给予每个人他应得的那部分的这种坚定而恒久的愿望"④，认为法的正义性表现为对人的权利的实现。

西方文化中内含的法治观还普遍存在于各学派的法治观之中。（1）自然法学派最早把法与法律区分开来，认为法先于人存在，自然法先于人定法存在，自然法是判定法律好坏的标准。自然法学思想作为西方最早出现且影响深远的一种法治思想，其"恶法非法"的基本观点不同程度地影响着自然法学派各个时期的思想理论。格老秀斯认为自然法根源于人的本性，是人类理性的准则，一切人定法都源自自然法。霍布斯自然法理论的基础是他对于人性恶的价值判断。孟德斯鸠认为："所有存在物莫不有法。神有他的法，物质

---

① 顾肃. 西方政治法律思想史 [M]. 北京：中国人民大学出版社，2005：41.
② 徐爱国，李桂林. 西方法律思想史 [M]. 北京：北京大学出版社，2009：29.
③ [古希腊] 亚里士多德. 政治学 [M]. 吴寿彭，译. 北京：商务印书馆，2011：202.
④ [古罗马] 查士丁尼. 法学总论 [M]. 张企泰，译. 北京：商务印书馆，2011：5.

世界有它的法，高于人类的智灵们有他们的法，兽类有它们的法，人类有他们的法。"① 法和法律并不是独立存在的，法具有一种特有的并与其他事物发生关系的精神，"法就是初元理性和各种存在物之间的关系，也是各种存在物之间的相互关系"②。洛克认为理性就是自然法，人们遵守自然法就是遵守理性法则，在自然状态下，人们需要通过订立契约和寻找公力救济的途径来保证自然法得到遵守，法律和执行法律的机构由此应运而生。③ （2）分析主义法学派从法和法律的应然性和实然性状态出发，分析了法"是什么"和"应该是什么"的两种状态。分析法学派的代表奥斯丁曾将法律分为神法、制定法、道德法和象征法等四类，法是"由一个有智慧的生命制定的以指导其有权支配的另一个智慧生命的规则"④，而法治的实质是运用法律的强制力来获取政治权威。（3）社会实证主义法学派的创始人 E. 埃利希并不认为法就是法律条文，他认为法律的实质是社会秩序，是作为社会事实的规制，而法治不是依靠国家强制力和国家法律，而是依靠所谓包括习俗、道德、习惯、宗教、伦理在内的"活法"保障实现。

西方近代思想史中法与法治的概念仍然深受古代自然法观念的影响，各个学派虽对法与法治的内涵有着不同的认识和解释，但其中所蕴涵的理性、公正与法治思想，都为西方法治文化的发展奠定了基础，由此而生成的分权制衡、法律至上、法律精神与法律信仰等观念与制度，很大程度上助推着资产阶级的思想启蒙和资本主义的快速发展。

在我国古汉语中，法最早以"灋"字的形式出现在西周金文中，表现了古代诉讼的场景。东汉许慎的《说文解字》认为"灋"即刑也，《尚书·吕刑》曰："苗民弗用灵，制以刑，惟作五虐之刑，曰法。"⑤《韩非子·定法》曰："法者宪令著于官府，刑罚必于民心，赏存于乎慎法，而罚加乎奸令者也。"古代法被定义为刑罚。《唐律疏议·名例》曰："法，亦律也。"《道德经》有云："天行有常"，"常"即上天、自然运行的规则和规律。可见古代

---

① ［法］孟德斯鸠. 论法的精神：上册［M］. 许明龙，译. 北京：商务印书馆，2011：9.
② ［法］孟德斯鸠. 论法的精神：上册［M］. 许明龙，译. 北京：商务印书馆，2011：9.
③ 吕世伦，文正邦. 法哲学论［M］. 北京：中国人民大学出版社，1999：186 – 188.
④ 程波. 西方法律思想史——法治源流［M］. 北京：中国传媒大学出版社，2005：231.
⑤ 出自《尚书·吕刑》.

的法与律都是关于规则、规律的概念，且往往与刑通用。中国古代就有关于"法制"和"法治"的说法。《中国古代法学辞典》对"法制"和"法治"的解释中，"法治"与"人治"相对，即以法治国。《晏子春秋·谏上》云："昔者先君桓公之地狭于今，修法治，广政教，以霸诸侯。""法制"即法令制度。《吕氏春秋·孟秋纪》："是月也，命有司修法制，缮囹圄，具桎梏，禁止奸。"① 可见，中国古代虽早有"法制"与"法治"的词语，但其表达的思想与中国君主专制政体相联系，认为国家治乱在于"以法为本"，与当代有所不同。

"以法为本"的法治观在先秦诸子的思想中均有涉及，但先哲们对法和法治的认识各有千秋。以商鞅、韩非为代表的法家思想把法比作人们的行为准则和标尺，"尺寸也，绳墨也，规矩也，衡石也，斗斛也，角量也，谓之法"②，体现了遵照某种准则和尺度处事的公平原则。"法家创立了一套以法为本，法、术、势结合的法治思想体系，但法家的法治与民主没有什么根本联系。"③ 不同于法家"崇法"思想的儒家，凭借其"尚德"思想占据了中国古代传统法律文化中的统治地位，其核心思想中的"仁"在法治中体现为"明德慎罚"与"德主刑辅"，不仅如此，儒家思想将法治与礼治结合，认为法令虽有制约人们行为的作用，但遵守礼治和道德更为重要，礼是法的根本，"礼者，法之大分类之纲纪也"。道家认为"法令滋彰，盗贼多有"，"寂兮寥兮，道法自然"④，"道"是法之最高境界，乃超越仁义礼法的自然法则。墨家思想从人性和社会的理想状态出发，认为法"必务求兴天下之利，除天下之害，将以为法乎天下"⑤，倡导法治的公正平等。

中国古代先哲多从法的性质、地位、作用等方面认识诠释法和法律，虽并没有形成系统的法治理论，也没有培育像西方那样的法治土壤，但诸如"人性本善""民贵君轻""出礼入刑"等思想已与西方法治思想产生了鲜明对比，为中华文化特有的法治观的形成奠定了思想文化基础。

---

① 高潮，马建右. 中国古代法学辞典 [M]. 天津：南开大学出版社，1989：83.
② 出自《管子·七法》。
③ 卢之超. 马克思主义大辞典 [M]. 北京：中国和平出版社，1993：154.
④ 出自《道德经》。
⑤ 出自《墨子·非乐上》。

(四) 中国特色法律治理观念的概念范畴

目前国内学界关于社会主义法治观的论述并不多见，关于中国特色法律治理观念的论著更为鲜见。王慧扬在《论当代中国社会主义法治观》一文中，从理论、价值和实践三个层面指出中国社会主义法治观的主要内容，理论层面包括了对马克思主义法治观、共产党依法治国的理论实践成果，以及中、西法治文化的吸收融合；价值层面上主张法律至上、公平正义的法治原则；实践层面则要求推进国家、政府、社会在法治状态下三位一体的建设。莫纪宏认为"三个至上"是社会主义法治观内涵的深刻揭示，指出"三个至上"作为科学发展观在法治层面的体现，同"坚持党的领导、依法治国、人民当家做主"一脉相承。

在世界范围内，关于社会主义法治和法治观的内涵和概念是什么也一直没有定论。"1980年代后期，苏联曾对法治和建设社会主义法治国家问题进行过专门的考察，并就对内对外的法治原则进行过阐述。对内方面肯定了法律在国家事务、社会生活领域的绝对权威地位，强调个人自由非法律约束而不受侵犯性。对外方面则主张从维护世界和平和人类利益的目标出发，依照国际法准则维护人民的民主和自治，保障人权的实现。"[①] 可见，苏联的法治观和法治概念并不等同于中国特色法律治理观念。

"中国特色法律治理观念"是一个偏正词组，"中国特色社会主义"作为一种目的性指向，很大程度上限定了"法治观"的任务目标和主要内容，并指明围绕中国法治所进行的相关研究，应立足于中国特色社会主义这一逻辑起点展开。中国实行的社会主义是与经典传统社会主义理论与实践一脉相承而又有所不同的社会主义，这其中的不同之处就在于具有中国特色，主要表现在道路、制度和理论体系三个方面。这一点可以在党的十八大报告中得到印证，即从实现途径、行动指南和根本保障三个维度指明了"道路""理论体系"以及"根本保障"各自的职能定位，最终以中国特色社会主义的伟大实践完成了三者在理论与现实上的统一，并指出："这是中国特色社会主义的最

[①] 苏联法治原则包括对内和对外两个方面，对内方面：(1) 法律在一切生活领域内占统治地位；(2) 国家及其机关受法律约束；(3) 个人自由不受侵犯；(4) 国家与个人相互负责。对外方面：(1) 遵守国际法准则；(2) 维护和巩固世界和平；(3) 整个人类的利益处于优先地位；(4) 人民的民主自治；(5) 人的权利不可侵犯。

鲜明特色。"可以说，制度设定上的"特色"是中国实行和发展社会主义的一大创举，并通过在实现途径、行动指南、根本保障上所呈现的"四大特色"（实践特色、理论特色、民族特色、时代特色）反映出来。

在法治建设领域，中国特色法律治理观念是对中国特色社会主义法律体系的价值引领和理论统摄，其概念可以定位于两个层面：一是对社会主义根本政治制度和法治原则的坚持；二是在意识形态方面，坚持用社会主义法治观引领社会思潮，建立崇尚公正、平等、法治的社会秩序。总的来讲，中国特色法律治理观念的概念可以界定为在坚持中国共产党的领导，坚持中国特色的法治道路、法治理论与法律制度的基础上所构建的具有社会主义性质的法治观念体系。

具体来看，中国特色法律治理观念应包括以下几个方面。（1）思想理论来源层面：一是马克思、恩格斯和列宁的法治观，二是中国传统文化和近代法律思想中的法治观，三是西方法律文化中的法治观。（2）价值原则层面：以党的领导为基本政治前提，坚持人民群众在法治建设进程中的主体地位，从中国实际国情出发推进法治、弘扬德治，以实现法律面前人人平等，使人民合法权益得到保障。（3）具体内容层面：一是以邓小平同志为核心的中央领导集体对法治观的丰富发展，二是以江泽民同志为核心的中央领导集体对法治观的丰富发展，三是以胡锦涛同志为总书记的党中央对法治观的丰富发展，四是党的十八大以来以习近平同志为核心的党中央对法治观的丰富发展。（4）现实法治实践层面：将法治中国的实现纳入"四个全面"的战略布局，通过法律实施保障宪法法律的权威，推进依法治国、执政、行政的"共同推进"，强调立法、执法、司法与守法的"四位一体"，坚持法治国家、政府、社会的"一体建设"。

二、中国特色法律治理观念源流的研究框架

关于中国特色法律治理观念的系统论述，本书首先从其历史和逻辑起点问题谈起，将马克思主义经典作家法学思想与中、西方法治观进行筛选整合，从理论基础上为法治观的构建创造条件；其次，从正反两方面对比梳理社会主义法治建设的经验成果，史论结合阐释构建法治观的历史必然性，阐述法治观的主要内容；最后，提出主要理论观点和实践要求。基本研究框架列明

如下：

（一）基于中国特色社会主义的实践逻辑

1. 执政党执政理国的必然选择

2. 人民群众的理性期盼

3. 建设法治国家的现实要求

（二）基于中国特色社会主义的理论逻辑

1. 社会主义本质规定性与法治

2. 马克思主义法治思想中国化

3. 中国特色社会主义理论体系的一个理论增长点

（三）中国特色法律治理观念的思想理论来源与重要镜鉴

1. 马克思、恩格斯法治观及其当代意义

2. 列宁法治观及其当代意义

3. 苏共法治观在文本与实践上的悖离

（四）中国特色法律治理观念的相关思想理论材料

1. 中国传统文化中的法治观及其当代启示

2. 西方文化中的法治观及其启示

（五）中国特色法律治理观念的酝酿与发展

1. 毛泽东思想及其法治观的当代意义

2. 邓小平理论中的法治观

3. "三个代表"重要思想对法治观的丰富发展

4. 科学发展观对法治观的丰富发展

5. 党的十八大以来以习近平同志为核心的党中央对法治观的丰富发展

（六）中国特色法律治理观念的主要理论观点

1. 人民主体论

2. 依法执政论

3. 党的领导论

4. 科学立法论

5. 宪法中心论

6. 法治国家论

7. 法治政府论

8. 法治社会论
9. 严格执法论
10. 公正司法论
11. 反对人治论
12. 德法结合论
13. 全民守法论
14. 国际法治论

中国特色法律治理观念的内容架构具有一定的抽象性与实践性，是整体性与开放性的统一。这一崭新理论命题的提出，既浓缩了十八大以来党的法治理论的最新成果，又是反映社会主义法治建设规律性特点的经验总结，其中所包含的理论思想观点不仅继承了自科学社会主义理论确立以来的法治思想，也吸取了中西方法治文化的有益内容。可以预见的是，中国特色法律治理观念是一种具有包容性、动态性、开放性的理论形态，在"四个全面"的战略布局中，这一理论形态的内涵必将在全面建设小康社会、全面深化改革、全面从严治党的进程中愈加丰富、愈加深刻。

中国特色法律治理观念应当在中国特色社会主义事业的各个领域中得到贯彻落实，这个贯彻落实的主体是中国共产党。在领导社会主义各项事业的进程中，我们党的宗旨和性质决定了其法治观与法治实践的人民性和科学性，为此，将依法治国、党的领导的工作统一到实现人民群众利益的这个最终目标，是探索中国特色法律治理观念的实现路径的重要指针，应当成为我们党新时期法治建设的重要内容。

总之，本书所提出的构建中国社会主义法治观的设想，是根据我国法治建设的新形势和新要求，针对全面推进依法治国与建设法治中国重要目标所构建的新的理论形态。法治观因在整个社会主义法治思想理论体系中处于核心地位、发挥统领作用，所以在这个意义上，全面推进依法治国所依仗的总的理论形态，应当明确定位为中国特色法律治理观念。

第二章

中国特色法律治理观念的来源之一

第一节 中国古代法治观的核心范畴及其展开

马克思在《〈政治经济学批判〉序言》中指出:"物质生活的生产方式制约着整个社会生活、政治生活和精神生活的过程,不是人们的意识决定人们的存在,相反,是人们的社会存在决定人们的意识。"[①] 地理环境、族群特性以及生产方式的差异形成了人类社会中不同的文化模式,深刻影响着不同地区人类的生活习惯、价值观念和行为方式。中国古代的法律文化和法治观从属于中华传统文化的范畴,不外乎受到三大类因素的影响:亚欧大陆特殊的地理生态环境;农耕模式的物质生产方式;封建皇权至上的宗法社会组织。[②] 同时,作为典型的在中国农业文明基础上形成的法治模式和法律文化,中国古代法治观也具有其显著的伦理特点,即透过中国古代道德所展现的伦理法或法的伦理性,这是一种在中国古代特殊的人文环境、生产方式的历史背景下,与儒家的道德观紧密相连又自成一体的伦理道德规则,构成了中国古代法治观的核心范畴。中国古代法治观同中国古代政治思想、伦理思想、哲学思想具有紧密联系,甚至在一定程度上高度融合,因此,中国古代先哲们的法治思想和观念往往通过他们有关伦理、政治、哲学等的论述得以阐发。

[①] 马克思恩格斯选集:第2卷 [M]. 北京:人民出版社,2012:2012:2.
[②] 曾宪义,马小红. 礼与法:中国传统法律文化总论 [M]. 北京:中国人民大学出版社,2012:24.

一、伦理法是中国古代法治观的核心范畴

早在中国古代就有关于伦理概念的阐释，《礼记·乐记》中说："乐者，通伦理者也。"东汉郑玄注："伦，犹类也；理，分也。"唐孔颖达解释说："乐得则阴阳和，乐失则物乱，是乐能径通伦理也，阴阳万物各有伦理分理也。"由此可知，古人认为伦理包含了宇宙万物存在和发展的一种普遍秩序，又有段玉裁《说文解字注》载："伦"训为"类"；"类"又可训为"辈"，辈，引申为同类同等次。伦理思想是儒家思想的主体，孔子说："君君、臣臣、父父、子子。"（《论语·颜渊》）孟子说："父子有亲，君臣有义。夫妇有别，长幼有序，朋友有信。"（《孟子·滕文公上》）荀子说："君臣、父子、兄弟、夫妇，始则终，终则始，与天地同理，与万世同久，夫是谓大本。"（《荀子·王制》）因此，伦理的内涵主要体现为以亲属、辈分为表征的等级关系和人伦常道，如在亲属关系中以君臣、父母、兄弟、夫妻、朋友为代表的"五伦"。总之，中国古人所认为的伦理源自影响万物变化的自然法则，这种自然法则在人类社会的投射主要以血缘家族为表现，故又可称之为血缘家族伦理。①

中国古代伦理法以儒家伦理思想为主干，着重从儒家思想中法的精神和法律规范出发界定传统法律的特征，但并不排斥包括道家、法家、墨家在内的关于法的思想和学说。以此为出发点，伦理法可以概括为以下几个层面：一是家族主义，二是义务本位主义，三是德治主义和礼治主义，四是人治主义②，五是君主主义或皇权主义，六是自然法③。虽然学界关于伦理法的基本内涵、文化品性、治理模式以及其与现代德治、法治关系的论述已比较充分，然而在中国古代法治观的研究视域中，笔者一直思考几个问题：一是伦理法是基于何种思想文化成为中国古代法治观的核心范畴的？二是儒家伦理法能

---

① 耕耘. 儒家伦理法批判 [J]. 中国法学, 1990 (5): 111.
② 笔者认为中国古代儒家的所谓人治主义与法家的所谓法治主义并不能对立来看，中国古代尚未形成类似于西方的法治文化和学说，儒家与法家之学说从本质上讲都是维护君主皇权的主张，均属于人治主义的范畴。
③ 有学者认为自然法所体现的，或是外在的先验的理性道德，或是宗教的神的信仰主义道德，而儒家之礼却是实实在在的宗法伦理道德。笔者以为自然法偏重于法的哲学范畴，此与崇尚"道法自然"的道家思想具有内在的共融性，道家法的思想是中国古代法治观中自然法的典型。（此观点将在后文阐述）

否主导中国古代关于法治的思想观点？三是在中国古代思想体系中各家关于"法治"的思想与现代法治思想究竟是什么关系？

（一）中国古代伦理法的法律文化结构和理念是"礼"与"法"结合的共同体

礼是中国古代文化的核心和中华文明的集中体现。"礼"的概念最早起源于殷商时期的甲骨文字中，是对崇尚天地鬼神的祭祀活动的描写，在《说文解字》中解释为"履也，所以事神致福也"。古代神权法作为"礼"的最初表现形式被运用于祭祀活动中，通过与宇宙、神明的交流感应以树立君主的权威与合法性，并以礼法的名分和程序完成君王"受命于天"活动中"天命"的授予。夏启征伐扈氏时，《尚书·召诰》载"有夏服天命"。春秋时期"礼"的概念逐渐完成了由"神化"至"人化"的过渡，融入了关于权力地位、身份等级、关系秩序等的封建思想内涵，如《左传·昭公二十五年》写道："夫礼，天之经也，地之义也，民之行也。""礼"是儒家思想的精髓所在，在儒家学说中"礼"兼具习惯法、自然法、神权法的内容。一则，孔子认为礼出自权威、习俗和人情，《论语·子罕》有云，子曰："麻冕，礼也。今也纯，俭，吾从众。拜下，礼也。"二则，礼是体现权威和秩序的行为准则和行为方式。《论语·泰伯》云："恭而无礼则劳，慎而无礼则葸，勇而无礼则乱，直而无礼则绞。"这表明礼是连接恭、慎、勇、直等德行的准则，如果缺少礼的指导就无法实现教化的要求。

中国古代《仪礼》《礼记》《礼志》等关于"礼"的大量著作从不同层面诠释了"礼"的形式与内容、内涵和外延、作用与地位、本质与特征，这表明中国古代的治国理念和社会治理模式的实质是以"礼"为治，"礼"通过习惯、宗教、神权、皇权、等级、宗法等思想观念以及相应律、令、法、例、典的制度规范，外化为人们的行为准则，内化为人们心中的价值信仰。在此，"法"的概念与"礼"的概念产生了高度的混同和融合，礼法结合、以礼为治，礼法生成为有机统一的共同体，以礼作为法的精神灵魂，以法体现礼的人伦道德，从而使中国古代伦理法具有了和谐而开明的思想品格以及宏阔而丰富的内涵空间。

（二）伦理法是建立在礼法互动关系之上的儒家思想演绎

中国古代法治观的发展既是"礼"与"法"融合统一的过程，也是中国古代伦理法发展演进的过程。在夏商西周时期，礼不仅表现为亲亲、尊尊的道德规范，也集各种法律规范为一体，调整包括君臣关系、夫妻关系、长幼关系、财产关系等在内的各种关系，范畴所涉及的领域大到政治军事、经济文化、国家社会，小到家庭邻里、乡规民约、婚丧嫁娶、衣食住行，等等。此时的"法"实质是"礼"的一种形式，在三代业已形成的礼治体系中，法的实现一为教化，孟子言之："夏曰校，殷曰序，周曰庠；学则三代共之，皆所以明人伦也。"（《孟子·滕文公上》）二为刑罚，《尚书·吕刑》载："惟敬五刑，以成三德。"法的表现为礼仪或礼制，其目的是为了维护古代的宗法关系和等级关系。在夏商周这个前封建的"礼治时代"中，"法"并不具有相对独立的特点，"法"以刑为界定体现于礼治体系之中，礼治注重伦理、注重教化、注重对等级秩序维护的思想深深地影响了中国古代法治观。

在春秋战国剧烈的社会动荡和思想激荡中，儒、道、墨、法等诸子百家都提出各自关于礼、法之治的观点和学说，但儒家思想一直占据古代法律思想的主流。孔子强调社会规范的等级，"人而不仁，如礼何？"（《论语·八佾》）推崇礼的治理效用，"礼之用，和为贵。先王之道，斯为美。小大由之，有所不行。知和而和，不以礼节之，亦不可行也"。（《论语·学而》）孔子并不强调礼治中的刑罚使用，"子为政，焉用杀？子欲善而民善矣"。认为礼具有指引民众教化以及人们德行自律的功能，"非礼勿视，非礼勿听，非礼勿言，非礼勿动"。"克己复礼为仁，一日克己复礼，天下归仁焉。为仁由己，而由人乎哉？"（《论语·颜渊》）孟子从人性范畴立论，将人性善恶论引入儒家关于国家治理和社会规范的思想场域之中，孟子说："人性之善也，犹水之就下也。""仁义礼智，非由外铄我也，我固有之也，弗思耳矣。"（《孟子·告子上》）荀子批判了孟子的"人性本善"观点，认为人之性恶，需以权威、刑罚与礼义共治，"立君上之势以临之，明礼义以化之，起法正以治之，重刑罚以禁之，使天下皆出于治，合于善也"。（《荀子·性恶篇》）这一观点拓宽了继孔子以来儒家经典的礼治内涵，在礼治体系中逐步融入了以权威、刑罚和强制力保障实施的"法"的治理思维与治理模式。这在一定程度上印证了部分研究者的观点："直到春秋末期，法的萌芽才完成了其量变的过程，开始冲出礼的母体束缚，以取得一种新的价值观念。"[①] 笔者认为，中国古代的"法"从根植、成长于"礼"到脱胎于"礼"，从一种相对独立的价值观念到完成与"礼"的再次融合，无不体现出中国古代伦理法"礼法共同体"的思想圭臬，以此作为逻辑起点所演化的"礼法合一""德主刑辅""明刑弼教"等思想，均可看作"礼法共同体"思想的历史展开。

（三）伦理法的"礼法合一"思想在封建正统法治观中得到沿用

在漫长的封建社会中，国家政权的更迭并没有阻断礼法合一的国家治理模式。孔子认为社会治理需要等级秩序的建立和巩固，唯有兴礼治，法的刑罚功能才能发挥，才能将国家、社会、家庭中的长幼、尊卑关系延续下去而不致紊乱。《论语·子路》云："礼乐不兴，则刑罚不中；刑罚不中，则民无所措手足。"这一思想经汉代儒家学说代表董仲舒吸收改造为具有神秘主义倾向的"德主刑辅"论，《汉书·董仲舒传》云："阳为德，阴为刑。"董氏继承了儒家强调君臣、尊卑、长幼有序的思想，既重视德的教化，也主张在"大德小刑"原则指导下刑罚的适用，德刑并举、重德轻刑的正统"礼治"思想由此发展形成，影响中国封建"法"的指导思想数千年之久。朱熹沿用儒家礼治经典，深化发展了礼法之教化功能，形成了独具特色的宋明理学。理学将儒家纲常理论提升至具有先验性特质的"天理"高度，以仁、义、理、智、信作为"天理"在人类社会的普遍反映，将礼法结合的共同体思想贯彻于"德礼政刑""相为表里"的治国策略。可以说，中国古代法治观是以"礼法合一"为核心范畴的"混合法"的思想理论与实践活动的集合，它不仅构成了中华法系的重要特征，也是中华传统文化在法律层面的具体体现。

二、儒家伦理法主导中国古代各学派关于法的思想观点

春秋战国时期百家争鸣，先秦诸子围绕法的形式、内容、来源、作用等问题表达观点、各抒己见，然而历史最终以"罢黜百家、独尊儒术"的方式选择了儒家学说作为封建统治的思想基石，在法律思想方面，儒家伦理法得以确立为主流法律思想，统摄中国古代其他各家关于法的思想观点，自汉代

[①] 曾宪义，马小红. 礼与法：中国传统法律文化总论［M］. 北京：中国人民大学出版社，2012：113.

以来一直作为封建正统法律思想广泛应用。

（一）先秦时期诸子百家思想学说的碰撞融合，汇聚成中国古代法律文化的内在精神，为中国古代伦理法的形成奠定了思想基础

道家是以"道"为核心建立的一个博大精深的思想体系，老子和庄子是道家思想学说的代表人物，他们认为，"道"乃万物之源，无声无息、周而复始、至大至柔。道家法律思想强调"道法自然"的自然法观念，"人法地，地法天，天法道，道法自然"。（《老子》第二十五章）在同人世间"礼""德""法"等人定法的比较中，"道"是根本原则和最高权威，不论是何种人定法都要有"道"生成，受"道"主导。在道家看来，治国时所应遵循的规则也应效法自然之"道"，即无为而治，"我无为而民自化"。（《老子》第五十七章），只有做到顺应天地自然规律的"无为"，由人民依照自然之"法"自由自主发展，方能达到"自化"之效。庄子认为"道"的本质是一种绝对虚无，"道不可闻，闻而非也；道不可见，见而非也；道不可言，言而非也"。（《庄子·知北游》）在继承老子"无为而治"自然法思想的基础上，庄子否定"仁义礼乐"的纲常秩序，"窃钩者诛，窃国者诸侯"。（《庄子·胠箧》）认为"仁义礼治"只是破坏自然平衡，导致社会动荡的"窃国"工具，同时也反对法家、墨家的"法治"与"兼相爱"之论，认为只有尊重自然秩序的绝对自由和"无为"，才是生命状态的最高境界和国家治理的最好方式。现实中，西汉初期主导治国的"黄老学说"正是道家思想的体现，其在政治、经济和民生活动中表现为轻徭薄赋、与民休息、约法省刑、无为而治，在此之后，随着西汉中期封建正统法律思想的形成，道家法律思想虽再未成为封建统治的指导思想，但其尊崇自然、崇尚无为的治国之道与处世之学仍对后世影响深远。

法家学派以"以法治国"作为思想学说的核心，以商鞅、韩非子、李悝、李斯、管仲、子产等为代表的法家人物主张将"法"作为治国根本，通过国家颁布和实施具有强制约束力的严刑峻法，实现定纷止争、劝善惩恶、树立权威、维护皇权的目的。商鞅看到了人性"好利恶害"的特质，将"刑赏"作为法治的中心，"凡赏者文也，刑者武也。文武者法之约也"。（《商君书·修权》）韩非子也认为"法治"是最适合人性特质的治理方式，"故治民无常，唯治为法"。（《韩非子·心度》）应将"以法为本"作为治国治人之本，"奉法者强则国强，奉法者弱则国弱"。（《韩非子·有度》）唯有奉行"法治"

才能保障君主的至尊地位。在"法治"的具体方法上，韩非子继承了前期法家关于"法""势""术"的论说，认为君主须注意"法、势、术"的结合，"抱法处势则治，背法去势则乱"。(《韩非子·难势》)"主用术，则大臣不得擅断，近习不敢卖重；官行法，则浮萌趋于耕农，而游士危于战阵。"(《韩非子·和氏》)事实上，自李悝著《法经》以来，法家思想一直是古代法治学说中的主要思想流派，但秦以"法治"为指导理论统一诸国后，仍施以严刑峻法维护统治，过度迷恋法的权威以致失败，自董仲舒"以儒为主、儒法合流"的新儒学产生之时，法家思想逐渐淡出统治者的指导思想。

墨家是春秋战国时期由墨子创立的一大学派，墨家思想是小生产者反对统治者压迫，要求平等、兼爱、和平主张的反映。墨家法律思想以"兼爱"思想为展开，"此之我所爱，兼而爱之；我所利，兼而利之"。(《墨子·天志上》)认为"兼相爱、交相利"是顺应天意、合乎宇宙法则的基本遵循，世间灾祸的源头在于人与人之间缺乏平等和互爱。"爱人利人，顺天之意，得天之赏者有矣；憎人贼人，反天之意，得天之罚者亦有矣。"(《墨子·天志中》)墨子认为，人与人本来就是平等的，互爱不应有差别、等级和时空限制，并且作为一种报偿关系的"兼爱"以"利人"为基础，以这种立场为出发，墨子将"兼爱"法律观推至国家治理层面，提出"非攻""尚同"之说，反对违反"兼爱"这一自然法则的战争行为，认为"法不仁不可为法"，(《墨子·法仪》)而小到争斗、大至战乱的根源在于"尚同"的缺失，"若苟上下不同义，赏誉不足以劝善，而刑罚不足以沮暴"。(《墨子·尚同中》)"唯能以尚同一义为政，然后可矣。"(《墨子·尚同下》)而正确的法不仅应当平等地保护所有人，还应惩罚好逸恶劳之人，"不与其劳，获其实，已非其所有取之故"。(《墨子·天志下》)只有这样才能促进国力的不断发展。墨家思想代表了春秋战国时期小生产者的利益，其中虽夹杂着一些落后的成分，但其主张平等保护所有劳动者、维护和平秩序的法律观，仍被儒家等学派所认可吸收。

除儒、道、法、墨诸家之外，先秦时期的名家、兵家、杂家、医家、农家、小说家、纵横家、阴阳家等学派也阐述过相关的法律思想，如杂家代表人物吕不韦采众家所长，所著《吕氏春秋》共二十六篇，涵盖内容包括了政治、军事、经济、法律等多个方面，既能兼收并蓄诸家所长，又独具特色。又如兵家关于军事法律的思想，论说涉及赏罚、权威、法令、德教等诸多问题，是系统提出古代军事思想、论证以法治军理论的重要学派，为世代兵家所推崇。可以说，正是因为有了先秦诸子百家的争鸣与融合，儒家思想的丰富与发展才成为可能，以儒家法律思想为主的儒家伦理法，兼采法、道、墨等诸家法律思想，经统治者发展改进，逐步成为封建社会的主流法律思想和道德准则。

（二）儒家伦理法以宗法伦常之"礼"将家、国、人紧密结合，辅之以权威和强制性，以其高度的心理文化认同度与较少的实施成本优势占据了封建正统法律思想的主流

孔孟作为儒家学派的代表，强调"以国为礼"礼治视域中礼义、道德、仁政的综合教化和约束，主张"道之以德，齐之以礼，有耻且格"，（《论语·为政》）认为人们所应遵守的首要是以"礼"为前提的"礼法"，所谓"徒善不足以为政，徒法不足以自行"。（《孟子·离娄上》）到了战国末期，封建制度的基础与基本框架已经发展趋向成熟，荀子继承并发展了孔孟学说，将儒家礼法思想加以改造，为当政者的统治提供了理论支持，荀子从批判孟子"人性本善论"入手，以"人性本恶"为逻辑起点系统阐发了"有治人，无治法"（《荀子·君道》），"今人之性恶，必将待法然后正，得礼义然后治"（《荀子·性恶篇》）的人治观点。荀子认为"至道大形，隆礼重法则国有常"（《荀子·王制》），在重视法律治理国家重要作用的同时，提出了以法为治的原则和标准：公开法令以树法之权威，"之所以为布陈于国家刑法者，则举义法也"。（《荀子·王霸篇》）后由君王带头遵守，"众人法而不知，圣人法而知之"。（《荀子·法行篇》）唯有如此，方能"百吏畏法循绳，然后国常不乱"。（《荀子·王霸篇》）法的施行原则是赏罚与功罪相称，"杀人者死，伤人者刑……刑称罪则治，不称罪则乱"。（《荀子·正论篇》）只有赏罚、功罪分明，才能教化民众，"凡人之动也，为赏庆为之则见害伤焉止矣"。（《荀子·议兵篇》）总体看，儒家法律思想的特征集中体现为对礼治、德治体系的推崇与维护，强调以君王为核心的人治模式的建构与延续，法的功用虽未被排斥在礼治的体系之外，其律、令、例、刑的法的形式也一直存续，但必须通过仁、德、义、忠、礼等伦理法面貌展现。

自先秦诸子之后，儒家思想主导的伦理法经过融合改造，自汉武帝时期逐步形成并成为服务封建统治的正统法律思想。以皇权至上、礼法合一为主

旨内容的封建伦理法集各家学说中法治思想的合理成分于一体，在继承传统儒学"德主刑辅""明德慎罚"等法律思想的同时，演化生成了包括"德礼为政教之本，刑罚为政教之用"（《唐律疏议·名例》），"立善法于天下，则天下治"（王安石，《临川文集·详定十二事议》），"春秋之治狱，论心定罪"（《春秋繁露·精华》），"以德为化民之本，而刑特以辅其所不及"（朱熹，《朱文公文集·杂著·大禹谟》）等在内的法的具体原则，其中，西汉中期的儒学大家董仲舒汲取先秦诸子"天命""无为"思想以及"阴阳五行""术数"学说，主张"王者承天意以从事"（《汉书·董仲舒传》），"王道之三纲，可求于天"（《春秋繁露·基义》），直接引用《春秋》经义指导司法活动，深化了儒家伦理法"德主刑辅"思想的同时，创立了旨在论证"君权神授"的天人合一理论。北宋理学集大成者朱熹，以其"存天理、灭人欲"的三纲五常说、"德礼政刑"的德刑关系说丰富了儒家伦理法的思想内涵，主张伦理纲常与天理国法的结合统一，认为违反伦理法则的行为等同于对天理的违逆，于心于行受到罪责惩处理所应当。明代王阳明以心学的创立强化了伦理法的内心约束与教化功能，强调道德意识的自觉性与"知行合一"的自律性。除此之外，西汉贾谊主张"以礼为先，法度为末"的礼法结合思想；唐代李世民主张法律对君王、民众普遍约束的思想，"法者，非朕一人之法，乃天下之法"（《贞观政要·公平》）；唐代韩愈将人性依据"五德"（仁、义、礼、智、信）和"七情"（喜、怒、哀、惧、爱、恶、欲）分为上、中、下三等，主张"圣人制刑""礼乐刑政"的思想，等等，均可看作儒家伦理法在不同历史时期应封建统治需要而进行的新的阐发，此时的儒家伦理法已不同于先秦时期，法律的功用和礼义的教化不仅有机相融于具体的成文法条文中，而且诸如君臣、尊卑、长幼的纲常伦理已与"天理""天命"的理学概念完成逻辑对接，共同指向对人内心的约束与教化，借助君王权威和国家强制力，儒家伦理之法深深浸入人的内心深处，从而增强了封建统治的合法性与约束力，降低了单纯依靠立法、执法、司法等法的运行治理国家的成本和难度。

笔者认为，儒家伦理法之所以具有统摄力，在于其在思想层面展现出巨大的理论包容与实践张力，具体而言：其一，儒家伦理法的内容是宗法家族伦理，以及以其为基础所建构的法文化体系，这种根植于古代传统文化，将纯粹的亲情关系向外推向政治领域，将人民对国君的尊敬、归顺、服从比拟为亲属伦理和应尽义务，以此为基础所建立的制度规范，更容易得到民众普遍的心理认同，无论在思想教化还是在行为约束上，使人受到心理冲击与习惯抵触的可能性都要小得多；其二，在儒家伦理法的价值渊源中，以血亲关系为基础形成的宗法家族伦理，具有了凌驾于成文法律之上的权威，法律对社会关系的评价、指导以及规范作用受到伦理价值的压制与统摄，"人治"依附于纲常伦理并配以"天理"权威，君王代天行使法度的正义性得到合理化解释，以立法、司法、执法为代表的法律实践均因是否符合伦理标准而发生改变，并最终受其支配；其三，伦理与法律在古代的社会生活实践中并不存在明确的适用界限，在某些领域甚至具有高度的融合性与混同性，以儒家伦理法为例，伦理既没有排斥法的功用与价值，也没有将法家"以法治国""以刑去刑"同自身"以国为礼""以德服人"的思想对立起来，而是以"德主刑辅""礼法结合"的主张将二者调节整合，宗法、伦理、道德通过"礼""德"等内容被直接冠以法的某种强制约束力，法律同伦理互为彼此的发展对象，通过双向强化运动完成了各自权威的提升。① 除此之外，自汉代"罢黜百家、独尊儒术"口号提出以来，封建统治者从现实政治需要出发，为儒家思想量身设计相应的体制机制，压制打击其他异端学说，表现出对儒家思想统治地位的强力推崇与维护。这些因素共同奠定了儒家伦理法在古代各家法律思想学说中的主导地位。

三、对中国古代法治观的简要评析

研究和评析中国古代法治观始终要坚持的是批判继承的原则，即以唯物史观和辩证唯物主义为方法论，在继承中国古代法治思想遗产的同时，取其精华、去其糟粕，为构建和完善中国特色法律治理观念服务。其中，应当明确几个判断。第一，中国古代法治观是中国古代法律思想在旧的政治、经济、文化、社会等制度上的反映，从奴隶社会到封建社会，占统治地位的法治观都是历朝历代的统治阶级的法治观，都是为了维护统治者地位，为了统治者利益服务的法的上层建筑，法治不是人民对国家的控制，法治的主体也不是人民，法治只是君主统治人民的必要手段。第二，中国古代法治观反映了古

---

① 俞荣根. 儒家法思想通论 [M]. 南宁：广西人民出版社，1992：134-136.

代思想家们关于法的性质、内容、作用、形式等构成的基本认识,这些思想虽没有形成类似于西方法学范式的系统理论,但其中大量观点渗透、体现于古代法律制度的各个方面,成为中华传统文化一个重要的有机构成。因此,也要看到古代法治观所反映出的法治理念和法治文化并不全是封建和落后的内容,对于其中的有益部分应在批判的基础之上加以继承和改造。第三,对中国古代法治观的研究和评述不应割断历史,近代以来有人盲目崇尚西方法学和法治思想,将中国古代法治思想和理论完全看作封建礼教和糟粕的代表,殊不知作为人类社会法治思想形态的重要组成部分,中国古代法治学说及其实践在人类社会发展的不同历史时期都产生过深远的影响。因此,对中国古代关于法治的学说、思想和理论既不能无批判无鉴别地兼收并蓄,也不能妄自菲薄、盲目鄙弃,而是将古代封建统治中法的腐朽的东西同优秀的、民主的甚至是革命的东西区别开来,在继承和借鉴的基础上加以改造,赋予其新的内容。

(一)中国古代法治观建构于以"礼治"为核心的儒家伦理法体系之上,其本质在于维护皇权统治的合法性与稳定性

不论是奴隶社会还是封建社会,中国古代君主在国家政治、经济、军事、法律、文化各领域的统治地位都不曾改变,"普天之下,莫非王土;率土之滨,莫非王臣"。(《诗经·小雅·北山》)即便是先秦时期诸子百家法律思想争鸣,所围绕的中心也是依靠何种"法"来统治国家和人民以及如何施行统治,以维护君主的利益。在这个过程中,孔子的"礼治"思想经孟子、荀子等儒家代表丰富发展,既"隆礼""重法"又采众家所长,使儒法合流、以礼为主、礼法合一的儒家伦理法逐步形成并占据统治阶级法律思想的主流。封建时期,历代统治者对儒家伦理法的选择和采用,进一步说明"礼治"在古代法治观中的突出地位。董仲舒认为:"今师异道,人异论,百家殊方,指意不同,是以上无以持一统,法制数变,下不知所守。臣愚以为诸不在六艺之科、孔子之术者,皆绝其道,勿使并进。邪辟之说灭息,然后统纪可一,而法度可明,民知所从矣。"(《汉书·董仲舒传》)可以说,儒家伦理法所遵循的"君君、臣臣、父父、子子"等级之规与"忠孝仁义"道德之法,以及继董氏改造形成的新儒学"纲常"天理之论,将纯粹的亲情关系向外推至社会、文化、政治领域,通过"伦理法典化"的制度设计最大限度地赋予皇权统治以合法性与稳定性,维护了封建社会统治阶级利益的同时,成为占据中

国古代法治观主流的法律思想。

（二）古代伦理法"礼治"的本质是"人治"，权大于法的治理模式与思想观念并没有因法律的施行而改变

古代伦理法虽兼收儒、法两家的法价值观念，将"忠孝仁义"的伦理等级观念与道德教化思想法律化、制度化，但以"礼治"为途径和目标所形成的法治观，其最终指向仍是"人治"，即与"以法为治"相比，本质上重人轻法，重人治轻法治，注重依靠贤人治理国家。儒家法律思想是伦理法"人治"思维形成的重要因素，在孔子看来，君主是治国安邦的核心，"为政在人"之"人"，首先意指君主，正如《论语·颜渊》所言："子帅以正，孰敢不正？"只要依靠作为贤明君子的君主的个人领导，就能实现国家兴旺、社会安定，所谓"君子笃于亲，则民兴于仁；故旧不遗，则民不偷"。（《论语·泰伯》）孟子虽肯定法律的重要价值，但指出"徒善不足以为政，徒法不足以自行"。（《孟子·离娄上》）在人与法的关系中，人的因素是第一位的，如果没有仁德之士的正确执行，再好的法律也将失去价值。在"人治"思维的指引下，"人治"模式的展开表现为两大特征：一是以"皇权"为表征的君主权力至上，二是权大于法的"特权"意识泛滥。前者将君主个人意志等同于法律，只注重皇权的至上权力而蔑视普通群众的基本人格，君主作为民众的主人，可以凭借自己的假设、臆断、好恶甚至心情发号施令，而民众作为君主的臣民，失去对自我生命的独立掌控，正所谓"君叫臣死，臣不得不死"即是如此；后者以自身统治地位所获取的"特权"置身法外，在"刑不上大夫"的刑罚思想影响下，特权者可以我行我素、徇私枉法，即便部分特权者确要受到法律制裁，也不乏网开一面的"特权"庇护。总之，不论是"皇权"思想还是"特权"思想，这些人治思维的内在根源都与中国古代圣人史观或英雄史观的唯心思想不无关系，直至今日，在社会主义法治建设的某些领域，一些以权压法、以言压法、徇私枉法等特权现象仍屡禁不止。因此，"必须加强法制，使民主制度化、法律化"[1]。保障法律与制度的稳定性、连续性和极大的权威性，以真正的"法治"之治从根本上抚平"人治"之殇。

---

[1] 邓小平文选：第 2 卷 [M]. 北京：人民出版社，1994：146.

（三）继承并发扬我国古代法治观中若干有益思想以实现其现代转化，是弘扬中华优秀传统文化、构建中国特色法律治理观念的必要之举

中国古代法治观思想内容丰富，特色鲜明且自成一体，是中华传统文化的重要组成部分，其形成是历代先哲和伟大思想家潜心治学、苦心钻研的成果汇集，其中关于政治、法律、军事、哲学等层面的若干思想观点，具有超时空、跨时代的解释力和适用性，具有丰富的现代价值，是今人取之不尽的智慧宝库和精神源泉。汲取精华、剔除糟粕，深入发掘和继承古代法治观中的有益成分很有必要，以儒家伦理法为例，其在肯定"刚性"法律强力运行的同时，更加注重"礼治""德治"等多重"柔性"治理方式的综合运用，注重从人的思想价值观层面教化引导，将法的规范、权威、秩序价值融于忠、孝、仁、德、礼、义、廉、耻的伦理道德之中，更容易使人从内心深处接受并认同法律的约束，这在推动当代普法教育、推进全民守法、发挥法的犯罪预防功能等方面，都具有十分重要的借鉴意义。实际上，直至今日我国古代法治观对现代政治逻辑、生产方式、生活观念的影响都是非常巨大的，从邓小平同志强调民主与法制有机统一的"两手论"，到江泽民同志关于"依法治国与以德治国"的思想提出，从胡锦涛同志签署的《人民调解法》的颁布实施，到习近平同志关于法治是治国理政基本方式的重要阐述，无不显示出以儒家伦理法为核心的中国古代法治观旺盛的思想活力与理论张力。因此，笔者认为，中国特色法律治理观念的构建不仅不能抛弃中国古代法治观的思想内容，反而应以此为重要的资料来源，在坚持马克思主义思想的指导下完成对古代法治观的现代转化。

第二节　西方传统文化中的法治观及其借鉴意义

法治思想是人们关于法的基本问题的认识与阐释，诸如法的起源、内容、形式、本质等重要问题，早在马克思主义诞生之前，就已经进入西方思想家们的视域之中。可以说，西方法治文化与法学理论所积累的丰富的思想素材，为马克思主义法治观的孕育提供了丰厚的文化土壤，尽管西方绝大多数思想家的观点理论和立论基础并不是在科学的世界观和方法论指导下的阐发，但

在他们关于法治的基本观点和总体看法中仍不乏许多真知灼见和理论成就,至今仍对我们正确认识法治的历史地位、发展规律等问题具有重大借鉴意义。

一、古希腊、古罗马思想史中的法治观

(一) 古希腊政治思想史中的法治观

一般说来,衍生西方法治思想所基于的文化源头,总与一个又一个充满神话传奇色彩的传说相关。正是因为"在各民族的初创时期,道德规范与法律、与宗教规范是没有区别的,都完全诉诸神圣的源头。人们赖以生活的秩序,乃是神所创建的秩序,是一种神圣的秩序。在希腊人看来,所有的法律都盖有神的印章……罗马人也没有什么两样,尽管他们的法律天才让其法律两度成为世界性法律"①。因而近代以来西方文化所推崇的公正、平等、自由等法的思想,几乎都能在古代神话故事中找到痕迹。正如恩格斯所说:"在希腊哲学的多种样式的形式中,差不多可以找到以后各种观点的胚胎、萌芽。"② 如以《荷马史诗》为代表的古希腊神话,用一个个生动精彩的英雄故事,表达了古希腊人追求个体自由、争取平等正义、崇尚英雄主义的人文情怀和价值观念。

自然法作为西方法治思想特有的理论形态,至今仍深刻地影响着整个西方的文化价值观,其历史可以追溯到古希腊时代。古希腊人以朴素直观的视角和方法认识并揭示万物发展的规律,将城邦、国家、法律等人类社会生活现象紧密联系于城邦理念,将其看作自然形成的普遍现象,此时,民主、正义、平等意识已在思想家们的心中萌发,城邦内通行的风俗伦理、法律规则、信仰习惯、制度规范是大自然的法则所在,而这些自然法则蕴含的所谓"理性""正义"等都是神圣的行为准则,应得到城邦内所有人的信奉和遵守。比如,赫拉克利特认为,"自然发生的事情是由确立秩序的某种理性所支配的。"正因为如此,"宇宙的一般法则"应当成为"人的本质及其伦理目标",人类社会生活的全部应当是对这一法则的趋近与合乎,"这是道德性存在和行为的

---

① [德]海因里希·罗门. 自然法的观念史和哲学 [M]. 姚中秋,译. 上海:上海三联书店,2007:4.
② 马克思恩格斯选集:第4卷 [M]. 北京:人民出版社,1995:287.

初始规范"①。他将自然法这一"合乎宇宙的一般法则"称为"神的法律"，认为"一个城邦国家要用法律武装起来"，而"人民应当为法律而战斗，就像为自己的城垣而战斗一样"②。德谟克利特进一步思考国家与法律的起源问题，将国家的意义解释为"公共的善"的代表，是维护"公道"的每个人的"庇护所"，他认为民主制度是国家政体的基本倾向，他在强调人民广泛参与国家管理的同时，十分注重对特权的消除，而法律与国家都具有同样目的，都是实现伦理的根据和保障。③ 总体上，自然法的这些思想隐含着对法治基本原则和精神的肯定。

苏格拉底把国家和法律都看作神意的安排，他用恪守法律的原则和行为诠释着自己的主张。从所谓教导方法上解释法律的善与正义似乎不能代表苏格拉底关于法的全部理解，这需要人们"透过美德即知识的命题，特别强调法律的价值，揭示诸如善、美、正义之类的可以认知的客观的价值世界"④。其中，知识在深化对客观价值世界的认知中作用巨大，"知识意味着对于正义之类理念的沉思"。而如果人类具有了足够多的知识特别是法律知识，那么，这些知识就构成了对"神圣地建立起来的世界秩序的反映和证据"⑤。虽然基于法律系神的安排的思想而主张绝对地守法，但他关于法律具有高度权威，必须得到遵守的认识仍值得世人称道。

柏拉图把感觉认知的世界与纯粹的理念世界区别开来，认为独立于个别事物和人类意识之外的理念才是万物之源，在他看来，作为理念存在的自然法是最好的法律，"追求善""实现善"的理念的法以及相应的伦理体系，对立法者和公民来说就是规范，是判断实证法的尺度。在著名的《法律篇》中，柏拉图深刻阐述了法治与人治的命题，一方面，他认同正义与法律的一致性，认为国家的一切制度都应被指定为法律，政府要受到法律支配，因为政府就

---

① ［德］海因里希·罗门. 自然法的观念史和哲学［M］. 姚中秋，译. 上海：上海三联书店，2007：4.
② 吕世伦. 西方法律思潮源流论［M］. 北京：中国人民大学出版社，2008：6.
③ 吕世伦. 西方法律思潮源流论［M］. 北京：中国人民大学出版社，2008：10-11.
④ ［德］海因里希·罗门. 自然法的观念史和哲学［M］. 姚中秋，译. 上海：上海三联书店，2007：4.
⑤ ［德］海因里希·罗门. 自然法的观念史和哲学［M］. 姚中秋，译. 上海：上海三联书店，2007：4.

是为执行法律而设立的；但另一方面，柏拉图强调贤人、哲人治国的重要性，指出贤人无论在道德操守还是智慧能力方面都具有比绝大多数人"高贵"的品质。笔者认为，事实上柏拉图更在意的是正义、智慧、美德等理念的实现路径问题，如果法律确是正确理念的结晶，对法治的崇尚肯定是必要的。

亚里士多德法治思想的阐发包含着对柏拉图"理念"论的扬弃，"善"与"正义"的自然法理念不应在实体法律之外去寻找，而是存在于实体法律之内，"所有实证法都是或多或少地成功实现自然法的努力，自然法尽管在实证法中的实现可能是不完美的，但它总是保持着其约束力。自然法，也即关于法律的理念和目的，必得实现于每个法律体系中"①。因而在亚氏看来，"法治应该包括两重意义：已成立的法律获得普遍的服从，而大家所服从的法律又应该是本身制定得良好的法律"②。据此，法治的前提被扩大为包含了主体客体的二元关系，即作为主体的人类制定出良好的法律，作为客体的良法被人类所遵守。而良法则被限定为以实现正义、善良和幸福为原则和目的制定的法律，唯有此，法律才具备稳定运行和普遍遵守的可能。并且，亚氏还认为，"法律要训练执法者，要根据法律来解释并应用一切法律；如果法律有不周详的地方，就要按照法律的原来精神加以处理和判决，以保证法律的正确执行"③。事实上，一方面，亚里士多德多次表达其反对人治、主张法治的观点，法治之优越性在于"众人智慧"总优于个别人的智慧，众人以更加稳定和客观的理性思考避免了个人的感情行使与主观臆断，借助一种文字的规范形式，法律实现了合乎正义的"中道的权衡"④。而另一方面，亚氏也并不否认统治者运用个人"理智"的治理活动，如同他认为实证法体系不能完全反映正义理念一样，法律也不可能把一切的细节问题全都包括进去。

（二）古罗马思想史中的法治观

在公元前3世纪到公元前2世纪中叶的几百年中，古罗马大帝国的崛起加速了希腊城邦的解体，承袭了古希腊文明的古罗马国家，继续了希腊化时

---

① ［德］海因里希·罗门. 自然法的观念史和哲学［M］. 姚中秋，译. 上海：上海三联书店，2007：16.
② ［古希腊］亚里士多德. 政治学［M］. 吴寿彭，译. 北京：商务印书馆，2011：202.
③ 吕世伦. 西方法律思潮源流论［M］. 北京：中国人民大学出版社，2008：29.
④ ［古希腊］亚里士多德. 政治学［M］. 吴寿彭，译. 北京：商务印书馆，2011：173.

期政治法律思想的发展，不仅形成了以人身权利和财产权利为保障核心的政治和法律思想，而且其罗马法的制定留给了西方世界一个完整而发达的私有制法律体系。

古罗马社会经济发展的日益复杂化，促进了法学的繁荣与职业法学家阶层的形成。其中，最有影响的政治思想流派是斯多葛学派，这一学派的思想核心是"带有苏格拉底，归根到底是带有希腊普遍知性主义印记的伦理学"，"按照理性生活，在生活中服从永恒世界的律法，这就是斯多葛派的伦理原则"①。斯多葛学派的自然法思想极大地影响了罗马各法学学派，以帕比尼安、保罗士、乌尔比安、盖尤斯、摩德斯梯努士为代表的法学家，在解释和论证法律所提出的许多原则时都涉及对法治的看法和认识，以这些法学家的论说为依据编纂的《国法大全》一书中，法律源于正义，正义源于自然的自然法理念得到阐释，"人民""民意""法律面前人人平等""立法权在民"等思想的提出，将"人"与"人格"的至高无上性表达得淋漓尽致，极大地冲击了罗马国家的奴隶制度和特权观念。除此之外，纵观罗马法的法学理论，以"权利"概念为中心的权利观是其一大特点，罗马法尊重、保护公民生命财产权利，所倡导的法人与契约观念一直影响至今。

追求权利与平等是古罗马国家法治思想的重心。"文人政治家"西塞罗融合了柏拉图主义与斯多葛主义的思想精华，深入阐发了"人类平等"的概念，他认为人人都是具有理性的平等个体，法律面前的人人平等使每个公民都有权利依法参加社会活动，并履行自身义务。在其名著《法律篇》中，西塞罗认为人民的福祉是最高的法律，因为"人民是全部政治权力和法律的最终来源"②，他还认为"奴隶主与奴隶的区别不过是法律习惯造成的，作为人而言，奴隶与他们的主人具有同样的本性，而且同样能够具有完善的道德"③。在西塞罗看来，国家与法律，在任何情况下都是人民的"共同财产"，法律经历了自然规范、习惯到成文法的形成过程后，唯一的作用在于保护私有财产

---

① [德] 海因里希·罗门. 自然法的观念史和哲学 [M]. 姚中秋，译. 上海：上海三联书店，2007：19 - 20.
② 唐士其. 西方政治思想史 [M]. 北京：北京大学出版社，2002：125.
③ 唐士其. 西方政治思想史 [M]. 北京：北京大学出版社，2002：133.

这一"人民的共同福利"①。因而，为了实现人民福祉这一法律最高原则，国家和政府就应当依法行事，况且官员本身及其权力的拥有都是由法律创设的。

古罗马的自然法观念与基督教神学法观念之间存在着密切关联。罗马帝国基督教思想家奥古斯丁认为法律可分为"人法"和"神法"两种，他把斯多葛学派尤其是西塞罗的自然法理论大量发挥于他的神学主义法律论之中，将"人法"看作"神法"的派生物，只有"神法"才是超时空和永恒的真理主宰。事实上，"罗马法学家仍然没有清晰地区分法律和道德。甚至，必须崇拜神这样的规范也属于法律，在法学家看来，法学就是关于神的与人的事务的某种知识，是关于公正与不公正的科学"。在某种意义上，"罗马法这一西方发展出来的最为精致的法律体系，将其深藏的自然法观念传递到新到来的基督教时代，传递到经院哲学时代，它作为永恒哲学一直是自然法的永恒之家"②。

总之，在古希腊罗马时期，法治的思想观念围绕着法与神、法与自然、法与正义等法哲学命题展开，由于罗马法和职业法学家阶层的产生，关于法治的思想观点从纯粹的抽象主义向理性与现实主义发展，如自然法学派认为，法的本体是人类理性，自然法是人类理性的体现，是人类实在法存在的合理依据等，这些思想作为西方法治思想的源头深刻地影响了整个西方传统文化，是人类思想智慧的结晶。

二、中世纪神学和文艺复兴时期人文主义思潮中的法治观

（一）中世纪神学所内含的法治观

中世纪的欧洲，神学与教会掌控着整个大陆的政治、经济、文化与意识形态，如恩格斯所言："教会教条同时是政治信条，圣经词句在各法庭中都有法律的效力。"③ 政治法律思想在神学世界观的统治之下，不可避免地摆脱不了神学法律思想的束缚，因此可以说，一方面，中世纪的法律思想总体上是神学主义倾向的，但另一方面，君主政权与教会势力的权力争夺并未停歇，政教权力、经济权力、意识形态领导权的争夺贯穿于整个中世纪历史，因此

---

① 吕世伦. 西方法律思潮源流论 [M]. 北京：中国人民大学出版社，2008：38-39.
② [德] 海因里希·罗门. 自然法的观念史和哲学 [M]. 姚中秋，译. 上海：上海三联书店，2007：26-27.
③ 马克思恩格斯全集：第7卷 [M]. 北京：人民出版社，1959：400.

在这个过程中，法治的自然主义观念仍能有所体现。以基督教的学说和教条为例，在《圣经》中记述，上帝拥有至高无上的权威，即便是皇帝行使的权力也需经上帝许可，人人平等的前提是信奉并遵守上帝的意志，不过在圣经《新约》中，教义并未否定人们对现实政权法律的遵守，"凡没有律法犯了罪的，也不必按律法灭亡；凡在律法之下犯了罪的，也必按律法受审判"①。教会和基督教徒们对基本的自然法观念是接受的，虽然他们不反对从神学的意义上对法律进行解释，但更多是利用现实法律的强制性来统治民众。

奥古斯丁、阿奎那等思想家的神学主义法律思想很有代表性。奥古斯丁将上帝的理性看作永恒的秩序。他认为，"永恒的律法就等于最高的理性和永恒的真理，等于上帝本人的理性"，上帝所具有的生命及其活动之所以是理性的，就是因为它是"依照律法进行备受其支配的"。可以说，"神法"的这种原则上的绝对性，在实施上不仅不应排斥"人法"的现实性，反而应将其纳入自身神圣的理念范畴，因为"自然的道德律及其组成部分——自然法——恰恰就是针对人的神圣律法"②，对人的律法之所以神圣，就在于它是上帝永恒律法的组成部分。阿奎那的神学主义法哲学继承了古代自然法学的思维传统，他关于法与国家、法与社会、法与私有制等命题的论述大都构建于亚里士多德的理论之上，在继承了奥古斯丁关于"人法""神法"分类的学说后，作出了关于永恒法、自然法、人法、神法的新的区分，他认为永恒法在所有法的类型中地位最高，自然法作为永恒法的一部分居于其次，而人法等级最低，并受其他三种法的支配。"在人类事务中，低级的人也必须按照自然法和神法所建立的秩序，服从地位比他们高的人。"③ 总体上，中世纪神学思想家们关于法律的论说虽在一定程度上对自然法内涵的丰富有所补益，但本质上还是为教会统治而服务的。

（二）文艺复兴时期人文主义思潮中蕴涵的法治观

14世纪下半叶到16世纪，文艺复兴运动席卷了整个欧洲大陆，同时也宣告欧洲国家开启了向资本主义过渡的模式。这一时期，封建社会内部不断生

---

① 《新约·罗马书》第二章第十二节。
② ［德］海因里希·罗门. 自然法的观念史和哲学［M］. 姚中秋, 译. 上海：上海三联书店, 2007: 34-35.
③ 何勤华. 西方法学名著精粹［M］. 北京：中国政法大学出版社, 2002: 40.

67

长的资本主义发展要求逐步显现,人文主义思想家走上了时代的舞台,他们以文学艺术形式批判中世纪的封建专制,主张个性解放与人道平等,主张人是认识客观事物的主体,强调人在世界中的主体地位与价值。意大利著名思想家马基雅维利作为文艺复兴时期的重要人物,第一次在科学性的经验基础上构建政治学,在他的学说中,带有文艺复兴运动特色的资产阶级法律观首次得到系统、完整地阐释。在其著名的《君主论》中,马基雅维利认为法治是国家存在和保持稳定的重要保障,对君主而言,"如不受法律的约束,那么会比同样情况下的人民更不文雅、反复无常和轻率"。而对人民而言,"如果受到法律恰当的约束,就会变得坚定、精明而文雅"。在统治方式上,"精明的统治者也应施行仁政,节制严刑峻法的使用"①。与此同时,也不能否认马基雅维利法治思想中的功利主义倾向,"实际上,人性是卑劣的,在任何时候,只要对自己有利,人们便把道德和法律的约束扯断"②。客观上看,马基雅维利的法治思想虽不可同后来的人权平等与大众立法等先进思想并论,但其依靠法治反对教权的理论仍具有一定的时代进步性。

  意大利诗人但丁将世人对宗教与教权的敬畏崇拜转向了对人本身和现实生活的赞美肯定。他在《论王权》中对于"教仪权力"与"法治权力"进行过相应的划分,"追求现世幸福乃系经由哲学,而伦理道德就是具现它们之法;永生之幸福则经由那些深深超越人类理知的教义,教宗带领人依循真理寻求永生,而皇帝依哲学之义理带领人入于现世幸福"③。因此,《神曲》(PurgatoryXVI,85-96)中才有这样的描述:"我们的灵魂是由造物所赐与,它原如白板般纯洁无辜,但天性却必受欲望吸引……倘无外力加以制约,灵魂辄深陷欲求中不自拔。因此法律乃为人类文明奔驰之缰绳,而统治者犹城池之堡垒。"④ 在但丁看来,现实的政治生活就是"在普世帝国统一的法律架

---

① 顾肃. 西方政治法律思想史 [M]. 北京:中国人民大学出版社,2005:121.
② [意] 萨尔沃·马斯泰罗内. 欧洲政治思想史——从十五世纪到二十世纪 [M]. 黄华光,译. 北京:社会科学文献出版社,1992:23.
③ 陈思贤. 西洋政治思想史(中世纪篇)[M]. 长春:吉林出版集团有限责任公司,2008:125.
④ 陈思贤. 西洋政治思想史(中世纪篇)[M]. 长春:吉林出版集团有限责任公司,2008:114-115.

构下,'天理'得以借之散布而具现于每个人身上。一个普世君主以'书同文、车同轨'的一统法律及制度来谐和万民,是帝国制度的神圣使命"①。

法国人文主义法学派在文艺复兴时期的法律思想中占据一席之地。人文主义法学家们将注意力转向罗马法典籍,他们要求撇开其意大利前辈所作的注释、评论而回归罗马法最初的渊源,试图打破教会对法律教育和法律职业的独断。如阿尔恰托作为法国人文主义法学派的领导人和创始人,将人文主义者的零散见识发展总结为法学的系统观点,以致他首创的人文主义方法被称为教授法律的法国方法。可以说,人文主义法学家们试图将语言学和历史学批评的具体技巧应用于古代典籍,借以反驳经院哲学对法律的解释甚至歪曲,由此不断加强市民社会对法律的评价理解能力,加速市民阶层法律观念的转变。② 这其中包含了对教会把控法学解释话语权的反对与批判。

总之,在欧洲中世纪和文艺复兴时期,人文主义思想家在批判封建体制和教权专制对人性的禁锢与剥夺时,并不只是停留在人的自然本性,而是深入到人的理性本质方面。出于对自然的观察、实验和思考,人文主义者竭力宣扬自由、平等、博爱、法治等资产阶级观念,其基本精神是主张人性,抑制神性,并根据社会现实变动的需要来阐发新的人本观念。以薄伽丘、马基雅维利、伊拉斯谟、莎士比亚为代表的各国人文主义者们,批判地借鉴古典文化传统和中世纪神学传统的某些积极思想因素,通过大量的文化艺术作品表达了新兴资产阶级反封建和反神学的态度,系统地阐发了他们关于民族国家、宗教神学、等级专制等问题的思想,他们提出的以自由、平等为核心的人权理论构成了这一时期法治思想的主要内涵,很大程度上丰富发展了古希腊罗马思想家法律和法治思想的同时,对近代欧美政治法律思想产生了深远意义。

三、近代欧美政治思潮中的法治观

以欧洲文艺复兴和人文主义运动为重要推动,从封建社会产生的市民阶层快速建立起符合资本主义发展要求的政治法律思想和制度。17—18世纪,

---

① 陈思贤. 西洋政治思想史(中世纪篇)[M]. 长春:吉林出版集团有限责任公司,2008:114.
② 吕世伦. 西方法律思潮源流论[M]. 北京:中国人民大学出版社,2008:326-331.

在近代欧美政治语境中，法治的内容通过理性主义、权利主义、自由主义等思想理论得到阐发，很大程度上为英法美等资产阶级国家的革命和改良活动提供了思想准备与理论支撑。同时，以自然法学说为主导的近代欧美政治法律思潮，在19世纪的不同学者和学派中也呈现出国家主义、自由民主主义、分权理论等不同诠释，这些思想理论在不断的发展丰富中逐步衍生出以新自然法学派、分析主义法学派、历史法学派、功利主义法学派、社会学法学派为代表的近现代法学流派，将西方政治法律思潮推向发展顶峰。

发端于文艺复兴运动的古典自然法学派汲取古代自然法学中的理性思想，将理性主义作为法的最根本特征，宣扬包括国家契约论、法治统治论、天赋人权论等在内的资产阶级法律理论。16世纪法国人让·布丹满怀着强烈的民族主义情绪，成为第一位阐释"主权"概念及主权至上论的政治思想家。① 他将法学学说同国家主权制度联系在一起，得到了格老秀斯、斯宾诺莎、霍布斯等思想家的认同，如霍布斯就认为法是国家主权者发布的命令，这种以国家主义为表征的自然法思潮，是文艺复兴后新兴资产阶级反对封建专制、要求建立中央集权国家的反映。英国的洛克并不认同法是君主意志的代表，他将个人自由意志作为实现法治的基础，君主权力和国家统治的前提是个人拥有自由与权利，这一思想与法国人卢梭的人民主权思想高度契合，在其国家契约理论中，法律成为人民与国家订立的契约体现。孟德斯鸠继承并发展了洛克的分权理论，将法律和法治作为实现其三权分立制衡的重要内容，并在《论法的精神》中指出法的精神存在于一切事物的联系中，各个国家必须根据不同的风俗习惯、政治制度和地理环境制定自己的法律，因而成为19世纪历史法学派的思想先导。这些新的思潮不仅体现着西方文化中浓厚的法治思想，而且丰富和发展了国家、民主、权利等学说，对于资产阶级的反封建斗争具有重大意义。

---

① 布丹认为国家的根本特征就是"主权"，不过主权的绝对性与至上性并不表明其不受任何限制，主权应当受到神法、自然法以及关系到国家结构的那些法律的约束。在《国家论六卷》，布丹用主权概念捍卫国家权力，但其主权概念是同国家制度中的法学学说联系在一起的，希望通过让人遵守法律来解决政治、宗教冲突。（参见 ［意］萨尔沃·马斯泰罗内. 欧洲政治思想史——从十五世纪到二十世纪 ［M］. 黄华光，译. 北京：社会科学文献出版社，1992：53.）

<<< 第二章 中国特色法律治理观念的来源之一

在近代西方,许多思想家和政治家以实现法治为立论根据,提出了以"人定法"代替"神定法","法权"代替"君权","理性法庭"取代"宗教法庭"等尊重法的权威与价值的思想理论。代表思想家如格老秀斯、斯宾诺莎、霍布斯、洛克、卢梭、孟德斯鸠、杰弗逊、汉米尔顿、康德、费希特、黑格尔、费尔巴哈等人,他们思考的中心问题无不围绕法的权威、价值、理念、精神等命题展开,其价值取向强调人性解放与权利享有、权力制衡与契约制定,包括民主宪政论、天赋人权论、权力制衡论、平等契约论等,这些观点构建并形成了资产阶级民主与法治的理论基础,基本阐明了西方政治逻辑中国家权力的产生和个人自由权利之间的关系,对近代资本主义在欧美的快速发展意义深远。

从17世纪开始,资产阶级政治法律思想逐步登上欧洲政治思想舞台。荷兰法学家格老秀斯"反对那种要追溯到贵族们年代久远的功绩的、已经濒于没落的封建法律,要求恢复对于所有人都一视同仁的自然法的价值"[1],因为"自然法源自人的内心深处——无论人们希望它是如何抵达心灵的,都应被遵守"[2]。他注重道德因素在自然法中的价值体现,视人的道德标准为维系人类社会凝聚力的必要条件,主张以理性、自然法与人道主义作为调整主权国家之间关系的基本原则,同时也重视法律在权力运行中扮演的角色,"政府不是为了'统治者'的利益,而是为了'被统治者'的利益而建立的,因此应该确定'权力法'的限度"[3]。应该讲,格老秀斯关于国际法、人权法的理论反映了新兴资产阶级要求发展自有经济、捍卫自身人权的期望。

霍布斯从人性的视角出发深入探究自然法与国家权力,他认为人类普遍理性的建立依靠的是自然法的约束,因为自然法乃"理性所发现的戒条或一般法则"[4]。但同时他也指出:"国家的权力和法律的权威只有在它们对单个

---

[1] [意]萨尔沃·马斯泰罗内. 欧洲政治思想史——从十五世纪到二十世纪[M]. 黄华光,译. 北京:社会科学文献出版社,1992:105.
[2] [爱]约翰·莫里斯·凯利. 西方法律思想简史[M]. 王笑红,译. 北京:法律出版社,2010:193.
[3] [意]萨尔沃·马斯泰罗内. 欧洲政治思想史——从十五世纪到二十世纪[M]. 黄华光,译. 北京:社会科学文献出版社,1992:105.
[4] [英]霍布斯. 利维坦[M]. 黎思复,等译. 北京:商务印书馆,2011:98.

人的安全有所贡献时才是正确的，因而服从和尊重权威的合理基础仍然是使个人获得更大的利益。"① 在霍布斯看来，契约是权利让渡的一种法律方式，民众通过让渡一部分属于自己的"自然权利"来获得国家的建立，一旦订立了契约，在民众与国家之间就形成了具有约束力和强制力的法律关系，人们对于自己授权产生的"国家主权"就要服从，因为只有国家所拥有的最高权力才能确保一个充满激情、充满冲突的社会具有井然的秩序。关于国家最高权力的理解，霍布斯"清楚地把诸如颁布法律、进行审判以及与其他国家缔结和平或宣布开战的全部主权均赋予了最高权力"。在他的思想中，"主权即最高权，而最高权的首要标志就是颁布和废除法律，或者说是立法权，这种立法权是伴随着缔结契约的人们的同意而诞生的，因此服从的义务来源于公民的最初意志"②。霍布斯以"君权人授"取代"君权神授"理论，指出国家"最高权力"的实现路径乃是法治方式，认为主权者所施行的良法，应是"为人民的利益所需而又清晰明确的法律"③。这些主张和论证为现代资产阶级法治思想奠定了基础。

洛克特别强调人的生命、财产、自由等权利内容，与同为英国人的霍布斯不同，洛克将个人权利的实现作为社会契约与政府权力合法性的前提，第一次系统论证了"天赋人权"的重要价值与基本原则。以此为基点，洛克主张建立以保护人民为目的的法治国家，法律面前人人平等是实行法治的前提，因为"同种和同等的人们毫无差别地生来就享有自然的一切同样的有利条件"④。国家政府作为公众权力的共同体，是执行法律的主体，"政府的目的是为人民谋福利"⑤。政府若不能执行法律，将会导致无政府状态甚至政府解体；法律须通过法定的程序制定公布并被人民普遍接受，因为"只有人民才能通过组成立法机关和指定由谁来行使立法权，选定国家的形式"⑥；同时，

---

① 顾肃. 西方政治法律思想史 [M]. 北京：中国人民大学出版社，2005：173.
② [意] 萨尔沃·马斯泰罗内. 欧洲政治思想史——从十五世纪到二十世纪 [M]. 黄华光，译. 北京：社会科学文献出版社，1992：114，112.
③ [英] 霍布斯. 利维坦 [M]. 黎思复，等译. 北京：商务印书馆，2011：271.
④ [英] 洛克. 政府论：下篇 [M]. 叶启芳，等译. 北京：商务印书馆，2011：3.
⑤ [英] 洛克. 政府论：下篇 [M]. 叶启芳，等译. 北京：商务印书馆，2011：144.
⑥ [英] 洛克. 政府论：下篇 [M]. 叶启芳，等译. 北京：商务印书馆，2011：89.

法治并不排斥执法的某种灵活性，在法律无规定的情况下，执法者需根据自然法的精神来处理。总之，洛克在一定程度上肯定了人民在法治状态下的重要作用，并阐明了政府必须施行法治的重要观点。

孟德斯鸠将其全部政治法律理论的核心归结为法律的精神，在其名著《论法的精神》中，他认为"法就是初元理性和各种存在物之间的关系，也是各种存在物之间的相互关系"①。法在各个国家具体表现为政治和法律制度，并同这个国家的自然条件、风俗习惯、生活方式等国情直接相关，因此，法的精神不光是一种主观精神状态或条件，而是包括了自然、政治和精神的因素在内的一般因素和原因。②孟德斯鸠认为专制与法治互不相融，即便是君主也应依照法律治理国家，他从遵守法的精神出发，对立法、执法、司法、守法各方面都提出了全面系统的论述，认为："想要组成一个宽和的政府，就必须整合各种权力，加以规范和控制"，通过完善的法律程序，"给其中的一种权力添加分量，使之能与另一种权力相抗衡"③。

卢梭作为18世纪启蒙思想家的代表，他将法律分为政治法、民法、刑法以及风尚习惯四类，把法律同公共意志联系起来进行考察，并在其名著《社会契约论》中将法律看作"全体人民对全体人民作出的规定"④。法治与人治的关系如同法律规定与君主命令的关系那般，"即使是主权者对于某个个别对象发出的号令，也绝不能成为一条法律，而只能是一道命令"⑤，因为在法治国家，拥有立法权的唯一主体是全体人民。在卢梭看来，法律是公共利益的体现，只有法治国家才能被称为共和国，而公共利益与"公意"是共和国存在的基础。卢梭关于法治的诸多论述，将近代资产阶级民主法治思想推向新的高度，除此之外，他的政治法律思想也深深地影响了空想社会主义者。

18世纪法国空想社会主义者摩莱里响应卢梭在《论人类不平等的起源》一书中的观点，在其著作《自然法典》中谈到了将会从根本上铲除一切社会弊端的"根本的和神圣的法律"，并认为，在公正的制度中应该废除私有制，

---

① [法] 孟德斯鸠. 论法的精神：上册 [M]. 许明龙，译. 北京：商务印书馆，2011：9.
② 顾肃. 西方政治法律思想史 [M]. 北京：中国人民大学出版社，2005：222.
③ [法] 孟德斯鸠. 论法的精神：上册 [M]. 许明龙，译. 北京：商务印书馆，2011：79.
④ [法] 卢梭. 社会契约论 [M]. 何兆武，译. 北京：商务印书馆，2011：46.
⑤ [法] 卢梭. 社会契约论 [M]. 何兆武，译. 北京：商务印书馆，2011：48.

每个公民都应该成为"公共的人"。同为空想社会主义者的马布利在《论法制》中,也提出私有制是一种违反自然的秩序,应当建立起社会公有制,确立人们在经济地位上的平等。① 可以说,"想象中的乌托邦"虽成为早期空想社会主义理论与实践的主线,但这并未妨碍他们从立法、执法、司法、守法和法律监督等多个角度,对未来社会制度进行设计与实践。

欧文将人的本性纳入自然法的调整范围,并认为理性应当贯穿于整个法律制度。他强调建立一个"从无理性到有理性的、以探明的自然法为基础的、顺应人的本性的恒久的社会管理法律制度"②。圣西门认为,经济权力是政治和法律的基础,关于所有权的法律以及宪法的修订,可以促使实业经济发展壮大,从而使"作为实业家的生产者具备建立一种有利于他们自身的社会秩序的必要能力"③。傅立叶则把注意力集中于"集体生活的新形式"上,由此建立一种以"和谐的法朗吉"为基础的"文明秩序"。④ 总之,在空想社会主义者看来,在实现理想社会的种种途径和方式中,法律制度无疑享有权威并扮演着重要角色,不过以私有制为基础的资产阶级法律必须进行相当程度的修正,以满足"乌托邦"式社会的发展需要,从而实现国家和社会的善治。

杰弗逊作为美国历史上杰出的政治家和思想家,深受欧洲启蒙思想家的自然法精神影响。杰弗逊继承了洛克关于天赋人权的观点,主张依靠法治保障和规范人权的内容,由他起草的美国《独立宣言》被马克思誉为人类"第一个人权宣言"。作为法治主义的坚定拥护者,杰弗逊认为:"民主共和国应当以法律为旗帜,让一切围绕在法律旗帜下。只有法治才能防止和限制统治者的专横与野心。而法律本身也必须同人类思想的步伐齐头并进。据此,每一代人都需按发展变化了的客观情势修订一次宪法。"⑤

---

① [意] 萨尔沃·马斯泰罗内. 欧洲政治思想史——从十五世纪到二十世纪 [M]. 黄华光, 译. 北京: 社会科学文献出版社, 1992: 167.
② 张羽君. 空想社会主义理想社会建构中的法律思想 [J]. 华东政法大学学报, 2012 (4): 155.
③ [意] 萨尔沃·马斯泰罗内. 欧洲政治思想史——从十五世纪到二十世纪 [M]. 黄华光, 译. 北京: 社会科学文献出版社, 1992: 261.
④ [意] 萨尔沃·马斯泰罗内. 欧洲政治思想史——从十五世纪到二十世纪 [M]. 黄华光, 译. 北京: 社会科学文献出版社, 1992: 258.
⑤ 吕世伦. 西方法律思潮源流论 [M]. 北京: 中国人民大学出版社, 2008: 91-92.

汉密尔顿更看重对孟德斯鸠的分权制衡理论的实践。作为美国联邦党人和宪法的主要起草者之一，汉密尔顿系统地论述了立法权、司法权、行政权三权分属议会、法院和总统并相互独立、制衡的关系，在他看来，国家政策法律必须简明稳定，制定出的法律必须附有具体的制裁措施，否则法律将流于形式。以汉密尔顿、麦迪逊为代表的美国联邦党人（今共和党前身）提出的在集权基础之上的分权制衡理论，全面体现在他们合著的《联邦党人文集》中，具有历史的进步意义，直至今日依然受到欧美资本主义国家的推崇。

德国资产阶级思想家虽未像美国人那样在新的大陆建造国家，但与专制统治相比，他们已经看到了法治所带来的巨大力量。康德把道德法则看作一种强制的、先验的"纯粹理性"，道德是法律规范的本源，法律规范的内容由道德所决定；反过来，道德只有通过法律规范才能表现出现实的普遍有效性。在他看来，"法制（或法治）的中心在于守法，道德统制内心动机，法统制外部行为，不问其动机如何，只要守法的行为都应得到国家的认可"[①]。

黑格尔的法治思想构建于其客观唯心主义的庞大哲学体系之中，其政治法律思想如同其宏大抽象的思辨理念那样，对当时和后世影响巨大，马克思正是在这种思想的影响下撰写了他的第一部批判黑格尔法哲学的著作——《黑格尔法哲学批判》。实际上，黑格尔法哲学是关于绝对观念发展的理论体系，绝对精神可展开分为抽象的法、道德与伦理三个部分，其中，"法的基地一般说来是精神的东西，它的确定的地位和出发点是意志"[②]。黑格尔深入经济现象中考察法律现象中的各种矛盾关系，视"占有"为其法哲学的逻辑起点，"法首先是自由以直接方式给予自己的直接定义"，其表现为"占有"，而"占有，就是所有权"。[③] 虽基于唯心主义立法出发，但黑格尔将占有权、所有权与财产关系、经济关系联系在一起考察的观点，得到了马克思的充分肯定。黑格尔认为，君主和王权代表了国家的人格与统一，唯有实行君主立宪制，方能使"实体性的理念获得无限的形式"[④]，从而促使国家"获得自己

[①] 吕世伦. 西方法律思潮源流论［M］. 北京：中国人民大学出版社，2008：345-348.
[②] ［德］黑格尔. 法哲学原理［M］. 范扬，张企泰，译. 北京：商务印书馆，2011：12.
[③] ［德］黑格尔. 法哲学原理［M］. 范扬，张企泰，译. 北京：商务印书馆，2011：54.
[④] ［德］黑格尔. 法哲学原理［M］. 范扬，张企泰，译. 北京：商务印书馆，2011：326.

的实体性的自由"①。他虽推崇王权但却并不主张君主通过专制维持统治,国家是法的理念发展的最高阶段,君主必须受到法律的制约,在他看来,"专制就是无法无天,在这里,特殊的意志本身就具有法律的效力,或者更确切些说,它本身就代替了法律"。而君主立宪则不然,它是法制统治下"构成特殊的领域和职能的理想性环节"②。这表明黑格尔所主张的是在依法治国基础之上的君主立宪。

　　总的来看,黑格尔以唯心的方式表达了法治与王权、法律与自由、国家权力与个人义务的辩证关系,其内容虽包含着合理的内核,但基本上还是轻视民主、维护王权的人治主义思想。他的理论,虽吸取了英法等国家政治法律思想中的现代因素,并将其纳入思辨的法哲学系统中进行更为深刻的论证,但其基本倾向仍是保守的,某些观点带有精英主义甚至种族主义倾向。不过,黑格尔还是比以往的思想家要略胜一筹,其法哲学名著《法哲学原理》中的诸多思想,反映了资产阶级古典法哲学的最高成就,其中的权利观点、程序观点、自由观点等政治法律思想终究还是大大地丰富和发展了西方法治学说理论并影响至今。

　　纵观西方近代政治法律思潮,西方资产阶级思想家有的以个人为本位,主张个人自我权利和价值的实现,有的以维护君主和王权为立论前提,主张依法治国以维护君主统治,他们关于"法"与"法治"的学说虽没有从唯物史观的视角出发,彻底摆脱超阶级性、超政治性的理论桎梏,但这些思想,都可以成为影响和促成马克思主义法治观的重要思想素材,对我们正确认识和理解法治在保障人民利益、维护国家稳定、实现社会发展等方面的历史地位和作用,牢固树立唯物史观具有重要借鉴意义。当然也不能否认,在马克思主义诞生以前,从意大利的马基雅维利、英国的洛克、法国的卢梭,到美国的汉密尔顿、德国的黑格尔,这些著名的思想家,无论他们的理论观点与制度设计多么的圆满精致,都存在一个共同的缺陷,那就是以唯心史观来认识和阐释社会法律现象,忽视和歪曲了社会经济条件对人类法律现象的最终决定和影响作用,从而不能真正科学地把握法律的本质与法治的作用。

---

① ［德］黑格尔. 法哲学原理［M］. 范扬,张企泰,译. 北京:商务印书馆,2011:288.
② ［德］黑格尔. 法哲学原理［M］. 范扬,张企泰,译. 北京:商务印书馆,2011:335.

如何看待法治在历史上的作用以及法治与国家、个人、社会之间的关系，是政治思想史上的一个重大问题。马克思和恩格斯发现了唯物史观以后，实现了政治法律乃至整个社会科学领域方法论的变革，他们采取了"扬弃"的态度和科学的方法对待西方传统文化以及西方政治法律理论，把这些人类文化思想遗产与人类解放事业结合起来，在批判的基础上深刻阐明了无产阶级的法律思想与法治观点，诚如马克思所说："社会不是以法律为基础的。那是法学家们的幻想。相反地，法律应该以社会为基础。"① 马克思主义法治观是人类历史上首次将法律问题置于社会经济背景之下的科学考察，不仅深刻阐明了法的本质与法治的阶级属性，而且完整全面地继承了西方文明中的法学思想精华，可以说，正是因为马克思主义法治观的诞生，法学理论的科学性与阶级性才得以有机结合，法律与经济、社会、政治、文化的关系及其内在机制才得以揭示，以唯物史观研究人类社会法律现象的先河才得以开创。实践中，马克思主义者把法律与法治作为积极的、可以依靠的制度力量，认为法治是治国理政、推动社会进步和人的全面发展的必由之路。因此，在中国这片土地上建设社会主义法治国家，必须树立科学、现代的法治思想、法治观念、法治思维，全面考察和分析法治在社会历史活动中的地位和作用，始终站在唯物主义的立场，从社会历史发展规律的角度出发，方能得出"中国特色法律治理观念是指导法治国家建设重要依据"的结论，才能彻底结束唯心史观在法律思想领域的统治地位，从根本上解决"为什么"必须高度重视法治的作用问题。

---

① 马克思恩格斯全集：第6卷[M]．北京：人民出版社，1965：291．

第三章

中国特色法律治理观念的来源之二

在马克思主义经典作家中,马克思和恩格斯对法律和法治都具有极其深刻的认识,他们关于法治的思想、见解和理论不仅大量存在,而且在马克思、恩格斯整个学说体系中的地位十分重要,体现于马克思主义诸多理论观点和实践领域。两位革命导师生活于无产阶级革命的年代,对资本主义法治进行了坚决的批判,为社会主义法治的创立奠定了重要的理论基础。列宁创造性的继承和发扬了马克思、恩格斯的法治观,将二人的法治观应用到苏联具体的民主法制建设中,从实践层面极大地发展和丰富了社会主义法治观。中国特色法律治理观念是马克思主义法治观中国化的高度体现,继承了马克思主义经典作家法治思想的精华,马克思主义经典作家的法治观不仅涵盖了法的内容、形式、本质、精神、内在矛盾等重大基础性问题,也囊括了关于人权、所有权、民主、国家意志、阶级斗争等诸多现实问题的直接论证。这些对指导中国革命、发展、建设以及中国特色法律治理观念的形成都是极为宝贵的思想理论来源。

第一节　马克思、恩格斯、列宁的法治观

马克思、恩格斯以唯物史观为逻辑起点,全面阐释了一系列法学和法治思想观点,这些极富科学性的思想内容,奠定了马克思主义法治观的理论基础。列宁曾说过:"沿着马克思的理论的道路前进,我们将愈来愈接近真理(但决不会穷尽它);而沿着任何其他的道路前进,除了混乱和荒谬之外,我

们什么也得不到。"① 马克思、恩格斯的法治观，不同于以往各种学派对法治问题的抽象解释和超阶级认识，而是运用科学的世界观和方法论，在批判和扬弃资本主义法治诸多思想理论的基础上，一步一步地发展和丰富的。在这个演进的过程中，两位革命导师就法的本质、内容、形式以及统治阶级意志与法的关系等系列重要问题进行了大量阐述，总结和梳理这些内容，是全面阐述马克思主义法治观的重要一环。

一、马克思在《莱茵报》时期的法治思想

马克思出生在一个律师家庭，大学时期攻读法律专业，毕业后从事过律师工作，这种家庭、学习、工作都与法律直接相关的背景和经历，使马克思对现实法律和资本主义法治有更为深刻的认识。

青年马克思生活的时代，是资本主义商品经济快速发展的社会，市民社会的快速发展带动了商业和市场的繁荣，加快了资本的集中，社会关系和上层建筑随着社会经济结构的改变而变化，反抗传统权威、崇尚平等自由、宪法法律至上、社会契约理论等思潮构成了这一时期的主流思想。当时的马克思深受德国古典法哲学思想的影响，并开始对黑格尔辩证法学思想分析思考，在其博士论文中，马克思通过对伊壁鸠鲁"自我意识"与"意识自由"的阐释②，表达了对伊壁鸠鲁自由哲学和自然哲学观的认识，提出了人作为自由的有尊严的生命，应当成为能够支配自我命运的自由人的观点。

1841年9月，马克思开始了其在《莱茵报》的工作，这时马克思法治观中对于自由、理性、权利、平等等问题的认识更为深入，开启了马克思法治

---

① 列宁专题文集（论辩证唯物主义和历史唯物主义）[M]．北京：人民出版社，2009：50．

② 马克思在其博士论文《德谟克利特的自然哲学和伊壁鸠鲁的自然哲学的差别》中，大力赞扬的伊壁鸠鲁的自然哲学观，实际上是对"把主体的能动性看作绝对精神能动性的外化"观点的肯定，在这个意义上，当时马克思的法哲学立场仍未摆脱黑格尔法哲学的影子，不过，这种法律观中的客观理性成分为马克思日后形成历史唯物主义法哲学创造了条件。

观形成的重要时期。① 马克思表达了法律应当是人的自由的本质体现的观点，认为："自由确实是人所固有的东西，连自由的反对者在反对实现自由的同时也实现着自由。"② 法律应当作为人的实际的自由而存在，在这一认识的基础上，马克思将法的自由与理性上升为更高的程度，"法律不是压制自由的手段，正如重力定律不是阻止运动的手段一样……恰恰相反，法律是肯定的、明确的、普遍的规范，在这些规范中自由的存在具有普遍的、理论的、不取决于个别人的任性的性质……法典就是人民自由的圣经。"③ 接着，马克思指出"个别公民服从国家的法律也就是服从自己本身的即人类理性的自然规律"④。但随着《关于林木盗窃法的辩论》的发表，马克思开始反思其关于国家可以作为人类理性自由在整体上的反映的论断。在这篇文章中，马克思通过关注贫苦农民捡枯树枝被判决为"盗窃"以及摩塞尔地区贫穷农工的生活窘况，看清了利益与法律相抵触时，利益强大一方的所谓"立法者"的"特权"，"贵族的这些习惯权利是和合理的权利概念相抵触的习惯，而贫民的习惯权利则是同现存权利的习惯相抵触的权利"⑤。守法与非法的差别不是在于对法律是否遵守，而是在于其是否享有足以影响法律的特权。

总的来看，《莱茵报》时期马克思的法治观，是对西方法学思想特别是自然法哲学思想的全面总结和科学扬弃，马克思批判地继承了康德、费希特等德国古典自然法学派的思想理论，充分吸收了黑格尔辩证法学思想的合理部分，提出法的根本属性是人民意志的体现和人民自由的保障，法律应当作为"人民自由的圣经"，而不是维护专制制度和保护特权阶层利益的工具。这一时期马克思法治思想的发展与转变，为历史唯物主义法治观的创立提供了思想条件和理论基础。

---

① 在这一时期，马克思通过批判地吸收黑格尔自由法学说，发表了大量旨在抨击普鲁士专制统治的论文，其日臻成熟的法治观在《评普鲁士最近的书报检查令》《第179号"克伦日报"社论》《关于新闻出版自由和公布省等级会议辩论情况的辩论》《关于林木盗窃法的辩论》《论离婚法草案》等文章中得以充分体现。
② 马克思恩格斯全集：第1卷 [M]. 北京：人民出版社，1956：63.
③ 马克思恩格斯全集：第1卷 [M]. 北京：人民出版社，1956：71.
④ 马克思恩格斯全集：第1卷 [M]. 北京：人民出版社，1956：129.
⑤ 马克思恩格斯全集：第1卷 [M]. 北京：人民出版社，1956：144.

二、历史唯物主义法治观的创立与发展：从《黑格尔法哲学批判》到《共产党宣言》

马克思认为，黑格尔关于"现代国家"的"思辨的法哲学"只不过是一种"抽象而不切实际的思维"①。1843年，马克思对黑格尔法哲学思想进行了深入的分析和反思，并在《黑格尔法哲学批判》一书中从黑格尔关于法是意志自由的外在表现之说入手，对法与市民社会同国家的关系、人民主权等问题进行阐释。在对国家观与法律观的认识上，黑格尔始终将二者的本质规定性归结为"精神"或"意志"的东西。黑格尔认为："法的基地一般说来是精神的东西，它的确定的地位和出发点是意志。意志是自由的，所以自由就构成法的实体和规定性。"② 接着，黑格尔将国家确定为"实体性意志的现实"③。认为家庭是"作为精神的直接实体性"④ 而存在，"市民社会是处在家庭和国家之间的差别的阶段……它必须以国家为前提"⑤。在谈及这一观点时，马克思对于黑格尔关于法、市民社会以及国家的论述给予了肯定，指其为"集法哲学和黑格尔全部哲学的神秘主义之大成"⑥。并进一步指出，意志的真正现实的表现不是别的什么抽象的东西，而是真正构成国家的家庭和市民社会，二者作为国家存在的方式"把自己变成国家，它们才是原动力"⑦。即便理念是现实的，它们也不会产生国家。在明确了市民社会决定国家的思想后，马克思转向对维护君主制的法哲学倾向的批判，认为："民主制是君主制的真理，君主制却不是民主制的真理。"⑧ 民主的国家制度不应是君主的规定，而应是人民的自我规定。"在君主制中是国家制度的人民，在民主制中则是人民的国家制度。民主是国家制度一切形式的猜破了的哑谜。"进而指出："在民主制中，不是人为法律而存在，而是法律为人而存在；在这里人的存在

---

① 马克思恩格斯选集：第1卷[M]. 北京：人民出版社，2012：9.
② [德]黑格尔. 法哲学原理[M]. 范扬，张企泰，译. 北京：商务印书馆，2011：12.
③ [德]黑格尔. 法哲学原理[M]. 范扬，张企泰，译. 北京：商务印书馆，2011：288.
④ [德]黑格尔. 法哲学原理[M]. 范扬，张企泰，译. 北京：商务印书馆，2011：199.
⑤ [德]黑格尔. 法哲学原理[M]. 范扬，张企泰，译. 北京：商务印书馆，2011：224.
⑥ 马克思恩格斯全集：第1卷[M]. 北京：人民出版社，1956：253.
⑦ 马克思恩格斯全集：第1卷[M]. 北京：人民出版社，1956：251.
⑧ 马克思恩格斯全集：第1卷[M]. 北京：人民出版社，1956：280.

就是法律，而在国家制度的其他形式中，人却是法律规定的存在。"① 同时马克思将"人民民主"上升为"人民主权"，否定人民的主权派生于王权主张的同时，强调"国王的主权倒是以人民的主权为基础的"②。表明君主所拥有国家权力的合法性不在于王权本身，而在于人民的民主和主权。至此，马克思提出了市民社会决定国家和法律的重要结论，其历史唯物主义法治观开始逐步形成。

1844年在巴黎创刊的《德法年鉴》发表了马克思的两篇重要文章，标志着马克思法治观的日臻成熟。其中，马克思一方面肯定了"德国的国家哲学和法哲学在黑格尔的著作中得到了最系统、最丰富和最终的表述"③。但另一方面，又批判了资产阶级法哲学和国家制度的历史局限性，并指出："德国国家制度的现状表现了旧制度的完成，即表现了现代国家机体中这个肉中刺的完成，那么德国的国家学说的现状就表现了现代国家的未完成，表现了现代国家的机体本身的缺陷。"而对这种思辨的法哲学的批判不应当专注于法哲学自身，而是要进行实践，这个实践就是"掌握群众"，使理论变成可以批判的"物质的力量"④。之后，马克思提出了无产阶级革命和人类解放的重要命题，指出"德国人的解放就是人的解放。这个解放的头脑是哲学，他的心脏是无产阶级"⑤。这表明黑格尔的客观唯心主义法学思想已经从马克思的法治观中得到了彻底的扬弃。除此之外，《论犹太人问题》反映了马克思法治观对于人的权利与自由问题的高度关注，首先，马克思通过对"人权"与"公民权"概念的辨析，指出资产阶级人权的不完整性，即仍然表现为市民社会成员权的权利内容，这种权利抽离了"人的本质"和共同体的利益，将利己主义置于权利内容的核心⑥，相较于人权，公民权则意味着公民参加国家这个政治共同体，属于政治自由的公民权利范畴。其次，马克思并不认为资产阶级的自由是真正的自由，在论及自由时马克思指出："每个人不是把别人看做自己自

---

① 马克思恩格斯全集：第1卷[M].北京：人民出版社，1956：281.
② 马克思恩格斯全集：第1卷[M].北京：人民出版社，1956：279.
③ 马克思恩格斯选集：第1卷[M].北京：人民出版社，2012：8.
④ 马克思恩格斯选集：第1卷[M].北京：人民出版社，2012：9.
⑤ 马克思恩格斯选集：第1卷[M].北京：人民出版社，2012：16.
⑥ 马克思恩格斯文集：第1卷[M].北京：人民出版社，2009：40.

由的实现,而是看做自己自由的限制。"① 由此批判了此种自由的狭隘一面,而建立在这种自由之上的法律形式上的平等,也只是反映了资产阶级利益的抽象的平等,人的权利和自由并不能真正得到实现。

而《1844年经济学哲学手稿》通过对异化劳动的阐述,将马克思对权利、自由、法律、道德等问题的思考推向了更高层面。手稿分析了私有制下产生的人同自己的劳动产品、人同自己的生命活动、人同自身的类本质、人同人之间的四种异化现象,指出这一异化劳动理论中内含着的社会经济关系,即"从私有财产对真正人的和社会的财产的关系来规定作为异化劳动的结果的私有财产的普遍本质"②。而在道德、科学、艺术、宗教、法律等上层建筑领域,生产的普遍规律仍然存在并支配着这些上层建筑,它们只不过是生产的特殊方式。③ 因此,基于资本主义物质资料生产方式以及私有制的经济关系,不仅产生着异化劳动,而且包括法律、道德等在内的上层建筑都要受到这种现实的经济状况和经济关系的支配。

1844年和1845年马克思和恩格斯的两次共同写作,开启了历史唯物主义法治观的新视界。两位导师在《神圣家族》中以经济学为观察视角分析了唯物主义的发展历史,抨击了资产阶级天赋人权理论的虚伪一面,提出人权由历史产生和受经济状况决定的观点,从而将真正的权利观构建于"从历史中产生"的基础之上,这为马克思法治观中唯物史观思想的构建创造了必要的条件。

在《德意志意识形态》中,两位革命导师完全站在历史唯物主义立场,思考阶级社会中的法与法治问题。首先,他们第一次阐述了唯物史观的基本原理,并从法学视角阐释了法的本质、功能、发展规律等重要论题。他们认为"人们所达到的生产力的总和决定着社会状况"④。就资本主义生产方式这个"生产力总和"以及由此产生的私有制而言,国家和法律是维护统治阶级利益和调节社会内部矛盾这个"社会状况"的必要力量。其次,他们提出占主导地位的经济关系必然上升为反映统治阶级意志关系的法权关系的重要观

---

① 马克思恩格斯文集:第1卷[M].北京:人民出版社,2009:41.
② 马克思恩格斯选集:第1卷[M].北京:人民出版社,2012:62.
③ 马克思恩格斯文集:第1卷[M].北京:人民出版社,2009:186.
④ 马克思恩格斯选集:第1卷[M].北京:人民出版社,2012:160.

点，他们认为：阶级社会中，在物质上占有地位的阶级在精神上也占据着统治地位，因此，"统治阶级的思想在每一个时代都是占统治地位的思想"①。私有制下形成的资产阶级法律必定反映的是占统治地位的资产阶级思想，因为"支配着物质生产资料的阶级，同时也支配着精神生产资料"②，这种精神生产资料的一部分通过法律的制定和实施得以体现，当然也必须受统治阶级支配，所以资本主义法治观这种"占统治地位的思想不过是占统治地位的物质关系在观念上的表现"③。

1848年《共产党宣言》的发表是马克思主义法哲学思想和法治观诞生的标志。首先，在这部科学社会主义巨著中，马克思对资产阶级法的揭露更加彻底，他认为资产阶级的观念不是别的，而是资产阶级生产关系和私有制的一种派生物，而从属于派生物的法的观念"不过是被奉为法律的你们这个阶级的意志一样"，"是由你们这个阶级的物质生活条件来决定的"④。这说明资本主义法治观的构建，从一开始就被打上了维护资产阶级这个统治阶级利益的烙印，资本主义法治观的建立不是主观的也不是凭空产生的，更不是超阶级的抽象观念，而是根植于资本主义物质生产方式的现实条件。其次，马克思驳斥"宗教、道德、哲学、政治和法在历史发展进程中始终保存着"⑤的观点，论证了法的观念和制度会随着经济基础的运动而变化的一般规律，在这一变化中的"共产主义革命就是同传统的所有制关系实行最彻底的决裂；毫不奇怪，它在自己的发展进程中要同传统的观念实行最彻底的决裂"⑥。同样，资本主义法治观将在社会变革的历史进程中被社会主义（共产主义）法治观取代的发展趋势不可避免。再次，马克思批判资产阶级自由观和保护这种自由的所谓法律，认为资本主义法律和法治（这种原来意义上的政治权力）不过是"一个阶级用以压迫另一个阶级的有组织的暴力"，认为人类社会在经历了"消灭阶级对立的存在条件"即资本主义生产关系之后，未来社会"自

---

① 马克思恩格斯选集：第1卷 [M]. 北京：人民出版社，2012：178.
② 马克思恩格斯选集：第1卷 [M]. 北京：人民出版社，2012：178.
③ 马克思恩格斯选集：第1卷 [M]. 北京：人民出版社，2012：178.
④ 马克思恩格斯选集：第1卷 [M]. 北京：人民出版社，2012：417.
⑤ 马克思恩格斯选集：第1卷 [M]. 北京：人民出版社，2012：420.
⑥ 马克思恩格斯选集：第1卷 [M]. 北京：人民出版社，2012：421.

由人的联合体"将会出现,即"代替那存在着阶级和阶级对立的资产阶级的旧社会的……每个人的自由发展是一切人的自由发展的条件"的"自由人的联合体"。①

三、恩格斯晚年对马克思主义法治观的新发展

恩格斯在马克思逝世后对马克思主义法治思想的阐释和补充,在其论著以及大量书信中不断体现,使马克思、恩格斯的历史唯物主义法治观得到了新的发展。

一方面,恩格斯从"两种生产"理论出发,深入批判了资本主义"契约"的伪善性,有力地回击了各种非马克思主义学说对国家与法内容的曲解,阐明了马克思主义法治观的历史唯物主义本质。在《家庭、私有制和国家的起源》(1884年)第一版序言中,恩格斯提出了"两种生产"观点,将物质生活资料和所需工具的生产,以及人口繁衍的"种"的生产作为两种人类存在的基本方式。而由此产生的社会制度,则须在两种生产的制约下发展,"一是受劳动的发展阶段的制约,另一方面受家庭的发展阶段的制约"②。在生产力不发达的原始社会,正是受劳动发展阶段的制约,在氏族社会中氏族成员之间的关系才不是剥削而是相互协作(因为只有进行协作劳动才能获取生存食物),加之氏族因血缘关系而形成的特殊家庭结构,使得成员之间难以存在"私有"的条件,当然调和阶级矛盾的国家和相应的法也就无需存在,而在私有制社会中,国家与法不仅存在而且是作为阶级和阶级斗争发展的产物存在。恩格斯以资产阶级法律体系举例指出:资产阶级"这种纯法律的论据,同激进的共和派资产者用来击退和安抚无产者的论据完全一样。劳动契约据说是由双方自愿缔结的。而只要法律在字面上规定双方平等,这个契约就算是自愿缔结的"。法律掩盖了阶级地位和因阶级地位差异而产生的无形的压迫,法律并没有从阶级地位和经济地位上阻止此种压迫,"即双方实际的经济地位——这是与法律毫不相干的"③。反而打着自愿的幌子,以国家强制力为后

---

① 马克思恩格斯选集:第1卷[M].北京:人民出版社,2012:422.
② 马克思恩格斯选集:第4卷[M].北京:人民出版社,2012:13.
③ 马克思恩格斯选集:第4卷[M].北京:人民出版社,2012:84.

盾保护契约的平等性和有效性。所谓的自愿和法律（"即使是最进步的法律"）在不平等的经济地位面前都显得苍白，因为这种"纯法律的论据"本身就是在不平等的阶级地位上建立起来的。

在揭露资本主义法和法治的抽象性与虚伪性方面，恩格斯在《家庭、私有制和国家的起源》中提出了许多重要观点，他以资本主义社会的婚姻为例，指出："正是资本主义生产注定要把这种结合方式打开一个决定性的缺口。"它消解了包括婚姻在内的一切习俗和关系，使之都带有了商品的属性，这种利于交易和交换的"自由契约代替了世代相因的习俗，历史的法"。契约左右了人与人之间关系的调整，如同英国法学家亨·萨·梅恩所谓的"我们的全部进步就在于从身份进到契约"一样，资本主义社会的婚姻就成为"一种契约，是一种法律行为"。而订立婚约的决定是不是"真正自由的决定"属于"人人都非常明白"的问题，事实是法律形式上的自愿缔结婚约，乃是受其背后的经济状况和阶级地位决定的。①

另一方面，恩格斯在批判资本主义法与法治的"先验性"和"永恒性"的同时，又反对将社会主义法和社会主义法治教条化。在《致康拉德·施密特》的信中，恩格斯否定了资产阶级法学家狭隘的法的先验主义倾向，"法学家以为他是凭着先验的原理来活动，然而这只不过是经济的反映而已。这样一来，一切都倒置过来了"②。不过恩格斯并未因此否定法与法治观对经济基础的反作用，他将法律、法治观等属于意识形态的思想观念，看作能够对经济基础施以巨大反作用的一种特殊力量，甚至在某些情况下具有一定的改变作用。在恩格斯看来，资本主义及其以前的法治观所提供的反作用存在于"那些更高的悬浮于空中的意识形态的领域，即宗教、哲学以及所谓的自然法、永恒法等，它们都有一种被历史时期所发现和接受的史前的东西，这种东西我们今天不免要称之为愚昧"③。即便是那些"关于灵魂、魔力等的形形色色的虚假观念，多半只是消极意义上以经济为基础"④。不过这类经过历史沉淀而生成的意识观念，在一定特殊条件下，也有转化为巨大精神力量的

---

① 马克思恩格斯选集：第4卷 [M]. 北京：人民出版社，2012：90-94.
② 马克思恩格斯选集：第4卷 [M]. 北京：人民出版社，2012：607.
③ 马克思恩格斯选集：第4卷 [M]. 北京：人民出版社，2012：611.
④ 马克思恩格斯选集：第4卷 [M]. 北京：人民出版社，2012：611.

可能。

资产阶级这种"纯粹的彻底的法的概念必定由于无产阶级的不断增长的力量而每天遭到各种削弱"。因为并不存在所谓永恒的法,"法的发展的进程大部分只是在于首先设法消除那些由于将经济关系直接翻译成法律原则而产生的矛盾,建立和谐的法的体系,然后是经济进一步发展的影响和强制力又一再突破这个体系,并使他陷入新的矛盾(这里我暂时只谈民法)"①。在这种矛盾的循环下,社会主义法与法治观的建立随着私有制的消解而产生。诚如恩格斯在《1981年社会民主党纲领草案批判》中指出的那样:"人民代议机关把一切权力集中在自己手里,只要取得大多数人们的支持就能够按照宪法随意办事的国家里,旧社会有可能和平长入新社会。"② 新社会的"和平长入","并不意味着只有经济状况才是原因,才是积极的,其余一切都不过是消极的结果,而是说,这是在归根到底不断为自己开辟道路的经济必然性的基础上的相互作用"。这种相互作用即"以经济发展为基础的政治、法、哲学、宗教、文学、艺术等",既相互作用又与经济基础发生相互作用(见《恩格斯致瓦尔特·博尔吉乌斯》的书信)。③ 最终,这种法的矛盾的运动将在共产主义社会得到消解,因为那时,"以生产者自由平等的联合体为基础的、按新方式来组织生产的社会,将把全部国家机器放在它应该去的地方,即放到古物陈列馆去,同纺车和青铜板斧陈列在一起"④。

总之,恩格斯晚年关于法治思想的阐发将马克思主义法治观推向了新的历史高度。法、法律与法治并不与哲学、艺术、文学等同,其仅仅作为上层建筑而消极存在,法治伴随着一系列政治制度和法律制度的颁布实施,不仅具有了强大的政治力也具有了强大的经济力,这种力量一旦被无产阶级掌握,对于把一切权力集中在无产阶级自己手里,按照宪法实现无产阶级专政,都有极大的推动作用,由此旧社会和平长入新社会的愿景有了实现的可能。

---

① 马克思恩格斯选集:第4卷[M].北京:人民出版社,2012:611.
② 马克思恩格斯选集:第4卷[M].北京:人民出版社,2012:293.
③ 马克思恩格斯选集:第4卷[M].北京:人民出版社,2012:649.
④ 马克思恩格斯选集:第4卷[M].北京:人民出版社,2012:190.

四、列宁法治观的主要内涵与重大意义

列宁的法治观是马克思主义法学思想在帝国主义和无产阶级革命时代的创造性发展，列宁反对将马克思主义"看作某种一成不变的神圣不可侵犯的东西"①，恰恰相反，马克思主义者应以此为基础，"在各方面把这门科学推向前进"②。马克思、恩格斯法治观同样如此，它只是给一种科学的法治观奠定了基础，马克思主义者不应将理论构建落后于现实生活，而是在这一科学理论的基础上创造性地发展和丰富马克思主义法治观。从俄国爆发第一次民主革命、二次革命到十月革命直至苏联建立，列宁法治观在不同历史时期呈现出相应特点，这些思想观点的主要内涵与阶段特征系统地反映于列宁在不同时期的著作论说当中。

列宁把法治看作充满规律的法权关系的历史进程，站在无产阶级国家观的高度看待法治问题。在1893至1904年的早期著作中，他就开始运用马克思主义原理，批判分析俄国的专制统治和其他机会主义思潮。《社会民主党纲领草案及其说明》一文中，列宁对沙皇专制统治进行有力批判，讨论宪政的相关问题，号召工人阶级组成自己的政党争取政治自由、进行政治斗争，他指出：争取政治自由应当成为工人的首要任务，"即争得以法律（宪法）保证全体公民直接参加国家的管理"的权利。③ 在《我们党的纲领草案》中，列宁深化了他关于国家结构形式、司法制度、人民基本权利等内容的认识，实现民主立宪、建立民主共和国是他这一时期法治思想的集中体现。

唯物史观认为，物质生活关系决定着法的关系，法律与法治既不是虚幻的理念，也不是精神运动的产物。在与自由主义民粹派、"合法"马克思主义以及孟尔什维克机会主义等形形色色错误思想的斗争中，列宁深刻批判资产阶级法律思想，结合俄国革命实际科学阐明历史唯物主义法治理论，写下《论所谓市场问题》《民粹主义的经济内容及其在司徒卢威先生的书中受到的批评》《俄国资本主义的发展》等论著。在1894年的《什么是"人民之友"

---

① 列宁专题文集（论马克思主义）[M]．北京：人民出版社，2009：96．
② 列宁专题文集（论马克思主义）[M]．北京：人民出版社，2009：96．
③ 列宁专题文集（论无产阶级政党）[M]．北京：人民出版社，2009：21-22．

以及他们如何攻击社会民主党人?》一书中,列宁深入批判自由主义民粹派的唯心主义法律观与英雄史观,强调"阶级斗争理论可以说在完成着社会学说的总意图——把'个人因素'归结为'社会根源'"①。认为一个国家的政治法律关系所从属的意识形态领域,最终是由物质基础而不是个人决定的,因此"对政治法律形式的说明要在'物质生活关系'中去寻找"②。

列宁驳斥资产阶级学者将社会经济关系建立在法律之上的主观主义倾向,并在法治理论的视域范畴引入了"党性"这个法的重要特征。在同司徒卢威等"合法"马克思主义者的辩论中,列宁驳斥"把社会关系看作这些或那些制度的简单的机械的组合"③的观点,论证马克思主义法治学说的党性原则,他指出:"唯物主义本身包含着所谓的党性,要求在对事变作任何评价时都必须直率而公开地站到一定社会集团的立场上。"④ 作为唯物史观指导下的法律思想,当然应坚持党性原则。在《进一步,退两步(我们党内的危机)》一文中,列宁批驳孟尔什维克的机会主义倾向,努力树立党章这一党内最高法规的权威,指出建党要旨在"党应当是组织的总和(并不是简单的算术式的总和,而是一个整体)"⑤。而"组织"⑥ 的根本在于集中制的实现,即党员对纪律的遵守,只有全党以正式的、体现集中制原则的党章为行动指南,严格遵守党章,才能远离派系主义、山头主义、各自为政等破坏党的统一团结的不良现象。列宁的建党理论表明,依靠法治方式加强和巩固党的团结统一,

---

① 列宁全集:第1卷[M].北京:人民出版社,1984:371.
② 列宁选集:第1卷[M].北京:人民出版社,2012:55.
③ 列宁选集:第1卷[M].北京:人民出版社,2012:55.
④ 列宁全集:第1卷[M].北京:人民出版社,1984:363.
⑤ 列宁专题文集(论无产阶级政党)[M].北京:人民出版社,2009:102.
⑥ 此处列宁着重强调了自己对"组织"这一概念的理解,他认为:"组织"一词通常有两种含义,即广义的和狭义的。狭义的是指人类集体中的,至少是有最低限度确定形式的人类集体中的单个细胞。广义的是指结合成一个整体的这种细胞的总和。例如,海军、陆军和国家,既是许多组织(从该词的狭义含义来说)的总和,同时又是一种社会组织(从该词的广义含义来说)。教育主管机关是一个组织(从该词的广义含义来说),同时它又是许多组织(从该词的狭义含义来说)组成的。同样,党也是一个组织,而且应当是一个组织(从该词的广义含义来说);同时党又应当是由许多不同的组织(从该词的狭义含义来说)组成的。所以,划分党和组织这两个概念时,必须注意组织一词的广义和狭义的区别。参见列宁专题文集(论无产阶级政党)[M].北京:人民出版社,2009:102.

提高党中央的权威，离不开党章对党的组织纪律的严格规定，也离不开全党对于党章和其他党内法规的遵守与践行。

从1905年俄国第一次民主革命开始，列宁的法律思想随着时局的发展呈现出新的特点，在列宁看来，探讨唯物主义法治观离不开对特定社会关系的认识，而离开阶级的观点来谈论自由平等之类的法权问题，只能导致混乱。在《社会民主党在民主革命中的两种策略》中，列宁批驳了孟尔什维克的"合法议会"妥协道路，"当我们还在做准备的时候，它们已经协商好了，彼此达成协议，制定了有利于它们的宪法，并且把政权瓜分掉了"①。列宁认为，只有武装斗争才是民主革命的唯一形式，因此必须通过暴力革命推翻沙皇的统治。而在革命胜利后，应成立临时政府并实行无产阶级与农民的革命民主专政，为社会主义性质的革命到来做好准备，这些观点是列宁创造性地发展马克思主义国家观与法治观的重要体现。列宁在《两个世界》一文中批判了资产阶级法制的本质与修正主义的法治观点，指出修正主义领导人弗兰克"对资产阶级'法制'和资产阶级'平权'信服得五体投地，而不懂得这种法制的历史局限性"。这种局限性在于资产阶级法制的阶级局限性，而为资产阶级服务的法制从根本上讲"同无产阶级是不可调和的"②。《唯物主义和经验批判主义》是列宁阐明辩证唯物主义法律认识论的又一力作，他从无产阶级立场出发深入批判"马赫主义"③和波格丹诺夫"等同论"④思想，认为物质生活条件这种社会存在决定作为社会意识存在的政治和法律，两者并

---

① 列宁选集：第1卷 [M]. 北京：人民出版社，2012：569.
② 列宁全集：第20卷 [M]. 北京：人民出版社，1986：11.
③ 恩斯特·马赫是奥地利物理学家和唯心主义哲学家，马赫主义哲学产生于19世纪70年代，当时正是资本主义自由竞争阶段向垄断阶段过渡的时期，一些资本主义国家已经发展到了帝国主义阶段，马赫主义哲学正是为了资产阶级政治法律的需要而产生的。马赫主义哲学的特点：一是标榜"科学哲学"，把自己的这些说成是"以自然科学为基础的"；二是标榜"中派哲学"，妄图用虚伪的"无党性"把其哲学的唯心主义实质和阶级本质掩盖起来；三是把相对主义作为自己认识论的基础，从而否定绝对真理和客观真理；四是鼓吹唯心史观，宣扬唯意志论，否认社会历史发展的客观规律。（参见吕世伦. 列宁法律思想史 [M]. 北京：法律出版社，2000：341-342.）
④ 波格丹诺夫借口人只有借助意识才能结合起来，没有意识就没有交往，强调政治法律意识都是人的意识——心理活动，社会性和意识性是不可分离的，因此，社会存在和政治法律等社会意识是"等同的"。（参见吕世伦. 列宁法律思想史 [M]. 北京：法律出版社，2000：345.）

不"等同";法律对社会存在具有能动的反作用,这种"合法"的反作用并不排斥暴力,问题的关键在于是什么性质的暴力;唯物主义法哲学认识论肯定从物质生活条件到法律思想的发展过程而非相反;法学是具有党性的科学,等等,这些观点大大深化了马克思主义法治观的内涵。

1912年至1917年的一段时期,列宁的政治法律理论研究进入新的阶段。在马克思主义基本原理的指导下,列宁通过大量翔实的资料和严整的逻辑分析,撰写出《帝国主义是资本主义的最高阶段》《论欧洲联邦口号》等名篇,指出资本主义国家存在着政治经济发展不平衡的状况,据此,在帝国主义集团内部必然存在着统治的薄弱环节,而为了继续维护反动统治,国家和法律的控制作用将不断强化,并演变成镇压人民和殖民统治的腐朽工具,"这种统治趋势的结果,就是在一切政治制度下都发生全面的反动"①。而帝国主义的腐朽性和垂死性表明,社会主义革命在一国或几国首先取得胜利存在可能,由此创造性地开辟了马克思主义的新境界。

十月革命前后的一段时期,列宁围绕国家形式、宪法纲领、无产阶级专政等系列问题展开深入论述,其中体现于其名篇《国家与革命》中的大量政治法律思想,表明列宁法治观的理论形态已经日臻成熟。列宁指出,国家是阶级矛盾不可调和的产物和阶级压迫的工具,国家的作用在于"建立一种'秩序'来抑制阶级冲突,使这种压迫合法化、固定化"②。针对孟尔什维克企图通过所谓"合法"途径争取普选权以及考茨基忽视暴力革命的观点,列宁强调:"只有承认阶级斗争,同时也承认无产阶级专政的人,才是马克思主义者。"③并且,面对掌握强大国家机器的资产阶级,无产阶级只有通过暴力革命砸碎资产阶级国家机器才能取得政权,因为"任何国家都是对被压迫阶级'实行镇压的特殊的力量'"④。无产阶级专政意味着要由无产阶级对资产阶级实行镇压,暴力革命所起的作用就是这种"特殊的力量"。不可否认,在争取革命胜利的关键时期,基于革命形势的需要,列宁的法治观主要围绕暴力革命以及阶级专政思想展开,强调对资产阶级法权的"破",但与此同时,

---

① 列宁专题文集(论资本主义)[M]. 北京:人民出版社,2009:206.
② 列宁专题文集(论马克思主义)[M]. 北京:人民出版社,2009:180.
③ 列宁专题文集(论马克思主义)[M]. 北京:人民出版社,2009:206.
④ 列宁专题文集(论马克思主义)[M]. 北京:人民出版社,2009:190.

较为完整和全面的社会主义状态下的法治形态也逐步在其思想中"立"起来。

列宁并不否认国家在社会主义阶段的地位和作用，指出社会主义社会仍然存在资产阶级法权。根据马克思在《哥达纲领批判》中对共产主义社会两个阶段的划分，列宁指出，在社会主义社会中资产阶级法权并非尽然地消灭，而"只是在已经实现的经济变革的限度内取消，即只是在同生产资料的关系取消"①。这就表明，在社会主义社会承担阶级镇压职能的法权虽已不再，但由于社会产品的极大丰富没有达到，仍需要通过法律手段来保证所有人对所谓资产阶级法权的遵守，从而维持社会稳定和经济秩序正常。

随着革命的胜利与苏维埃政权的建立，列宁的法治观得到进一步发展。在对新生政权的巩固上，列宁主张以法律组织对俄国的管理，保障社会主义秩序，其中1918年颁布的苏维埃宪法，赋予了人民最大的自由和民主权利，实现了苏联人民当家作主的夙愿，正如列宁《在全俄工会第三次代表大会上的讲话》中所说的："苏维埃宪法所给予的东西，是任何一个国家在二百年内都不曾给过的。"② 除了法律本身的制定，列宁还强调大量运用教育组织、文化宣传等手段，提高全体劳动者的守法意识；赋予人民以监督权，并将其纳入国家法律的保护，他说"我们已经把工人监督制定为法律"③，任何机关和个人都不能侵犯；加强专政机关建设，彻底废除旧式资产阶级司法机关，运用无产阶级法令维护社会秩序稳定。

和平建设时期，列宁非常注重运用法治方式推动各项政策的落实。在关于租让制问题的报告中，列宁指出"公布的租让制法令，是苏维埃政权在报告总结这段期间内通过的最重要的法令之一"④。在谈到贸易自由问题时，列宁强调立法的重要作用："我们只有通过我们的立法来得到这个问题的答案；我们的任务只是规定原则路线，提出口号。"⑤ 在论及新经济政策的执行问题时，他说："政府的全部工作……是要把叫作新经济政策的东西以法律形式最

---

① 列宁专题文集（论社会主义）[M]. 北京：人民出版社，2009：34.
② 列宁全集：第38卷 [M]. 北京：人民出版社，1986：337.
③ 列宁专题文集（论社会主义）[M]. 北京：人民出版社，2009：94.
④ 吕世伦. 列宁法律思想史 [M]. 北京：法律出版社，2000：734.
⑤ 列宁专题文集（论社会主义）[M]. 北京：人民出版社，2009：205-206.

牢固地固定下来,以排除任何偏离这种政策的可能性。"[1] 可以说,在列宁法治观的指导下,苏联坚持了对法制的统一实行,如这一时期《劳动法典》《刑法典》《土地法典》等重要法律相继颁布,社会主义司法体制的基本框架得以确立,包括党员在内的全体公民平等适用法律,等等。这些成就表明,法治方式在巩固苏维埃政权、发展国家经济、维护社会稳定方面发挥了举足轻重的重要作用。

纵览马克思主义政治法律思想的发展进程,列宁的法治观无疑是对马克思主义坚持和发展的光辉典范。在与各种形形色色的非马克思主义法治学说的长期论战中,列宁围绕国家、无产阶级专政、民主宪政等政治法律问题,提出诸多极富创造性的重要见解,这些思想理论经过苏联这个世界上第一个社会主义国家的法治实践和探索后,为我国法治建设提供了丰厚的理论成果与经验借鉴。

第二节　经典作家法治观的基本内涵与当代价值

马克思、恩格斯的法治观建立于他们关于法与法治系列重要论述的基础之上,两位革命导师不是单单就法与法治的抽象问题进行专门阐释,而是将法的起源、本质、价值、原则、功能等基本问题同他们关于政治学、经济学、哲学等的思想相结合,将他们的法治观融入对资本主义法治观的扬弃和对社会主义法治观的阐发,从而使马克思主义法治观成为指导无产阶级革命和社会主义法治建设的重要思想理论。

一、法治是政治国家的意志表现

法的起源与内容并不是凭空产生的,而是由一定的物质生活决定的。作为阶级出现后的附随产物,资产阶级法学家虽有关于法与法治起源的各种学说,但无论是"自然的准则"学说、"神的意志"学说抑或"社会契约"学说,都无法科学解释法的本质与法治的内涵。正如马克思、恩格斯

---

[1] 列宁全集:第43卷[M].北京:人民出版社,1987:242.

在《神圣家族》中指出的：国家并非市民生活的巩固力量，相反，"正是市民生活巩固国家"①。他们从物质资料生产方式这个决定性因素入手，对市民社会与国家的关心进行深入分析，得出了国家受市民社会及客观社会经济关系制约的同时，具有相对独立性的科学论断，开创了历史唯物主义法治观的新纪元。

（一）关于法治作为政治国家的意志表现离不开物质生产方式的思想

马克思并不认同资产阶级关于法治与国家的传统学说。在《政治经济学批判序言》② 一文中，他提出经济基础决定上层建筑这一历史唯物主义重要观点，认为不能以所谓的"人类精神"的视角去解释和理解国家与法的内容，而应当着眼于"物质的生活关系，这种物质的生活关系的总和"③。这表明：第一，事物内部天然蕴含着"法"，法的本质是事物的本质，就人类社会的法而言，法的本质应当是人的自由和理性的体现；第二，"法"既是某种生产关系的体现，也是某种国家意志的反映，"法治"的基础在于物质生活的生产方式；第三，法是法律的内容，法律表现法，法的关系或意志关系的内容是经济关系本身决定的，人与人之间的权利义务关系正是经济关系在法治中的反映。

在谈及资本主义国家的法治问题时，马克思、恩格斯也没有离开社会物质生产条件这个法的基础，将法治单纯地看作国家统治阶级的意志体现，而是从法的概念深入法的本质内涵，在《共产党宣言》中指出资本主义国家的法是"资产阶级的生产关系和所有制关系的产物"，是以法律形式反映阶级意志的产物，"而这种意志的内容是由你们这个阶级的物质生活条件来决定的"④。

---

① 马克思恩格斯全集：第 2 卷 [M]. 北京：人民出版社，1957：154.
② 应当说，马克思法治观的形成不是一蹴而就的，而是经历了由黑格尔辩证唯心主义到辩证唯物主义的转变，比如在《黑格尔法哲学批判》中，马克思虽批判了黑格尔以理性自然法衡量实在法是否合理的观点，提出"市民社会决定"国家的开创性观点，但不能据此否认此时马克思的法治观抛弃了黑格尔思想的遗风。从这个意义上讲，《政治经济学批判序言》的完成标志着马克思历史唯物主义法治思想的开启。
③ 马克思恩格斯文集：第 2 卷 [M]. 北京：人民出版社，2009：591.
④ 马克思恩格斯选集：第 1 卷 [M]. 北京：人民出版社，2012：417.

(二) 关于法治是统治阶级的思想上升为国家意志的思想

在谈及法治与政治国家关系的命题时，马克思首先提出"生产需要"的观点，即以"一个共同的规则将每天重复着的生产、分配和交换产品的行为概括起来"①，从而推动了社会生产呈现出秩序化倾向，"使个人服从生产和交换的一般条件"②。一开始，习惯左右着这种共同的规则，随着生产和交换的发展，规则逐步演变为法律。而"随着法律的产生，就必然产生出以维护法律为职责的机关——公共权力，即国家"③。他在《德意志意识形态》中第一次系统地阐明了国家中法律的本质问题，在这本巨著中，两位革命导师共同阐述了生产力决定生产关系的历史唯物主义基本原理，揭示了法的起源、法与自由、法与社会、法的政治功能等一系列问题。马克思和恩格斯认为：法是以国家为中介的，能够反映统治阶级共同利益的一种表现形式，指出"一切共同的规章都是以国家为中介的，都带有政治形式"④，而这种通过政治形式展现的共同的规章就是法律。法除具有客观经济内容以外还具有统治阶级主观的意志，这种意志通过国家的政治形式上升为法律，此外，"……他们还必须给予他们自己的由这些特定关系所决定的意志以国家意志即法律的一般表现形式。这种表现形式的内容总是决定于这个阶级的关系，这是由私法和刑法非常清楚地证明了的"。⑤ 也就是说，"共同利益所决定的这种意志的表现，就是法律。"⑥ 法律的角色在统治阶级那里表现为阶级意志的维护工具。

马克思、恩格斯强调法治本身在作为阶级统治工具时所具有的意识形态特性。在《德意志意识形态》中，他们对"统治阶级思想"的"统治地位"有了更深刻的认识，这一"支配着物质生产资料的阶级，同时也支配着精神生产资料"，以至于"那些没有精神生产资料的人的思想，一般的也是隶属于

---

① 马克思恩格斯文集：第3卷[M]. 北京：人民出版社，2009：322.
② 马克思恩格斯文集：第3卷[M]. 北京：人民出版社，2009：322.
③ 马克思恩格斯文集：第3卷[M]. 北京：人民出版社，2009：322.
④ 马克思恩格斯选集：第1卷[M]. 北京：人民出版社，2012：212.
⑤ 马克思恩格斯全集：第3卷[M]. 北京：人民出版社，1960：378.
⑥ 马克思恩格斯全集：第3卷[M]. 北京：人民出版社，1960：378.

这个阶级的"。① 那么，统治阶级对精神生产资料的支配与统治思想的掌控通过何种方式实现呢？他们接着写道："例如，在某一国家的某个时期，王权、贵族和资产阶级为夺取统治而争斗，因而，在那里统治是分享的，那里的占统治地位的思想就会是关于分权的学说，于是分权就被宣布为'永恒的规律。'"②而资产阶级所信奉的关于分权的"永恒的规律"就是资本主义法治所倡导的国家治理模式和思想，这种思想观念毫无疑问是为资本主义社会的整个统治阶层以及他们各个派别之间的争斗所服务的，法与法治只是这种统治阶级思想的一种表现形式。

（三）关于政治国家的意志体现于统治阶级行使立法权的思想

政治国家的总体是立法权，参与立法就是参与政治国家。在关于立法权的问题上，马克思从立法的理念出发，深入立法者和立法程序的范畴。马克思认为，政治国家的总体是立法权，而立法权的开端是立法的理念，在立法过程中，立法者对自身的定位不应是法律的发明者，而应是法律的表述者，"如果一个立法者用自己的臆想来代替事情的本质，那么人们就应该责备他极端任性"③。只有"用有意识的实在法把精神关系的内在规律表现出来"④，而不是采用臆想或别的方式创制法律，才能被称为合格的立法者。不过对法律的这种表述不同于一般表述，是一种高度抽象的有意识的理念的表述。立法理念之后是立法权的获得和行使，在马克思看来，国家制度确立了立法权，所以"国家制度对立法权来说是法律。立法权只有在国家制度的范围内才是立法权……"⑤，立法权对国家制度的这种从属特征，与国家制度自身的本质规定性密不可分，因为"国家制度只不过是政治国家和非政治国家之间的协调，所以它本身是两种本质上各不相同的势力之间的一种契约"⑥。所以，在资本主义国家，立法权当然地从属于作为统治阶级的资产阶级及他们建立的国家制度，这种决定于国家制度的权力不仅不会高于国家制度，而且只是表

---

① 马克思恩格斯选集：第1卷 [M]．北京：人民出版社，2012：178-179．
② 马克思恩格斯选集：第1卷 [M]．北京：人民出版社，2012：178-179．
③ 马克思恩格斯全集：第1卷 [M]．北京：人民出版社，1995：347．
④ 马克思恩格斯全集：第1卷 [M]．北京：人民出版社，1995：347．
⑤ 马克思恩格斯全集：第3卷 [M]．北京：人民出版社，2002：70．
⑥ 马克思恩格斯全集：第1卷 [M]．北京：人民出版社，1956：316．

现为作为"契约"的国家制度在法律上的表述。在立法权的行使问题上,两位革命导师认为立法权真正的拥有者应当是人民,不是国家制度创造人民,而是人民创造国家制度。在民主制的国家,法治实现并保障民主的实施,即承认和保护所有公民对国家制度的选择和对国家事务的管理,人民主权应当体现在人民及代表人民进行立法的国家机关那里,而不是资产阶级所谓的议会这一虚伪的民意代表机关,人民应当成为国家制度的实际体现者和立法的原则。

二、保障人权是法治的价值追求

在马克思、恩格斯的法治观视域中,人权的认识不是凭空产生和发展的,而是经历了从古典自然法学派到黑格尔法哲学观,在批判地吸纳了费尔巴哈人本主义法学思想后,随着唯物史观的创立而逐步形成并成熟的。虽然马克思、恩格斯关于人权与法治的认识在各个时期表现出相应的特点,但总体来看,马克思主义法治观所坚持的人权思想有别于西方人本主义或人道主义,马克思主义经典作家更加关注绝大部分人而非少数人的人权问题,这是一种立足于人类全面自由发展的人文关怀;马克思主义法治观所坚持的对人权的保障,是基于唯物史观指导的对人权具体的、实在的利益保障,而非西方人权学说中抽象的价值判断。

(一)关于人权作为人的本质的理性体现从属于法治状态的思想

马克思关于人权认识的起点首先是对人的本质的认识,在《关于费尔巴哈的提纲》中他否认"人的本质是单个人所固有抽象物"的论断,将人的本质看作"是一切社会关系的总和"。[①] 在他看来,社会关系饱含了人的本质所具备的要素基础,人既不是理念的也不是抽象的,它来源于实际的物质生产方式以及由此生成的社会关系。第一,这里的"人"首先是具体的从事社会实际活动的人,不能从表述、想象、设想的视角去体认真正的"人"的概念,"这些个人是从事实际活动的"[②]。第二,这里的"社会关系"不是与生俱来的,是由人在实现自己本质的过程中创造出来的,是历史地产生的,"因为人

---

① 马克思恩格斯选集:第1卷[M].北京:人民出版社,2012:135.
② 马克思恩格斯选集:第1卷[M].北京:人民出版社,2012:151.

的本质是人的真正的社会联系，所以人在积极实现自己的本质的过程中创造、生产人的社会联系、社会本质"①。那些具体的从事社会实际活动的人（也包括了全体的人），实现着人的本质的同时也在实现着人的权利。第三，这种"社会关系"也不是一成不变的，人的权利的实现程度受到这种变化的制约，因为"权利绝不能超出社会的经济结构以及由经济结构制约的社会的文化发展"②。人权既是具体的人的实在权利的实现，也需要在一定社会经济结构和文化环境中得到实现，法治作为一种重要的社会规范尺度，当然的规定着权利的发展状态。

应然的状态是法典应当作为"人民自由的圣经"而存在。在现实生活中，法律的预防功能、指示功能、强制功能、规范功能"只是在自由的无意识的自然规律变成有意识的国家法律时才起真正法律的作用"。哪里的法律从"自由的无意识"到"有意识"，"哪里的法律成为真正的法律，即实现了自由，哪里的法律就真正的实现了人的自由"③。法典作为社会生产条件下形成的应有权利与应有义务关系的总和，前提应当是像是"人民自由的圣经"那样，反映客观事物的自然规律和人民的普遍意志。在法律的具体规范层面，人民自由的权利需要被给予确定性的表述，"法律不是压制自由的手段……恰恰相反，法律是肯定的、明确的、普遍的规范"，这种规范应存在于其中的人民的自由应反映出人民真实的、明确的意愿和诉求，"具有普遍的、理论的、不取决于个别人的任性的性质"④。法治所具有的保障人权的价值追求，应当作为法治的本质规定性而存在，真正的法律与法治是真正的人的权利、自由的体现。

（二）关于资产阶级法治的虚伪性不可能保障人权真正实现的思想

一方面，资本主义法治制约着人权的实现。第一，法治划定人权的边界。马克思、恩格斯在《德意志意识形态》中指出："因为无论'人权'或'正当获得的权利'，二者都是'权利'，因此它们都是'同样的有权的'，而且就历史的意义上来说是'有权的'。因为这两种都是法律意义上的'权利'，

---

① 马克思恩格斯全集：第42卷［M］．北京：人民出版社，1979：24.
② 马克思恩格斯选集：第3卷［M］．北京：人民出版社，2012：364.
③ 马克思恩格斯全集：第1卷［M］．北京：人民出版社，1956：72.
④ 马克思恩格斯全集：第1卷［M］．北京：人民出版社，1956：71.

所以它们在历史意义上也是'同样有权的'。即使对事情本身一无所知的人也可以用这种方法在最短时间内解决一切。"① 第二，即便是合理的习惯权利也要经过法律承认。马克思在《关于林木盗窃法的辩论》一文中，通过对"习惯权利"这一法律术语的阐发，表达了这一认识，指出"在普遍法律占统治地位的情况下，合理的习惯权利不过是一种由法律规定为权利的习惯"，守法者与非法者所行使的权利关乎到他们所养成的习惯，"对于一个守法者，权利成为他自己的习惯；非法者则被迫守法，纵然权利并不是他的习惯……恰恰相反，习惯称为合理的是因为权利已变成法律，习惯已成为国家的习惯"②。

另一方面，资产阶级关于人权③的法律虚伪而自相矛盾。第一，法律保障的虚伪性。马克思认为，人权既不像自然法学派所谓"天赋人权学说"揭示的那样——先天的自然理性、生而平等自由，也不像功利主义所谓"法律权利学说"阐释的那样——享有安全、平等、正义的法律权利，资产阶级关于人权的法律总体是虚伪和抽象的，马克思认为人权是受到经济关系和法权制约的历史的产物，资产阶级法治条件下的人权具有明显的阶级性，有时甚至表现为法律压迫。他在争取新闻出版自由的论辩中指出："在我们德国曾经用法律手续确定了下面这种为各个诸侯所赞同的全帝国共同的信念：农奴身份是某些人的躯体的特性，用外科手术即刑讯拷打最能查明真相，要用尘之火来向异教徒显示地狱之火。"④ 第二，法律在人权问题上自相矛盾。"一方面，安全被宣布为人权，一方面侵犯通信秘密已公然成为风气。一方面，'不受限制的新闻出版自由'（1793年宪法第122条）作为人权的个人自由的结果而得到保证，一方面新闻出版自由又被完全取缔，因为'新闻出版

---

① 马克思恩格斯全集：第3卷［M］.北京：人民出版社，1960：372.
② 马克思恩格斯全集：第1卷［M］.北京：人民出版社，1956：143.
③ 马克思对"人权"内涵的判定是谨慎的，他视"公民权"为人权的基本组成部分，而除此之外的人权应当是更加宽泛并不断发展丰富的。他认为："人权一部分是政治权利，只是与别人共同行使的权利。这种权利的内容就是参加共同体，确切地说，就是参加政治共同体，参加国家。这些权利属于政治自由的范畴，属于公民权利的范畴，一部分人权，即与公民权不同的人权，有待研究。"（见马克思恩格斯文集：第1卷［M］.北京：人民出版社，2009：39.）
④ 马克思恩格斯全集：第1卷［M］.北京：人民出版社，1995：147.

自由危及公共自由，是不许可的'。"资产阶级制定的法律的这种自我矛盾，不是基于保障人权，而是维护统治阶级政治利益的目的使然，据此，"自由这一人权一旦同政治生活发生冲突，就不再是权利"，即便人权还要有赖于政治生活的保障，但"它一旦同自己的目的即同这些人权发生矛盾，就必定被抛弃"①。

（三）关于利用资本主义法治条件争取人权是无产阶级实现人权重要途径的思想

马克思、恩格斯认为，资产阶级人权在实质上仅仅是资产阶级的自由平等，是基于市场交换价值的需求而产生的一种虚假权利，包括工人、农民、小生产者在内的劳动阶级作为社会中的绝大多数，不仅享受不到本应在法律上承认的权利，反而需要从属于和受制于资产阶级法律。资本主义条件下，通过资本主义的法治机制为无产阶级创造更多的权利，是马克思、恩格斯一直坚持和争取的。第一，利用普选权为工人争取获得更多的权利。马克思将宪法看作获得普选权的基础，把"资产阶级统治看作普选权的产物和结果，看作人民主权意志的绝对表现，——这就是资产阶级宪法的意义"②。主张利用资产阶级宪法，透过其对公民基本权利的确认争取更大的民主，在这种思路下，无产阶级可以参加各类有助于实现自身权利的选举，而每一次选举的胜利就是一次争取人权的胜利。恩格斯表达了对这种看法的肯定："如果工人能在议会中、在市议会中、在地方济贫委员会中得到应有的席位，那么不久就会有工人出身的国家活动家，他们将给那些经常欺压人民群众的洋洋自得的愚蠢的官吏带来种种障碍。"③他以英国为例，指出普选制相较于其他制度"都将在更大程度上是社会主义的措施。在这里，普选权的必然结果就是工人阶级的政治统治"④。只要工人阶级能够利用好普选制、代议制等资本主义民主宪政的制度工具，结合好无产阶级人口占优的社会实际，就很有可能将自身的意志体现到国家意志之中，获得争取人权斗争的胜利。第二，利用有限的民主权利改善工人的政治经济状况。

---

① 马克思恩格斯文集：第1卷［M］．北京：人民出版社，2009：43．
② 马克思恩格斯文集：第2卷［M］．北京：人民出版社，2009：170-171．
③ 马克思恩格斯全集：第19卷［M］．北京：人民出版社，1963：295．
④ 马克思恩格斯全集：第8卷［M］．北京：人民出版社，1965：391．

利用资本主义民主制度中有限的民主权利，开展争取人权的政治活动是争取和改善人权的重要途径，马克思在《路易·波拿巴的雾月十八日》中指出宪法对争得民主权利的重要保障作用，"1848年各种自由的必然总汇，人身、新闻出版、言论、结社、集会、教育和宗教自由，都穿上宪法制服而成为不可侵犯的了"，并援引当时法国宪法第2章第8条内容："公民有权成立团体，有权和平地、非武装地集会，有权进行请愿并通过报刊或用其他任何方法发表意见。对于这些权利的享受，除受他人的同等权利和公共安全限制外，不受其他限制。"① 在发动无产阶级革命的条件尚不具备时，工人有必要利用好这些资产阶级民主制度，在劳动时间、劳动强度、劳动环境、劳动待遇等方面为自己争取更多权利和自由，同时，这也是获得有限人权的重要方式。

（四）关于法治在"过渡时期"仍将长期发挥作用的思想

共产主义社会是代替资本主义社会的自由人的联合体，在共产主义制度下人权才会真正地实现，这个实现的途径当然地包括无产阶级革命。马克思在《国际工人协会临时章程》《独立宣言》《临时中央委员会就若干问题给代表的指示》等文件中都表达了无产阶级通过革命的途径争取和实现人权的重要思想。"如果说无产阶级在反对资产阶级的斗争中一定要联合为阶级，通过革命使自己成为统治阶级，并以统治阶级的资格用暴力消灭旧的生产关系，那么它在消灭这种生产关系的同时，也就消灭了阶级对立的存在条件。"② 不过，法治这个环节并不会随着阶级对立的消除而立刻消失，反而一定会在无产阶级革命胜利后的一个时期中扮演重要角色。正如马克思在《哥达纲领批判》中认识的那样，"在资本主义社会和共产主义社会之间，有一个从前者变为后者的革命转变时期。同这个时期相适应的也有一个政治上的过渡时期，这个时期的国家只能是无产阶级专政"③。在这个时期，法治作为阶级统治工具的属性仍然存在，只是它不再属于资产阶级压迫人民、统治人民、侵犯人权的工具，它所专政的对象不再是广大无产阶级和人民群众，它的拥

---

① 马克思恩格斯文集：第2卷［M］. 北京：人民出版社，2009：483.
② 马克思恩格斯选集：第1卷［M］. 北京：人民出版社，2012：422.
③ 马克思恩格斯选集：第3卷［M］. 北京：人民出版社，2012：373.

有和使用者是广大劳动者，它所保障的是人民群众的人权和利益，在这一属性的基础之上，作为承担社会管理职能的有效工具，法治仍将长期发挥作用。

三、政党应在宪法和法律范围内活动

马克思主义经典作家科学地从唯物史观和辩证法的视角出发，将宪法法律的研究置于整个社会大系统中进行考察，深入分析并揭示了宪法法律与经济基础、政党国家、社会生活条件的内在关系，指出宪法法律反映经济关系并代表统治阶级意志，具有相对独立和高度权威。在国际共产主义运动的伟大进程中，马克思、恩格斯、列宁不仅亲自领导参与无产阶级政党利用资产阶级宪法法律进行的斗争活动，更全面阐发社会主义条件下宪法法律的重要作用以及政党与宪法法律的互动关系，由此开创了全新的马克思主义法治观与政党观。

（一）关于宪法法律具有相对独立性与高度权威的思想

恩格斯在其晚年的著作和通信中深入分析法律、政治上层建筑在经济社会发展中相对独立的地位和作用。恩格斯将上层建筑划分为两类，一类诸如政治、法律及相关制度现象，一类为艺术、哲学、文学、宗教等现象，其中政治、法律的上层建筑更加接近经济基础，并对经济社会发展具有相对独立的、更强的反作用力。他指出，为自身发展开辟道路的经济运动，"也必定要经受它自己所造成的并具有相对独立性的政治运动的反作用，即国家权力的以及和它同时产生的反对派的运动的反作用"①。这种反作用在恩格斯看来，又可以归为三种可能性，即"同向性、逆向性和双向性"②，这表明，以宪法法律为代表的政治法律制度这种强大的国家权力，作为上层建

---

① 马克思恩格斯选集：第4卷 [M]. 北京：人民出版社，2012：609-610.
② 恩格斯在1890年给康·施密特的信中写道："国家权力对于经济发展的反作用可能有三种：它可以沿着同一方向起作用，在这种情况下就会发展得比较快；它可以沿着相反方向起作用，在这种情况下它现在在每个大民族中经过一定的时期就都要遭到崩溃；或者是它可以阻碍经济发展沿着某些方向走，而推动它沿着另一种方向走，这三种情况归根到底还是归结为前两种情况中的一种。但是很明显，在第二和第三种情况下，政治权力能给经济发展造成巨大的损害，并能引起大量的人力和物力的浪费。"（参见马克思恩格斯选集：第4卷 [M]. 北京：人民出版社，2012：610.）

筑的一个重要类别,对于经济社会发展具有巨大的、能动的、相对独立的反作用。

巨大的反作用与相对的独立性要求宪法法律必须具有高度权威。马克思曾在《德国的动荡局势》中对1831年黑森宪法的权威给予了高度关注,认为该部宪法在限制行政权方面做到了史无前例的严格,从而"使政府在更大程度上属于立法机关,并且给司法机关广泛的监督权"。宪法法律在国家事务中享有高度权威,以至于"根据宪法第一章的规定,凡是拒绝对宪法宣誓的黑森亲王,一律剥夺王位继承权……君主被剥夺了赦免权……法院有权对有关官员任免奖惩制度的一切问题作出最后决定"[1]。恩格斯肯定了马克思关于宪法法律具有高度权威的观点,并指出在一定条件下,存在着依照宪法法律办事"和平地长入新社会"的可能性。他说:"在人民代议机关把一切权力集中在自己手里,只要取得大多数人民的支持就能够按照宪法随意办事的国家里,旧社会可能和平地长入新社会。"[2] 正是看到了宪法法律具有如此的权威和重要作用,列宁在十月革命胜利后即领导制定了苏维埃宪法,并在遵守和实施宪法法律上率先垂范,以此有力地保障了新生的苏维埃政权的巩固,推动了苏联经济社会的发展。

(二)关于无产阶级政党与宪法法律在目标上具有根本一致性的思想

恩格斯认为,宪法以及以宪法为总纲所制定的各种法律制度,是资产阶级革命胜利成果的法律化体现。在他看来,"阶级斗争的各种政治形式和这个斗争的成果——有胜利了的阶级在获胜以后建立的宪法等"[3],反映了统治阶级的根本利益和意志。这表明,宪法作为阶级斗争的产物,既是对在斗争后胜利成果的巩固,也是统治阶级实行专政的重要工具。无产阶级革命胜利后,列宁在社会主义条件下进一步深化了关于宪法法律职能作用的认识,他指出:苏维埃宪法"记载了无产阶级群众反对国内和国际剥削者的斗争经验和组织经验"[4]。宪法不仅确认了无产阶级专政的国家政权,使"苏维埃政权同资产

---

[1] 马克思恩格斯全集:第19卷[M]. 北京:人民出版社,2006:16-17.
[2] 马克思恩格斯选集:第4卷[M]. 北京:人民出版社,2012:293.
[3] 马克思恩格斯选集:第4卷[M]. 北京:人民出版社,2012:604.
[4] 列宁全集:第35卷[M]. 北京:人民出版社,1985:145.

阶级彻底划清了界限"①，而且保障了人民在宗教信仰、集会结社、出版言论等方面的基本权利，"宪法就是一张写着人民权利的纸"②。在列宁看来，"党是直接执政的无产阶级先锋队，是领导者"③，党代表和反映的是人民的意志和利益，而"宪法是人民代表参与立法和管理国家的法律"④，正是因为无产阶级政党领导制定的宪法法律与党本身在维护国家政权、反映人民意愿、实现人民权益等方面具有目标上根本的一致性，所以此时的宪法法律已不再是资本主义性质，无产阶级政党领导制定的宪法法律在社会主义条件下发挥的是新的职能作用。

（三）关于无产阶级政党应当遵守宪法法律的思想

马克思主义认为，政党是阶级或阶级斗争借以展开的组织载体，在阶级斗争中获得胜利的政党必定需要提出自己的以及自己所代表阶级的法权要求，并以法律的形式赋予这些要求以效力和权威。社会主义条件下，宪法法律一方面是无产阶级阶级及其政党意志的反映，另一方面也是实现无产阶级专政的重要工具，无产阶级政党与宪法法律在目标上的根本一致性，要求政党必须对宪法法律严格遵守。同时，马克思、恩格斯还强调了以法治方式防止执政者特权的观点，他们以巴黎公社的无产阶级专政实践为典型，肯定公社在保护劳动者权益、规范官员薪金、制定防止特权法令等方面进行的实践和取得的成果，正是因为无产阶级没有像以往掌权后的统治阶级及其党派那样，简单地运用现成的工具实施统治，而是制定公正严明、反映人民意志的法律制度并严格遵守和实施，所以"公社的伟大社会措施就是它本身的存在和工作"⑤。

列宁极为看重无产阶级政党在推进无产阶级民主法治建设中的重要作用。他认为"无产阶级政党不能局限于资产阶级议会制民主共和国"⑥，无产阶级政党不仅要制定反映无产阶级意志的宪法，而且"一定要有普遍、直接、平

---

① 列宁全集：第35卷［M］. 北京：人民出版社，1985：18.
② 列宁全集：第12卷［M］. 北京：人民出版社，1987：50.
③ 列宁选集：第4卷［M］. 北京：人民出版社，2012：423.
④ 列宁全集：第4卷［M］. 北京：人民出版社，1984：220.
⑤ 马克思恩格斯选集：第3卷［M］. 北京：人民出版社，1995：64.
⑥ 列宁全集：第29卷［M］. 北京：人民出版社，1985：476.

等和无记名投票的选举制"①。1918年苏维埃宪法颁布之后，列宁强调处于执政地位的共产党需要正确处理好自身与宪法法律的关系，他在1922年3月给俄共（布）中央全会的信中说："党向苏维埃选民选出的法官提出以下的口号：实现无产阶级的意志，运用无产阶级的法令，在没有相应的法令或法令不完备时……遵循社会主义的法律意识。"②而党对宪法法律的遵守不仅需要全党自觉，更需要法律和制度的监督，列宁指出，社会主义苏联的检察机关应当享有独立行使检察权的权力，党中央应对检察机关实行自上而下的集中领导制度，确保检察权不受任何地方的影响，"因此能获得很高的、至少不亚于我们外交人民委员部的威信"③。这一制度正是列宁关于党在宪法法律范围实现自我约束、自我监督思想的重要实践。

（四）关于在宪法法律范围内以更为严格的标准要求党员的思想

马克思、恩格斯从人民性的视角出发，将法律看作一种肯定的、明确的制度规范，他们认为"法律是人的存在，而在其他国家形式中，人是法定的存在"④。正因为这样，"一切官吏对自己的一切职务活动都应当在普通法庭面前遵照普通法向每一个公民负责"⑤。共产党员作为为人民利益服务的社会公仆，理应在工作中遵循法律。在马克思、恩格斯看来，无产阶级政党及其党员不仅应带头守法并维护法的权威，而且应以更高的标准严格要求自己，在总结巴黎公社经验时，他们指出普选、罢免与监督的制度规范是"防止国家和国家机关由社会公仆变为社会主人"⑥的可靠办法，在广泛的财政监督、司法监督、群众监督、舆论监督的法令及制度下，真正的责任制被建立，国家等级制被彻底清除，人民随时可以罢免那些作威作福的公职人员，从而维护政权的纯洁性与人民性。

以更为严格的标准要求党员，关键在于强化对全党的监督。列宁发展深化了关于苏联共产党党内监督与法律监督的思想，他认为党是无产阶级的先

---

① 列宁选集：第1卷［M］．北京：人民出版社，2012：628．
② 列宁全集：第36卷［M］．北京：人民出版社，1985：105．
③ 列宁选集：第4卷［M］．北京：人民出版社，2012：780．
④ 马克思恩格斯全集：第3卷［M］．北京：人民出版社，2002：40．
⑤ 马克思恩格斯选集：第3卷［M］．北京：人民出版社，2012：348．
⑥ 马克思恩格斯选集：第3卷［M］．北京：人民出版社，2012：55．

锋队和人民利益的实现者，全体党员必须遵守和执行严格的组织纪律。其中，专门机关的专职监督是执行党内监督的重要方面，为此，列宁领导设立了具有相对独立性和高度权威，并与中央委员会平级的监察委员会，用以监督查处贪污渎职、违法违纪的党员干部，在宪法法律框架下保证党的组织纪律得到切实执行。不仅如此，列宁还将中央监察委员会与工农检察院的监督职能进行结合，发挥党内监督与法律监督的各自优势，提升专门监督的权威与效率。

四、经典作家法治观的当代价值

马克思主义经典作家法治观是马克思主义关于法治问题的总体看法和基本观点，是当代中国共产党人推进社会主义法治建设的理论基础。从研究经典作家法治观入手，切实保持对马克思主义法治观的正确把握和清醒认识，是关系到我们党治国理政路线方针的重大问题。当前我国的改革开放和现代化建设已经进入了攻坚区和深水区，社会结构已经发生深刻变化，社会矛盾和社会关系更为复杂，在中国特色社会主义事业发展的关键期，继续坚持马克思主义法治观至关重要。

（一）维护人民群众的利益始终是法治的根本任务和价值追求

思想一旦离开利益，就一定会使自己出丑，作为历史唯物主义的基本范畴，利益始终是推动历史发展的内在根据。在经典作家的论说中，无产阶级与广大人民群众利益的实现，是同砸碎腐朽的资产阶级国家机器、建立无产阶级专政联系在一起的，在实现方式上，暴力革命与施行法治作为两种不同的路径选择，最终的指向都是反映阶级意志、实现人民权益。在新的历史阶段，经济社会发展与人民的物质文化需求都对社会的公平正义与民主法治提出了更高的要求，已经取得国家政权的无产阶级及其政党，必须更加注重依靠法治方式治理国家和推动发展，将急剧革命的治理方式转化为集立法、执法、守法为一体的法治模式。正如列宁所言，"工农政权办事首先考虑广大人民群众的利益"[①]，对于执政的中国共产党来说，如果不能根据形势的变化来制定和执行反映广大人民群众意愿、维护人民群众权益的政策法律，党执政

---

① 列宁全集：第42卷[M].北京：人民出版社，1987：212.

的群众基础就会发生动摇。

应当看到，法治是当今世界各国通行的民主内容和治理方式，但中国实行的法治不同于也不应同于西方法治，西方法治构建的价值初衷与实现路径尽管有很多地方值得我们学习借鉴，但究其本质仍是对资产阶级统治的维护，并没有关注对人民群众特别是社会弱势群体诉求的回应。在当代中国，如何开展社会主义市场经济体制下的法治建设，在马克思主义经典作家那里并没有现成的答案，这就要求我们党必须立足中国的国情实际，积极汲取中华法律文化的精华，借鉴国外法治有益经验，在已有的思想成果上大胆探索，根据中国的国情走适合自己国家发展的道路，在中国特色社会主义的旗帜下全面推进依法治国战略，为无产阶级和广大人民群众谋得利益。

（二）执政党必须提高依法执政的认识与能力

"道私者乱，道法者治。"①（《韩非子·诡使》）正如习近平总书记所引用指出的那样，作为治国理政的基本方式，法治既是我们党立党为公、执政为民的实践准则，也是坚持全面从严治党、加强和改进党的领导的重要遵循。应该看到的是，我们党虽通过暴力革命取得政权，但在中国特色社会主义制度下如何运用法治思维和法治方式治理国家和社会上缺乏足够的经验。回顾历史，列宁非常注重对苏维埃宪法法律的维护和遵守，认为在"议行合一"的无产阶级专政国家，执政党必须"亲自执行自己通过的法律，亲自检查实际执行的结果，亲自对自己的选民直接负责"②。这意味着法治建设以及法律执行效果的好坏直接关系到执政党在群众中的形象和地位。在法治条件下，执政党必须学会运用法治方式治国理政、处理矛盾、维护秩序，以科学立法、严格执法、公正司法与全民守法的新的法治认识代替暴风骤雨般的"革命式"治理思维，这是中国特色社会主义发展的必然要求，也是考验和检验共产党执政能力和执政水平的关键，如若随着时间的推移，执政党无法满足人民群众对于法治建设的要求和期盼，无法在推进国家治理现代化进程中妥善处理好党同宪法法律的关系，从实践上证明自身具有兑现政治承诺的能力，那么

---

① 人民日报评论部．习近平用典[M]．北京：人民日报出版社，2015：272.
② 列宁专题文集（论马克思主义）[M]．北京：人民出版社，2009：220.

人民群众对党的支持度和认同感必然面临考验，党执政的民心基础就会发生动摇。

（三）法治的思想理论应围绕社会发展的现实要求与时俱进

按照马克思的观点，法律应该以社会为基础，法治的思想理论也应随着社会形态的发展而不断丰富。在革命、建设和改革的不同时期，中国共产党领导人民将马克思主义法学基本原理同中国实际相结合，总结经验与教训提出的一系列法治思想理论，都具有鲜明的中国特色和时代特征。在当前全面推进依法治国的语境下，马克思主义法治观的丰富发展应纳入"四个全面"①的理论框架，从内容上看，全面推进建成小康社会涵盖了"发展"的主线，全面深化改革体现了"改革"的方向，全面推进依法治国构成国家治理现代化的核心，全面从严治党抓住了执政党自身建设的要旨，四者不是简单相加罗列，而是有机互补、互相作用。从作用上看，深化改革、依法治国、从严治党共同支撑起全面建成小康社会的全过程，各自既发挥着动力、保障和领导的作用，又共同统一于中国特色社会主义的道路、制度与理论体系，是现阶段党中央科学把握"三大规律"的最新认识成果和理论成就。马克思主义理论之所以具有与时俱进的品格，就在于其源于实践的理论张力，毛泽东指出："马克思主义的'本本'是要学习的，但是必须同我国的实际情况相结合。"② 因此，在新的历史时期深化对马克思主义法治观的认识，应做到同"四个全面"理论的紧密结合。例如，马克思主义法治观认为，社会主义条件下仍然需要法律的引导与规范，已经取得执政地位的无产阶级政党应严格遵守并在宪法和法律范围内活动，这一观点正是全面推进依法治国中依宪治国、依宪执政的思想来源；又如在全面从严治党方面，马克思主义法治观涵盖了关于在宪法法律范围内以更为严格的标准要求党员的思想，这表明完善党内法规制度，建立党内法规与国家法律共同制约监督权力运行

---

① "四个全面"首见于习近平总书记在江苏调研时的讲话，即"要全面贯彻党的十八大和十八届三中、四中全会精神，落实中央经济工作会议精神，主动把握和积极适应经济发展新常态，协调推进全面建成小康社会、全面深化改革、全面推进依法治国、全面从严治党，推动改革开放和社会主义现代化建设迈上新台阶。"（参见人民日报社评部."四个全面"学习读本 [M]．北京：人民出版社，2015：19．）

② 毛泽东选集：第1卷 [M]．北京：人民出版社，1991：111．

的机制很有必要。这些认识都是"四个全面"理论同经典作家法治观紧密结合的具体体现。

总之,马克思主义法治观,继承和发展了马克思、恩格斯以及列宁的法治观,是无产阶级政党的宝贵精神财富。在当代新的历史条件下,仍然具有重要的理论与实践价值,值得我们深入学习和继续践行。

第四章

中国特色法律治理观念的酝酿形成与发展

第一节 毛泽东法治观的特征与时代意义

毛泽东思想是中国共产党第一代领导集体智慧的结晶，代表着马克思主义中国化的第一次重大理论成果。相应地，毛泽东法治观是毛泽东思想在法治领域的具体体现，突出反映了马克思主义法治思想在中国革命与建设时期的指导作用。毛泽东法治思想中的宪法宪政思想与人民民主专政的理论与实践，作为马克思主义法治思想同中国革命建设的具体实践相结合的产物，为中国特色社会主义法治的酝酿与构建提供了坚实的基础。

一、毛泽东的宪法观与宪政思想

毛泽东关于宪法和宪政内涵的认识，是与其关于国体和政体的认识联系在一起的，他的宪法观与宪政思想在不同历史阶段表现不同，但其中反抗阶级压迫和体现人民意志的主线不曾改变，这位伟大领导人立足唯物史观与辩证法的立场思考中国法治的现实问题，在民主主义革命和社会主义革命建设的伟大进程中，开创性地发展了宪法与宪政理论，赋予宪法观与宪政观以鲜明的中国特色。

（一）毛泽东关于宪法与宪政内涵的认识

1. 宪法是国家的根本大法

毛泽东将宪法看作具有最高效力的国家根本大法，他以"章程"对"一个团体"的作用比喻"宪法"对"一个国家"的作用，指出二者之间十分重要的逻辑关系,即"宪法就是一个总章程,是根本大法"①。一则,毛泽东的宪法观与宪政思想是紧密联系、互为表里的。"世界上历来的宪政,都是在革命成功有了一个民主事实之后,颁布一个根本大法,去承认它,这就是宪法。"② 在他看来,不管是英美等资本主义国家,还是苏联这些社会主义国家,宪法都是对民主事实的确认。二则,毛泽东认为宪政的基础是宪法对既成民主事实的承认,但这种承认不是机械的、不切实际的被动承认。宪法应当跟其他法律一样,是对既成事实的表述,具有滞后性而不是超前性。他以中国为例子,指出中国在革命未成功,未形成民主事实的状况下,尚不具备颁布宪法的条件。③ 三则,宪法的最高权威不是对民主的压制,而是对民主的体现和保障。1939年接受斯诺采访时,毛泽东在谈到共产党的合法性时指出,从本质上看,国民党主张的宪政是虚假的伪民主,国民党并没有因共产党的积极抗日而获得应有的合法政治地位,"这就是中国还不是一个宪政国家,也还不是一个有法律的国家的明证"④。不论在何种政治制度下,宪法在一个国家政治中的地位和作用都应当是最高的,宪法保持最高的效力和权威是执政党执政合法性的保障,但这种保障不应以牺牲民主为代价。

2. 宪政是民主政治

毛泽东认为宪政就是民主政治。这种民主政治不同于旧的资产阶级民主政治,而是适合中国革命实际的新民主主义的政治——新民主主义宪政。⑤ 同时,毛泽东强调了新民主主义宪政的地域特性和历史阶段性,将其定义为

---

① 毛泽东选集:第5卷[M].北京:人民出版社,1977:129.
② 毛泽东选集:第2卷[M].北京:人民出版社,1991:735.
③ 在长期而艰苦的革命斗争中,毛泽东并没有盲从和笃信理论,而是始终坚持从中国革命和建设的实际出发思考问题,他认为当时的"中国是革命尚未成功,国内除我们边区等地以外,尚未民主政治的事实,中国现在的事实是半殖民地半封建的政治,即使颁布一种好宪法,也必然被封建势力所阻挠,被顽固分子所障碍,要想顺畅实行,是不可能的。所以现在的宪政运动是争取尚未取得的民主,不是承认已经民主化的事实"。可见,毛泽东并没有对宪法进行教条化的理解。(参见:毛泽东选集:第2卷[M].北京:人民出版社,1991:735.)
④ 毛泽东文集:第2卷[M].北京:人民出版社,1993:241.
⑤ 毛泽东对新民主主义宪政有过专门的思考和论述,他在1940年写出的《新民主主义的宪政》中指出:"宪政是什么呢?宪政就是民主政治。""但是我们现在要的民主政治,是什么民主政治呢?是新民主主义的政治,是新民主主义的宪政,它不是旧的。"(参见毛泽东选集:第2卷[M].北京:人民出版社,1991:732.)

"几个革命阶级联合起来对付汉奸反动派的专政"，而不是"苏联式的、无产阶级专政的民主政治"①。具体来看，首先，毛泽东并不认为宪政的概念是一成不变、放之四海而皆准的，他认为宪政应当在不同国家和不同的发展阶段，呈现出符合和反映国情实际的状态。其次，宪政具有阶级性，新民主主义的宪政所针对和要适应的，是当时共产党既需要团结国内一切力量联合抗日，又需要打击镇压汉奸反动派的局面，故它所内含的民主政治特征与苏联无产阶级专政和西方资产阶级民主政治都不相同。再次，资产阶级的宪政仍然是一种形式的专政。这种资产阶级的民主政治实际上就是其在中国的政治代理人鼓吹的"宪政"模式，这种所谓的宪政无异于资产阶级独揽政权、实施专政。②

（二）毛泽东宪法观与宪政思想的主要内容

1. 资本主义国家的宪法与宪政

毛泽东认为，资本主义宪法以法律形式维护了资产阶级革命的成果，与封建制度相比，一方面表现出一定的进步意义，资产阶级革命造就了资产阶级宪法与宪政，从历史上看，他们的宪法与法治观是先行的，对人民民主的维护起到了一定作用，具有开创性意义。因此，"我们对资产阶级民主不能一笔抹杀，说他们的宪法在历史上没有地位"③。但另一方面，还应当看到资产阶级宪法的虚伪一面，"现在资产阶级的宪法完全是不好的，是坏的。帝国主义国家的宪法尤其是欺骗和压迫多数人的"④。资本主义国家的宪法和宪政本质是反人民的，虽然制定了法律制度，但所谓的民主制度带有相当的欺骗性，是为资产阶级这一统治阶级服务的。

2. 新民主主义革命时期的宪法与宪政

在毛泽东看来，新民主主义革命时期的中国，最大的任务就是实行广泛

---

① 毛泽东选集：第2卷 [M]. 北京：人民出版社，1991：732.
② 毛泽东看到了资产阶级所谓的宪政的虚假性和欺骗性，指出其专政的实质："中国的顽固派所说的宪政，就是外国的旧式的资产阶级的民主政治。他们口里说要这种宪政，并不是真的要这种宪政，而是借此欺骗人民。他们实际上要的是法西斯主义一党专政。"（参见毛泽东选集：第2卷 [M]. 北京：人民出版社，1991：732.）
③ 毛泽东选集：第5卷 [M]. 北京：人民出版社，1977：127.
④ 毛泽东选集：第5卷 [M]. 北京：人民出版社，1977：127.

的民主，联合一切力量，发动全民抗日。根据这一时期不断出现的新的形势，他先后撰写了《反对日本进攻的方针、办法和前途》《目前抗战形势与党的任务报告提纲》《新民主主义论》《新民主主义的宪政》《论联合政府》等大量书文，表现了这一阶段他关于宪法和宪政的深刻认识。首先，国民党实行的所谓"宪政"不是真正的民主政治，其实质是一种党专政。虽然孙中山先生曾经提出过关于"宪政"的过渡时期划分，但根据革命的实际需要，孙中山从国家民族利益的大局出发，逐步改变了原有方针，强调联合其他政党一致对外，召开"国民大会"，尽量快地实行民主政治。① 不过，随着孙中山的逝世，国民党很快悖离了他的正确主张。国民党并不承认共产党在法律地位上的合法性，除了自己一党专政以外，对于其他政党的法律地位也一概不予承认，因此，在与"非法"政党的联合中不存在平等性和对等性，"国民大会"当然也就无从谈起。毛泽东认为，这就证明了在当时的中国，宪政的实现还不具备条件，中国还不是一个宪政国家。其次，新民主主义时期的宪政具有自身的特殊内涵。毛泽东指出，新民主主义宪政既不是资产阶级民主政治，也有异于苏联式的无产阶级专政，它是一种立足于特定历史时期、独具中国特色的政治体制安排，即在中国革命的特殊历史阶段，由"几个革命阶级联合起来对付汉奸反动派的专政"②。也就是说，这种宪政所体现的民主政治是对内民主和对外（侵略者与反动派）专政。再次，在新民主主义国家，联合政府代表民主和宪政。毛泽东认为新民主主义国家的"国体——各革命阶级的联合专政，政体——民主集中制，这就是新民主主义的政治，这就是新民主主义的共和国，这就是抗日统一战线的共和国，这就是三大政策的新三民主义的共和国，这就是名副其实的中华民国"③。这表明，新民主主义国家所建立起的政府，就宪政而言，不是哪个阶级、哪个党专政的政府，而是宪法

---

① 毛泽东认为，孙中山找到了正确解决当时中国内部主要矛盾的政治途径，指出："军政、训政、宪政三个时期的划分，原是孙中山先生说的。但孙先生在逝世前的《北上宣言》里，就没有讲三个时期了，那里讲到中国要立即召开国民会议……现在在抗战这种严重的局面下，要避免亡国惨祸，并把敌人打出去，必须快些召开国民大会，实行民主政治。"（参见毛泽东选集：第2卷[M].北京：人民出版社，1991：588.）
② 毛泽东选集：第2卷[M].北京：人民出版社，1991：732.
③ 毛泽东选集：第2卷[M].北京：人民出版社，1991：677.

之下的各阶级、党派以及社会团体广泛参加的联合政府。

3. 社会主义时期的宪法与宪政

毛泽东认为，宪法与宪政首要体现的是人民性。这一思想主线贯穿于他在不同历史时期的宪法与宪政观之中，新中国成立前毛泽东就提出了"人民共和国"的口号，"为什么要把工农共和国改为人民共和国呢？我们的政府不但是代表工农的，更是代表民族的"①。也就是说在毛泽东看来，未来中国实现的宪政不仅仅是工农意志的体现，更是代表整个中华民族的全体人民意志的体现。在这个意义上，毛泽东强调了中国宪法所具有的社会主义类型，在由人民真正掌握权力的国家中，中国宪法将以更加民主、更加完善、更加先进的制度规范完成对资本主义宪法法律的超越，"就是比他们革命时期的宪法也进步得多"②。

1954年，毛泽东担任第一届制宪委员会主席，并在其领导制定的《关于中华人民共和国宪法草案》中首次指出社会主义宪法的根本大法地位。"宪法就是一个总章程，是根本大法"，依靠宪法这个国家总章程，党领导下的社会主义制度得以从法理上确立，国家各项事务的有序开展有了基本遵循，人民的各项民主权利得以明确和保障，"使全国人民感到有一条清楚明确的和正确的道路可走，就可以提高全国人民的积极性"③。实现人民民主和社会主义是毛泽东制定宪法的出发点，通过宪法的制定，可以明确整个国家的发展方向。

毛泽东亲自领导了新中国第一部宪法的制定工作，在社会主义的宪法的制定问题上，他的认识同样深刻。他认为制定社会主义宪法，在原则上，要符合国家发展的实际并广泛结合国内外经验；在程序上，要充分尊重人民的意见；在实施上，要体现出宪法权威性。毛泽东关于1954年宪法性质的认识是非常清醒的，他指出："我们的这个宪法，是社会主义类型的宪法，但还不是完全社会主义的宪法，它是一个过渡时期的宪法"，在过渡时期的条件下，为了实现建设社会主义国家的宪法目标，主要的途径是依靠人民、依靠团结，"要团结全国人民，要团结一切可以团结和应该团结的力量"④，这就是制定

---

① 毛泽东选集：第1卷［M］. 北京：人民出版社，1991：158.
② 毛泽东选集：第5卷［M］. 北京：人民出版社，1977：127.
③ 毛泽东文集：第6卷［M］. 北京：人民出版社，1999：328.
④ 毛泽东文集：第6卷［M］. 北京：人民出版社，1999：329.

宪法的目的。当时中国整体仍处于从革命胜利到社会主义建设的过渡时期,毛泽东的这些认识,表明他对宪法在反映国情实际、规划国家发展目标、明确社会主义前进方向等问题上有着准确的把握。同时毛泽东指出,社会主义宪法不仅要反映社会主义建设的经验和目标,还应充分参考国内外有益的经验原则,在毛泽东看来,社会主义中国的宪法应当有自己的特色,要以我为主,对外国经验是参考吸收而不是照搬照抄或随意移植。在制定宪法草案时,他主张参考"苏联和各人民民主国家宪法中好的东西",同时,在立足中国实际、充分总结自己经验的基础上,做到"本国经验和国际经验的结合"①。再者,宪法的制定要经过人民的广泛讨论,要充分尊重人民的意见。毛泽东全程领导了宪法草案的制定,特别注重在制定的过程中发扬民主、倾听和收集各种意见,在他看来,"采取了领导机关的意见和广大人民群众的意见相结合的办法",对草案初稿做到充分地、广泛地讨论,是宪法草案获得人民普遍支持的重要原因。② 毛泽东注重维护宪法权威,强调维护权威的重点在于宪法实施,不仅全民都要遵守宪法,国家干部更要带头遵守宪法,他指出:"(宪法)通过以后,全国人民每一个人都要实行,特别是国家机关工作人员要带头实行,首先在座的各位要实行。不实行就是违反宪法。"③

二、人民民主专政的理论与实践

毛泽东提出的人民民主专政理论,是中国共产党关于无产阶级领导下中国国体和政体的科学认识,这一概念自1948年9月"中央九月会议"被提出,到1949年6月被《论人民民主专政》系统论述,突出地反映了毛泽东的民主法治思想,直至今日在理论与实践上都具有十分重要的指导意义。

---

① 毛泽东文集:第6卷[M].北京:人民出版社,1999:326.
② 毛泽东在中央人民政府委员会第三十次会议上讲话时说:"这个宪法草案,看样子是得人心的,宪法草案的初稿,在北京五百多人的讨论中,在各省市各方面积极分子的讨论中,也就是在全国有代表性的八千多人的广泛讨论中,可以看出是比较好的,是得到大家同意和拥护的……"(参见毛泽东文集:第6卷[M].北京:人民出版社,1999:324-325.)
③ 毛泽东选集:第5卷[M].北京:人民出版社,1977:129.

(一) 关于人民民主专政的内涵

毛泽东关于人民民主专政内涵的论述，首先是对"人民""民主""专政"这几个词语概念的展开。"人民是什么？在中国，在现阶段，是工人阶级，农民阶级，城市小资产阶级和民族资产阶级。"[1] 基于阶级划分的视角，毛泽东说明了"人民"概念的构成范畴，指出人民包括了工农阶级和城市民族资产阶级和小资产阶级，人民即中国最广大的人民群众。"民主"是人民自己掌握政权、管理国家，人民民主的实现既需要依靠党的领导，也需要依靠自身的团结，"在工人阶级和共产党的领导下，团结起来，组成自己的国家，选举自己的政府"[2]，即是民主实现的重要体现。毛泽东认为，"专政"是实现民主的保障，要防止侵略者和反动势力的反扑，就需要对其实行专政，这就要求人民团结起来，"向着帝国主义的走狗即地主阶级和官僚资产阶级以及代表这些阶级的国民党反动派及其帮凶们实行专政，实行独裁，压迫这些人"[3]，专政不代表彻底消灭，而是一种强制的限制措施，"只许他们规规矩矩，不许他们乱说乱动。如果乱说乱动，立即取缔，予以制裁"。在这里，毛泽东将专政的定位限于"立规矩""取缔"和"制裁"，而不是无条件地、完全地清除消灭，既从法理意义上为被"专政"对象改邪归正留下余地，也为保障人民民主提供了基本遵循。可以说，人民民主专政理论继承了马克思主义法律观的基本原理，在阶级社会中，法律以阶级压迫工具的形式出现，表现为以人民为代表的一个阶级对以帝国主义、地主阶级、官僚资产阶级为代表的另一个阶级的压迫。

人民民主专政中的人民民主，是一个相对于专政的概念，民主与专政两者是一个不可分割的统一整体。毛泽东明确将其定义为"在人民内部实行民主，对人民的敌人实行专政"，并指出此二者的对立统一与不可分割的本质规定性，实践中应把握对人民民主与对敌人专政的互相结合。[4] 人民民主的对象是人民，其实现场域存在于人民内部，具体而言，"对于人民内部，则实行民主制度，人民有言论、集会、结社等项的自由权"。对于反动势力，民主则不

---

[1] 毛泽东选集：第4卷 [M]. 北京：人民出版社，1991：1475.
[2] 毛泽东选集：第4卷 [M]. 北京：人民出版社，1991：1475.
[3] 毛泽东选集：第4卷 [M]. 北京：人民出版社，1991：1475.
[4] 毛泽东选集：第4卷 [M]. 北京：人民出版社，1991：1475.

适用，如"选举权，只给人民，不给反动派"①。对反动势力，只有适用专政。而将两者结合起来使用，才能称为人民民主专政，其中的哪一项都不能或缺。这表明，人民民主或"人民民主独裁"，是相对于对反动派专政而言的，即"剥夺反动派的发言权，只让人民有发言权"②。另外，毛泽东认为在人民内部也有法制这个"专政"，但这个"专政"不同于对待反动派的专政，这个"专政"是法律，即违法法律的人民，也要受到法律的制裁，"人民犯了法，也要受处罚，也要坐班房，也有死刑，但这只是若干个别的情形，和对于反动阶级当作一个阶级的专政来说，有原则的区别"③。

（二）关于人民民主专政的国家政体

毛泽东同志并不认为西方民主制度适合中国，"资产阶级的民主主义，资产阶级共和国方案，在中国人民的心中，一齐破了产。资产阶级的民主主义让位给工人阶级领导的人民民主主义，资产阶级共和国让位给人民共和国"④。中国的基本国情规定着中国不可能建立资产阶级共和国，一是经济条件的不发达和不独立，二是政治上受压迫，外国所建立的资产阶级共和国不适用于中国，不仅因为中国特殊的国情现实，更"因为中国是受帝国主义压迫的国家"。经过长期的曲折探索和经验总结，在可能选择的自立自主、免受压迫的制度道路上，"唯一的路是经过工人阶级领导的人民共和国"⑤。在国体问题上，毛泽东主张人民民主专政，这一具有中国特色的制度选择亦显著区别于西方世界，按照西方的观点，国家性质可以有公有制或私有制，但政治体制不应该是某一个阶级的独裁，反对党、在野党、中间派不仅应该存在而且应该合法，并在议会中占有一定席位，但毛泽东认为，人民民主专政不仅应该体现在国体上，也应该体现在政体上，中国不应该存在在野党，在议政机关，也不应该给反对派留有席位。⑥

---

① 毛泽东选集：第4卷 [M]．北京：人民出版社，1991：1475．
② 毛泽东选集：第4卷 [M]．北京：人民出版社，1991：1475．
③ 毛泽东选集：第4卷 [M]．北京：人民出版社，1991：1476．
④ 毛泽东选集：第4卷 [M]．北京：人民出版社，1991：1471．
⑤ 毛泽东选集：第4卷 [M]．北京：人民出版社，1991：1471．
⑥ 吕世伦，李瑞强，张学超．毛泽东邓小平法律思想史 [M]．武汉：武汉大学出版社，2014：103．

毛泽东认为，在实行人民民主专政的国家中，民主与集中这一组关系为国家各项政治活动中的基本关系，两者密不可分、有机统一，民主集中制①是推动社会主义国家革命和建设的必然选择，应当被当作一项基本的组织原则和领导制度得到贯彻。如前所述，人民民主专政意味着对内民主和对敌专政，不过，如果说人民内部矛盾的解决不能依靠专政，那么当人民内部出现意见不一致、产生激烈纷争甚至超出内部矛盾的范畴时该怎么办？单纯依靠民主吗，毛泽东从制度与法制两个层面予以释明：一方面，民主集中制是人民民主的重要体现，即在人民内部实行民主的制度原则，但内部民主并不意味着无条件的民主和自由，它也有一定的边界和呈现——集中，集中保障并反映着民主的过程和成果。并且，民主集中制也是国家机关和党的工作制度和组织议事制度，具有法律意义上的约束力，并受到宪法法律的保障。同时，毛泽东将民主集中制的贯彻与服务人民群众联系在一起，指出："我们的宪法又规定：国家机关实行民主集中制，国家机关必须依靠人民群众，国家机关工作人员必须为人民服务。"只有在这个目标下所实施的民主与集中，才把握住了党和国家所有工作的最重要原则，基于此，"我们的这个社会主义的民主是任何资产阶级国家所不可能有的最广大的民主"②。另一方面，民主的实现须限定在法律的范围之内，即使在对超出人民内部矛盾问题的处理上，也要遵守法制。毛泽东认为，法制是劳动人民为了保护社会主义生产力和自身利益的成果，对革命秩序起到很大的维护作用，所以"一定要守法，不要破坏革命法制"③。不过，"守法"也不能被理解为"束手束脚"，在"肃反"这类被视为超出人民内部矛盾的行动中，"有反不肃，束手束脚，是不对的。要按

---

① 在议事规则上，毛泽东主张的民主集中制指的是集中指导下的民主，具体表现为："第一，党的领导机关要有正确的指导路线，遇事要拿出办法，以建立领导的中枢；第二，上级机关要明了下级机关和群众生活的情况成为正确指导的客观基础；第三，党的各级机关解决问题，不要太随便，一成决议，就需解决执行；第四，上级机关的决议，凡属重要一点的，必须迅速地传达到下级机关和党员群众中去；第五，党的下级机关和党员群众对于上级机关的指示，要经过详尽的讨论，以求彻底地了解指示的意义，并决定对它的执行方法。"（参见毛泽东文集：第1卷 [M]. 北京：人民出版社，1993：81.）
② 毛泽东选集：第5卷 [M]. 北京：人民出版社，1977：367.
③ 毛泽东文集：第7卷 [M]. 北京：人民出版社，1999：197.

照法律放手放脚"①。这表明，在毛泽东看来，法制是实现和维护人民民主的重要方式，但守法不等于死板地墨守规定，同时，即便是在对敌专政的肃反行动中，也要做到遵守程序、依法办事。

（三）关于人民民主专政的发展方向

在毛泽东看来，随着阶级的消灭，政党、国家和各种法律制度也将消亡。"阶级消灭了，作为阶级斗争的工具的一切东西，政党和国家机器，将因其丧失作用，没有需要，逐步地衰亡下去，完结自己的历史使命，而走到更高级的人类社会。"② 国家、法律以及阶级斗争的工具都是一定阶段的历史产物，终将在一定时期和条件下走向消亡，人民民主专政作为一种阶级斗争的工具，也将经历这个过程。不过，与资产阶级国家机器的使命不同，社会主义人民民主专政是为消灭阶级、消灭国家权力、消除一切压迫和不平等创造条件，使国家和法律自然地走向消亡。并且，在迈进共产主义主义社会之后，原本保障人民民主专政实现的法律本身并不会随之消失，消失的只是法律中带有的阶级属性，作为一种形式上的社会规范，法律的社会管理属性将代替其阶级压迫和阶级斗争的属性，在处理人民内部矛盾时长期发挥作用。毛泽东认为，法律和国家专政机关的存在不仅具有历史阶段性，同时其性质和功能也将随着历史发展而发生变化，他以法庭为例，指出法庭在对敌专政和处理人民内部矛盾上的双重功能，即便阶级已经消灭，阶级斗争已经停止，但矛盾纠纷仍将继续存在，只是原本作为阶级压迫的强制性法律改变了性质，变成人民能够普遍遵守的行为规范了。③

---

① 毛泽东文集：第7卷 [M]．北京：人民出版社，1999：198．
② 毛泽东选集：第4卷 [M]．北京：人民出版社，1991：1468．
③ 1956年11月15日，在中国共产党第八届中央委员会第二次全体会议上，毛泽东同志就这一问题进行了说明，他认为我们的国家机关是无产阶级专政的国家机关。拿法庭来说，它是对付反革命的，但也不完全是对付反革命的，要处理很多人民内部闹纠纷的问题。法庭一万年都要有，不过斗争改变了性质，法庭也改变了性质，它不同于阶级斗争了。（参见吕世伦，李瑞强，张学超．毛泽东邓小平法律思想史 [M]．武汉：武汉大学出版社，2014：100．）

第二节　邓小平法治观的主要内涵

邓小平法治观是将马克思主义法学基本原理同当代中国法制建设结合的具体产物，作为邓小平理论的重要组成部分，在总结社会主义国家法制建设的历史经验教训的基础上，系统地回答了在中国这样一个经济基础落后、法制传统薄弱的社会主义国家，如何开展法治建设和如何巩固发展社会主义制度等一系列重大问题。

一、反对人治与主张法治

法治是一种与人治相对立的国家治理状态，其实现的基础既要求一个完善健全的法律体系，又要求以法律作为评价标准的法治理念。邓小平法治观一方面表现为主张法制，其法治观的核心要义在于强化法制建设，通过依法治国方略的制定与民主法制化的机制设定，为实现法治提供作为实施条件的制度前提，从而增强社会主义制度下的改革举措的稳定性和持续性；另一方面表现为反对人治，从制度方面到理念方面，改变以往寄希望于领导人个人，由个人权威和意志为出发点治国理政的旧模式，确立以宪法为中心的法律的高度权威，从立法、执法、司法、监督等多个层面构建立体全面的法治理念与法治模式。

（一）关于完善制度建设与消除人治的思想

在我国，人治思维和治理模式的产生有着深刻的历史与现实根据。一是封建专制思想文化。我国是一个有着两千多年封建史的国家，法治的历史传统和文化环境十分薄弱，长期的封建专制统治深刻影响着人们的思维和行为方式，人们普遍迷信个人权力而忽视规则制度。二是官僚主义和家长制作风。邓小平认为官僚主义是一种复杂的历史现象，与传统社会主义制度和高度集中的计划管理体制有着密切关系。① 而家长制作风则是受封建家长制的影响，

---

① 吕世伦，李瑞强，张学超. 毛泽东邓小平法律思想史 [M]. 武汉：武汉大学出版社，2014：334.

在"革命队伍内部的家长制作风,不仅使个人权力高度集中,更在一定程度上使得个人具备凌驾于组织之上的条件,使组织成为实现个人意志的工具"①。三是权力过分集中的政治体制。邓小平认为,权力过分集中的现象虽然与革命形式需要和领导者个人高度集权的传统有关,但也容易造成党的一元化领导变为个人领导,导致上级对下级颐指气使,领导个人专断,下级对上级阿谀奉承,无原则服从,搞成旧社会那种君臣父子或者帮派关系。② 总体看来,这种过分集中的权力架构破坏了民主集中制,不利于党的集体领导与民主生活。

制度问题是邓小平法治观中的关键问题。在邓小平看来,制度的优劣足以改变人的行为方式和行为结果,制度与法制的不完善,足以撼动党的执政基础和整个社会机体的健康。面对我国几千年封建专制的人治历史,只有从改革制度着手,建立有利于形成社会主义民主法制的制度,充分实行法治,才能从根本上解决人治问题。在邓小平看来,资本主义社会所谓的民主实际是垄断资产阶级的民主,无非是多党制、分权制和两院制,我国实行的社会主义民主法制,不能照搬照抄西方的法治模式,要在中国国情的基础上实行法治,高度重视国家制度的科学设计和不断改革完善。一是改革权力运行机制。建立党政分开、政企分开的权力运行模式,通过法律确定党和国家的关系,规定党组织和党员在国家机关和企事业单位中的活动范围和活动方式。强化权力运行的监督机制,精简机构,改革干部制度,反对任何形式的官僚主义和特权现象,通过制度建设规范干部的任用、考核、监督环节,废除干部职务终身制。通过宪法法律规范权力的范围边界,限制权力过分集中,形成管理国家权力、维护人民当家作主的法律制度体系。二是真正实行民主集中制③。邓小平指出:"我们实行的是民主集中制,这就是民主基础上的集中

---

① 邓小平文选:第2卷[M].北京:人民出版社,1994:329.
② 邓小平文选:第2卷[M].北京:人民出版社,1994:331.
③ 虽然从中国共产党"二大"开始,党章中就陆续出现关于民主集中制的规定,但真正将这一制度上升到党的根本组织制度和领导制度高度来认识和落实的则是邓小平。他指出:"民主集中制是党和国家的最根本制度。"并认为保证党和国家永不变质的根本,在于坚持民主集中制。(参见吕世伦,李瑞强,张学超.毛泽东邓小平法律思想史[M].武汉:武汉大学出版社,2014:186.)

和集中指导下的民主相结合。"① 邓小平认为，之所以要真正实行民主集中制，是因为过去的一段时期，我们讲的集中太多，民主说得太少，或是离开民主讲集中，与此相对应的，是体现民主的制度建设不够，反映到党内生活和国家政治生活中，导致的权力过分集中，出现一言堂、长官意志等现象。而真正实行民主集中制，要从我国现行民主制度的实际出发，更加注重发挥人民代表大会制度议行合一的政治优势，完善立法职能、扩大人大常委会职权、健全人大代表选举制度；完善党内民主的制度建设，以党内民主带动人民民主，健全关于集体领导、党内民主生活、个人分工负责等各项制度。

（二）关于围绕经济建设和改革开放推进法制的思想

在邓小平的法治观中，围绕经济建设和改革开放这条主线，服务和保障社会生产力的提高，始终都是开展各项法制工作的根本出发点。作为"一个中心，两个基本点"的主要内容，经济建设和改革开放都需要安定和谐的社会环境和市场秩序，法制建设无疑为满足这一要求提供了重要保障。第一，社会主义法制建设的目标，不单单限于法律思想、法制原则以及法律条文的提出，而是建立在社会主义市场经济基础之上的法律制度、法制观念以及法律体系的重构，其建设目标是反映市场经济的发展要求，为此，必须做到"一手抓经济建设，一手抓法制建设"②。也就是说，做到法制建设与经济建设的协调推进、共同发展，既要求党和国家的经济方针、政策以法律形式得到贯彻执行，保证经济的快速发展，又要求经济发展为法制建设提供坚实的物质条件，保障法制活动的有效开展。第二，改革开放对社会主义法制建设提出了新的要求，实现四个现代化所要求的生产方式不是自给自足，而是对外开放。一方面，对改革开放政策的贯彻需要相应的法律依据，各项改革举措和政策的出台必须以法律为依据，做到有法可依、有法必依，通过法制确立市场秩序的有序和谐；另一方面，改革开放带来经济活跃的同时，也容易诱发经济领域的违法犯罪，在这个问题上，邓小平指出："我们有两手，一手就是坚持对外开放和对内搞活经济政策，一手是坚决打击经济犯罪活动"③，

---

① 邓小平文选：第2卷 [M]．北京：人民出版社，1994：175．
② 邓小平文选：第3卷 [M]．北京：人民出版社，1993：154．
③ 邓小平文选：第3卷 [M]．北京：人民出版社，1993：378．

两手抓两手都要硬,是保证改革开放沿着正确方向前进的关键,离开任何一手,都会导致全局性失败。

二、社会主义民主与法制并举

邓小平关于民主和法制问题的思考,与其国体与政体、政党与制度等论述密切相关。总体上讲,对马克思主义、社会主义的坚持构成了邓小平民主法制思想的逻辑起点,对人民民主专政以及党的领导的坚持也始终贯穿其理论之中,因此,在邓小平法治观的理论体系中,所有新的思想观点的提出都是基于这四项原则。其中,关于民主与法制建设的"两手论"思想以及民主法制建设的指导方针,在邓小平法治观中占据重要的理论地位。

(一)关于社会主义民主与法制的"两手论"思想

"两手抓,两手都要硬"的"两手论"思想,是在改革开放和社会主义市场经济建设的新时期提出的重要思想,不仅生动地揭示了邓小平同志在处理民主与法制、法制与经济等重大关系时的思想脉络,也构成了党的第二代领导集体在建设社会主义法治问题上的智慧结晶,为社会主义现代化建设指明了方向。在谈及民主与法制关系时,邓小平指出,民主与法制这两个方面就好像两只手,是相互依存的关系,削弱任何一方面都不行,没有广泛的民主和健全的法制,就要吃苦头。因而,在邓小平看来,民主与法制建设的两手抓是指要民主与法制一起抓,时而抓一手而放弃另一手的单打独斗不行,时而抓这一手时而抓那一手,在两手之间区别此时和彼时也不行,必须两手都抓、两手都硬,使抓民主与抓法制的两手在社会主义各项事业建设的全过程同时过硬,既不能时软时硬,也不能一手软一手硬。

民主是关系到社会主义现代化能否实现的大问题。"没有民主就没有社会主义,就没有社会主义现代化。"[①] 邓小平认为,民主反映着社会主义制度的本质规定性,也关系到现代化建设的成败,一个连民主都难以保证的现代化,不是社会主义现代化。社会主义现代化必然要求在社会主义国家建立起比资本主义更好的民主制度,以实现党和国家政治生活、经济建设以及各项事业建设的民主化和法制化。在"两手论"的思想内涵中,一手抓民主,意味着

---

① 邓小平文选:第2卷[M].北京:人民出版社,1994:168.

对社会主义民主原则和要求的制度化，以法律的强制力为后盾，保障这种原则要求具有一定的规范功能和执行力，使之具备法律的形态并受到国家的保障。邓小平认为："为了保障人民民主，必须加强法制。必须使民主制度化、法律化，使这种制度和法律不因领导人的改变而改变，不因领导人的看法和注意力的改变而改变。"① 在他看来，与实现民主的制度化、法律化相对的，是领导人自身及其看法和注意力，要建立起完备的法律框架和法律体系，使大量的民主权利、民主内容、民主程序受到制度和法律的控制和保障，而不是因领导人的意志而发生改变。为此，邓小平特别强调了宪法对民主的重要保障作用，宪法的权威、周密、完备和准确，不仅对人民民主权利作出了具体和广泛的规定，能够切实保证公民享有管理国家各项事务的权力和民主权利，同时以宪法为准则制定的一系列法律法规，保障了公民各项民主权利的落实。同时，在关于人民民主专政与民主法制关系的重要问题上，发展社会主义民主必须做到对人民民主专政的不懈坚持，这是因为"无产阶级专政对于人民来说就是社会主义民主"②，只有具备制裁破坏民主行为的能力，才能真正确保人民民主落到实处。并且，在实行对敌专政和对人民民主的过程中，必须高度注重法制建设，"一定要把民主与专政结合起来，把民主和集中、民主和法制、民主和纪律、民主和党的领导结合起来"③。为此，必须在坚持和依靠党的领导的前提下，大力推进社会主义法制建设，始终确保民主法制的建设朝着社会主义方向发展，并为国家社会经济发展的其他方面提供强大的制度支撑。

  作为一个问题的两个方面，法制与民主无疑构成一个整体，只能并举加强。"要加强民主就要加强法制……没有广泛的民主是不行的，没有健全的法制也是不行的……这好像两只手，任何一只手消弱都不行。"④ 社会主义法制与民主是相辅相成、相互补充的统一整体，缺少了任何一方的民主法制都将失去其本质属性。邓小平法治观中的法制，更多地偏重于法律制度的构建，即在社会主义法制建设的开局阶段强调"有法可依"的实现，但从邓小平关

---

① 邓小平文选：第2卷 [M]. 北京：人民出版社，1994：146.
② 邓小平文选：第2卷 [M]. 北京：人民出版社，1994：168.
③ 邓小平文选：第2卷 [M]. 北京：人民出版社，1994：176.
④ 邓小平文选：第2卷 [M]. 北京：人民出版社，1994：189.

于民主与法制、人治与法制等重要问题的论述来看,其法治观中的"法制"与"法治"在本质上是一致的,都蕴涵着崇尚法律权威、发展民主政治、实现人民当家作主的现代法治原则和理念。因此,在邓小平"两手论"思想中,一手抓法制可以被分解为三层涵义:第一,社会主义法制与民主作为彼此的目的和实现方式,是不可分割的统一整体,没有法制规范和保障的所谓民主运动和社会治理,既不能保障人民权益的真正实现,也无法达到良好的治理效果,只有二者的协调配合,才能充分保障人民权益、调动起人民的积极性,并保证现代化建设的合规性与有序性;第二,相较于计划经济时期,市场经济发展的初期同时也是各种新事务层出不穷的时期,大量领域的规则和法律的不完备,亟需包括民主建设在内的大量举措和规则的出台,这一时期,社会主义法制建设的主要任务和目标设定是法律制度的建立健全,因此,实现民主内容、形式、方式、程序的法律化和制度化,首先要求的是社会主义法制的加强;第三,社会主义民主的实现不仅需要静态的法律制度的建立和完善,更需要动态的法律制度的执行和实施,"法制"虽然偏重于改革开放初期法律制度的建立,以实现"有法可依",但其反对人治、崇尚法治的治理理念和实践已经充分表明,邓小平法治观中"法制"的精神内核是依法而治的"法治"理念,即"有法必依、执法必严、违法必究"。

(二)关于立法、执法、司法、监督四位一体的法制实践思想

邓小平法治观的重点是加快社会主义民主法制建设,其实践要求是党和国家各项工作的依法而治。这就意味着,作为一项系统工程,社会主义民主法制建设不仅要符合同国家经济、政治、文化、社会等领域的各项改革密切结合,共同服务于经济建设的外在要求,同时也要坚持依法办事的内在原则,通过立法、执法、司法和法律监督在实践层面的"四位一体"直接体现。

1. 加强立法是有法可依、有法必依的基本前提

面对"文革"后国家法制工作百废待兴的局面,邓小平高度关注包括宪法修订在内的立法工作。在他看来,通过对宪法的不断完善使其"更加完备、周密、准确,能够切实保证人民真正享有管理国家各级组织和各项企事业的

权力，享有公民权利"①。在这一思想的指导下，1982年我国完成了宪法修订工作，极大地推动了各项立法工作的开展和民主法制事业的发展进程。在普通法律的立改废问题上，邓小平着眼于推动改革开放和市场经济的发展要求，提出提高效率与保证质量的立法要求，一方面允许"法律条文开始可以粗一点，逐步完善。有的法规地方可以先试搞，然后经过总结提高，制定全国通行的法律。修改补充法律，成熟一条就修改补充一条，不要等待'成套设备'"②，在注重立法科学性的基础上，大大缩短了立法的周期，及时保证了服务经济发展的各项法律规范的出台。另一方面十分重视立法质量，在立法原则上既要解放思想，吸收借鉴国外立法经验，又要立足于我国实际，制定具有中国特色的社会主义法律，在立法程序上"要经过一定的民主程序讨论通过"③，以保证立法过程的民主性和科学性。

2. 严格执法是执法必严、违法必究的基本要求

邓小平对于执法的理解包括两层意义："一是执法要严格；二是为了确保执法严格，必须要在执法的过程中排斥来自社会的力量对于严格执法的干扰，做到法律面前人人平等。"④ 首先，执法的主体在人，严格的尺度把握也在人，为此，必须提高执法者素质，增强严格执法的定力和能力，将执法队伍建设作为一项重要工程来抓。其一，执法队伍建设亟待解决专业政法人员不足的问题；其二，需要切实提高执法队伍的能力和素质。要"建立一支坚持社会主义道路的、具有专业知识和能力的干部队伍，而且是一支宏大的队伍"⑤。将政治可靠、作风正派、大公无私、严守法纪，具有强烈责任心、事业心和专业业务水平的政法执法人才培养起来。其次，做到严格执法，必须反对特权。邓小平从法律层面理解特权，将"特权"定义为"政治上经济上在法律和制度之外的权利"⑥。在他看来，解决特权问题不仅需要法律和制度这些有效工具，也需要从思想层面树立尊法、守法意识，不仅要求全社会公

---

① 邓小平文选：第2卷［M］. 北京：人民出版社，1994：339.
② 邓小平文选：第2卷［M］. 北京：人民出版社，1994：147.
③ 邓小平文选：第2卷［M］. 北京：人民出版社，1994：146.
④ 公丕祥. 马克思主义法学中国化的进程［M］. 北京：法律出版社，2012：171.
⑤ 邓小平文选：第2卷［M］. 北京：人民出版社，1994：264.
⑥ 邓小平文选：第2卷［M］. 北京：人民出版社，1994：332.

民在法律面前人人平等，也要求党员和领导干部带头守法，做到在法律和党纪面前的人人平等，"越是高级干部子弟，越是高级干部，越是名人，他们的违法事件越要抓紧查处，因此这些人影响大，犯罪危害大。抓住典型，处理了，效果也大"①。再次，严格执法要求司法活动的独立和公正。基于党的领导前提，司法权应由司法机关行使，在法律的实施上，任何组织和个人都没有干扰公正司法的权力，对于任何违法犯罪人员都要做到违法必究。其中，在处理执政党同法律司法机构关系的问题上，邓小平认为，即便是党的活动也要符合宪法和法律，在处理打击犯罪、定纷止争等法律范围内的问题上，不能以党代法，更不能以党压法，必须做到用法制来解决问题。②

3. 法律监督贯穿于社会主义民主法制建设的始终

法律监督包括依法制约和规范权力，涵盖了对权力运行状态的监督。由于"权力过分集中，妨碍社会主义民主制度和党的民主集中制的实行"③。因而，社会主义民主法制建设的全过程也应是依法监督规范权力的全过程。首先，邓小平高度重视国家权力的依法行使问题，针对原有政治体制中权力过分集中，权力运行"缺位""越位"等制约民主法制建设的情况，提出国家应当从法制建设入手树立中央权威。"中央要有权威。改革要成功，就必须有领导、有秩序地进行……党中央、国务院没有权威，局势就控制不住。"④ 这表明，建立法律保障的权力监督制约机制，维护党和国家机关的内部秩序和良性运转，对权力运行的协调、高效、有序至关重要，只有国家的各项政策方针令行禁止，中央的权威才能树立，现代化建设的各项工作才能合规有序。其次，推动法律监督，是落实社会主义民主法制的重要方面，其中，反腐败反特权是法律监督的重点任务，以"权钱交易""以权谋私""以权压法"为代表的腐败、特权现象的凸显，根本上在于没有建立起行之有效的权力监督法律制度，如果缺乏法律监督，"权力不受限制，别人都要唯命是从"，"就根本谈不上什么党内民主，什么社会主义民主"⑤。只有依法监督权力，为腐败

---

① 邓小平文选：第3卷[M]. 北京：人民出版社，1993：152.
② 邓小平文选：第3卷[M]. 北京：人民出版社，1993：163.
③ 邓小平文选：第2卷[M]. 北京：人民出版社，1994：321.
④ 邓小平文选：第3卷[M]. 北京：人民出版社，1993：277.
⑤ 邓小平文选：第2卷[M]. 北京：人民出版社，1994：331.

的产生和特权行为设置障碍，才能促使权力行使者正当履职，依法行使权力。再者，全方位多样化的法律监督体系建设是依法监督的必然要求，在这个问题上，邓小平从法律、群众、党内、党外、舆论、社会组织、专门机构等各个监督主体和监督方式上，都发表过一系列重要论述，虽然各个监督主体和渠道的功能不同、方式不一，但究其核心要义，都是强调法律和制度应在监督活动中发挥重要作用，以实行多方面监督的法律化、制度化、体系化。实践中，唯有将这些监督方式有机结合，共同纳入法治化轨道统一实施，形成一个完整的法律监督体系，方能更全面地实现对权力运行各环节的监督与规范，保证权力在宪法法律范围内正当行使。

第三节 "三个代表"重要思想中的法治观内涵

在推进社会主义市场经济的关键时期，党的第三代领导集体审时度势，从"先进生产力""先进文化""最广大人民的根本利益"三个维度科学阐释了中国共产党的历史地位与现实定位，为中国在社会主义制度下继续坚定不移地走市场经济发展之路，明确了战略方向，找到了动力源泉。其中，"三个代表"重要思想本身也蕴涵着深刻的治党和治国内涵，这些内涵通过对依法治国与以德治国的治国方略的确立，以及对从严治党、依法治党的执政理念的选择，成为马克思主义法治思想中国化的新的理论产物，丰富了中国特色法律治理观念的理论成果。

一、依法治国与以德治国有机结合

（一）关于依法治国与以德治国有机结合的现实需要

法律约束和道德教育是治理国家的两种必要方式。"法治以其权威性和强制性手段规范社会成员的行为"，在治国理政与行为规范方面，法治更多表现为一种强制力的约束，是从体制机制层面调整约束政党、社会组织以及公民个人活动方式的行为准则，具有明显的权威性和稳定性；"德治以其说服力和劝导力提高社会成员的思想认识和道德觉悟"，强调了思想道德教育在教化人们正确行为方面的作用，通过调整人们行为的思想动机来影响人们的行为方式，对人的影响更具长期性和本质性。总的来讲，法治与德治是内在统一的，"道德规范和法律规范应该互相结合，统一发挥作用"。因此，在社会主义市场机制的制度框架内，道德与法律的双重约束是维护经济发展和社会稳定的必要方式，二者的深度有机结合，是深化和完善市场经济的有效途径，拓宽了经济社会治理的模式选择。①

"三个代表"重要思想关于法治的重要理论创新之一，是从国家战略层面明确了依法治国与以德治国的有机结合，这一举措继承了邓小平法治观的理论内涵，也满足了改革开放关键时期发展市场经济、推进社会治理的现实需求。

1. 服务和保障市场经济快速发展

市场经济的蓬勃发展有赖于道德的滋养与法治的培育，一方面，依法治国适应了社会主义市场经济的发展需要，在经济层面注重效率与维护社会公平的协调，通过法制的健全和法律意识的培养，为市场提供完备的制度支持和秩序保障，有助于建立符合市场经济要求的法律规范体系，推进市场经济的健康发展；另一方面，以德治国诠释了社会主义新时期执政党对发展市场经济的"软保障"和调控市场经济的"软约束"，这种非刚性的保障和约束，恰恰是思想道德教化方式的特点所在，不仅降低了制定和执行法律带来的高额成本，也使规范更容易内化为人们内心的行为准则，抵御市场化的行为模式和价值观给人们思想带来的负面影响，对弥补法律在保障和约束市场活动时的不足，使市场主体自觉维护市场秩序、按照市场规则办事具有重要作用。

2. 优化与完善社会治理

依法治国旨在依靠法治方式进行社会治理，法律以其权威性和强制力为保障，通过对人们各种行为所产生效果的预先评价和设定，规范人们的行为，从而起到维护社会秩序、保持社会稳定的职能，但是，法律对人的影响也是通过对思想动机的调整完成的，法律的刚性规定只有内化为人们的思想意识，才能真正影响人的行为。因此，法治作用的发挥离不开道德的内在支持，依法治国必须与以德治国有机结合才能优化和完善社会治理。同时，以德治国所倡导的思想道德教育，已不同于中国古代传统文化中"君君、臣臣、父父、

---

① 江泽民文选：第3卷 [M]．北京：人民出版社，2006：91．

子子"的教化思想，虽然从思想来源上继承了中华传统文化中德治观念的有益部分，但与其德治教化的"人治"目的具有本质上的差别，以德治国是建立在社会主义民主政治的基础之上，与依法治国相辅相成、不可分割的治国方略，既强调了社会主义制度下对公序良俗与伦理意识的回归，又涵盖了社会主义条件下公共道德、家庭美德、职业道德、商业道德、政治道德等范畴，通过内在心理作用产生的自我约束和外在伦理作用产生的秩序约束，大大降低了社会治理的成本且在治理效果上更具持久性。

（二）关于依法治国与以德治国有机结合的实践路径

1. 依法治国与以德治国的有机结合体现在政治文明与精神文明建设的共同推进

江泽民同志指出："法治属于政治建设、属于政治文明，德治属于思想建设、属于精神文明。我们应当始终注意把法制建设与道德建设紧密结合起来，把依法治国与以德治国紧密结合起来。"法治与德治作为国家和社会治理的两种必要方式，形式不同但本质统一，应当将二者有机结合、共同推进。因此，在发展社会主义市场经济的所有工作中，必须做到两个"坚持不懈"①，通过法治方式不断丰富民主的内容和形式，拓宽民主渠道，尊重和保障人权，保障人民群众有序参与国家治理和社会管理的权利和自由；以法治化方式坚持和完善我国基本民主政治制度，转变政府管理职能，推进依法行政；发挥法治在防治腐败上的重要作用，把发展民主政治同推进依法治国紧密结合起来，以法治文明塑造推进政治文明发展进程；把法治纳入社会主义核心价值观体系之中，充分发挥社会主义理论思想、舆论宣传、文艺作品等先进文化的引领带动作用，在全党树立勤政、清廉、为民的执政观念，要求每一个党员密切与群众联系，增强公仆意识和依法依规办事意识，做到权为民所用、情为民所系、利为民所谋；坚持爱国主义、集体主义和社会主义的价值引导，依靠教育、宣传和灌输等方式，规范指引人们遵纪守法、依法办事的思想和行为，培养公众正确的法治思维与德行修养，使广大党员和人民群众能够将"三个代表"重要思想内化于心，外化于行，自觉践行社会主义法律与道德的

---

① 即"坚持不懈地加强社会主义法制建设，依法治国"，"坚持不懈地加强社会主义道德建设，以德治国"。（参见江泽民文选：第3卷［M］.北京：人民出版社，2006：200.）

基本要求。

2. 依法治国与以德治国的有机结合体现在法治国家与小康社会的建设始终

一方面，依法治国与以德治国有机结合的基本方略，通过对立法、执法、司法、守法环节的直接作用，贯彻法治国家的建设始终。立法机关不仅要关注立法效率，更要兼顾社会公平，关注社会弱势群体的利益和诉求，在立法理念中增强社会主义道德的法律约束力；政府机关要始终坚持依法行政、执法为民的行政理念，在执法队伍中树立责任意识和公仆意识，更多地创新执法方式，加大宣传教育和说服力度，体现人性执法；司法机关要坚持司法活动中程序公正与实体公正的统一，尊重执法办案中对公序良俗和情理法的综合运用，使司法裁量权的行使既符合法律规定，又能体现社会公平正义；引导党员干部群众自觉在宪法法律范围内活动，尊法、守法、懂法、用法，做到依法履职、依法办事。另一方面，通过推进德法结合、共同治理的方式，对经济、政治、文化的建设施以影响，推动小康社会的全面建设。社会主义市场经济并不意味着规则缺失、道德失范的"丛林法则"，而是法律规范之下的诚信经济、秩序经济，在这样一种理念要求下，需要建立适应社会主义市场经济的法律体系和信用体系，通过法律调整和道德约束规范市场秩序，推动市场经济良性健康发展；在坚持我国各项政治制度的前提下，通过法治与德治并举的方式，充分保障公民的各项民主权利，为人民群众的政治参与和民主活动营造良好氛围；依靠法治和教育引导，巩固和引领社会主义道德风尚，带动社会主义先进文化建设，并将之纳入法治化建设轨道。①

二、从严治党是巩固执政合法性的重要保障

"治国必先治党，治党务必从严。"② 从严治党是巩固我们党执政合法性的重要保障，要保证我们党长期执政、继续执政，就要始终坚持发展和完善社会主义民主政治，做到党要管党、从严治党，永葆党的先进性，在这些重要内容中，依法治党是一个关键环节。

---

① 公丕祥. 马克思主义法学中国化的进程 [M]. 北京：法律出版社，2012：267-269.
② 江泽民文选：第3卷 [M]. 北京：人民出版社，2006：290.

（一）关于发展社会主义民主政治

在党的领导下发展和完善社会主义民主政治，为党的长期执政创造一个宽松、稳定、和谐的政治环境，是保障我们党执政合法性的重要基础，关系到国家民族发展的前途命运。江泽民同志指出："发展社会主义民主政治，最根本的是要把坚持党的领导、人民当家作主和依法治国有机统一起来。党的领导是人民当家作主和依法治国的根本保证，人民当家作主是社会主义民主政治的本质要求，依法治国是党领导人民治理国家的基本方略。"[①] 在我国，中国共产党所取得的执政地位是在历史中形成的，在长期艰苦卓绝的革命斗争中，是党带领人民群众战胜外敌侵略和反动势力，一手建立起来的人民政权，自始就具有执政的合法性。在革命胜利后，党的各项工作任务的重心转移到社会主义建设上来，这就要求党更加注重密切与人民群众的联系，集中民众的意志和意愿，将他们团结组织起来、发动起来，代表并依靠人民群众治国理政，只有不断发展社会主义民主政治，将人民群众的利益和意志体现反映到执政的实际工作中，做到一心为民、全心服务，实现人民当家作主，党的执政合法性才能保障，党的执政才能长期稳固。民主与法治是一个问题的两个方面，发展社会主义民主政治、实现人民民主，一方面要做到依法治国，把国家各项工作纳入法治化轨道，保障人民享有宪法法律规定的权利和自由，另一方面要做到依法治党，把党的活动始终置于宪法法律的监督之下，使党的执政行为符合宪法法律规定，防止党滥用执政权力、脱离人民群众、走向贪污腐败。

（二）关于永葆党的先进性

只有永葆党的先进性，才能夯实党执政合法性的民意基础。党的先进性的确立来自党领导人民群众革命奋斗的光辉历程，来自党全心全意为人民服务的根本宗旨，来自党"两个先锋队"的基本性质，来自党对先进生产力、先进文化和最广大人民根本利益的代表，在建设中国特色社会主义的新时期，坚持依法治国和依法治党是党的先进性的集中体现。依法治国在党的建设中的具体体现即是依法治党，依法治党要求运用法治规范党的执政权力，依法惩治腐败行为，巩固党的执政地位，促使全党始终遵守宪法法律，在宪法法

---

① 江泽民文选：第3卷［M］．北京：人民出版社，2006：553.

律范围内活动，以身作则、带头守法，把党的建设各项工作纳入法治化的发展轨道；依法治党意味着党通过法治这种制度化的方式，在党内实现党内民主，在党外实现人民民主，并通过党内民主带动人民民主。据不完全统计，截至 2014 年年底我国共产党员人数已经突破 8500 万，这一庞大的党员队伍本身就是一个民意集合，因此要更多地依靠法治手段，"以保障党员民主权利为基础，以完善党的代表大会制度和党的委员会制度为重点，从改革体制机制入手，建立健全充分反映党员和党组织意愿的党内民主制度"①。不仅如此，依法治党还意味着对党的决策、党的意志的法治保障，通过对党内法规的制定实施，完善党内民主集中的体制机制，通过党的意志的法律化程序，上升至以法律法规为体现的国家意志，由此，党内民主通过法治化路径增强了科学性和民主性，能够从根本上带动人民民主的实现。

（三）关于依法治党与从严治党

坚持依法治党、从严治党，为党长期执政提供坚实的制度保障。从严治党首先离不开一个完备健全的党内法规体系。严格的党内法规体系，是监督约束各级党委政府依法行使权力的重要保障，江泽民同志在庆祝中国共产党成立 80 周年大会的讲话中要求，每一个共产党员都应当严格遵守章程和党内法规。因此，首先必须通过依法治党、完善健全党内法规，使党的各项制度不断法律化、体系化，只有这样，从严治党的治理依据才更加完备严谨，治理方式才更加系统规范，党的执政的制度化机制才能有效建立；其次，从严治党的根本在于创造条件，推进党的各级组织和全体党员自觉遵守宪法法律。江泽民同志认为："宪法和法律是党的主张和人民意志相统一的体现。必须严格依法办事，任何组织和个人都不允许有超越宪法和法律的特权。"② 具体来讲，一方面是宪法法律本身就是党的意志和主张经立法程序民主讨论后所形成的国家意志，本质上与管党、治党的各项政策要求具有根本一致性，是全党必须遵守的行为准则；另一方面，宪法法律在国家社会生活中具有高度的权威性和根本性，是人民意志的体现，党作为最广大人民根本利益的代表，必须服从人民意志，做到权为民所用、利为民所谋，保证党的行为始终不违

---

① 江泽民文选：第 3 卷 [M]．北京：人民出版社，2006：570.
② 江泽民文选：第 3 卷 [M]．北京：人民出版社，2006：553.

背人民意志。总体上，宪法法律反映了党的主张和要求，从严治党不仅不会与遵守宪法法律相冲突，而且应当以宪法法律为重要遵循，本质上要求全党树立法治理念、践行法治精神，严格做到依法办事、遵纪守法。再者，从严治党的治理路径表现为依法而治。宪法法律的权威高效是通过宪法法律的实施体现的，实施过程本身就是国家强制力体现的过程，从严治党之所以"严"，就严在治理过程中对法律强制力的运用，即通过对个人和组织财产、自由、权利甚至生命的强制而达到治理的目标，并且，依法而治的最大特点在于其治理依据和治理方式的确定性，不同于"人治"，国家法律和党内法规在依法治党的视域中不再停留在"工具论"范畴，而是作为治理方略和行为准则得以实施。

第四节　科学发展观的法治意蕴

党的十六大以来，我国经济社会发展取得了显著进步，以胡锦涛同志为总书记的党中央，深刻把握世情、国情、党情的新形势新变化，紧紧抓住21世纪头20年的重要发展战略机遇期，不失时机地提出树立科学发展观、构建和谐社会的重大战略思想，领导全党和全国人民开创了全面建设小康社会的新局面。在这一战略思想的指导下，中国特色法律治理观念也展现出新的发展形态，其中，以人为本的法治精神以及依法执政的法治思维，作为马克思主义法学思想的重要成果，在回应和解决构建和谐社会中的理论和现实矛盾问题时，发挥了重要的指导作用。

一、以人为本思想中法治精神的彰显

以人为本在科学发展观的基本内涵中处于核心地位。胡锦涛指出："科学发展观，第一要义是发展，核心是以人为本，基本要求是全面协调可持续，根本方法是统筹兼顾。"[①] 以人为本是马克思主义法治思想的价值追求，也是

---

① 十一届三中全会以来历次党代会、中央全会报告　公报　决议　决定：下［M］．北京：中国方正出版社，2008：914．

社会主义法治建设的基本方向，胡锦涛认为，"以人为本"内涵的根本，是中国共产党对全心全意为人民服务这一根本宗旨的坚持，是在把握社会发展规律基础上对尊重人民群众历史主体地位的坚持，是在党的崇高奋斗目标指引下为最广大人民谋利益的坚持，同时也是将发展目标定位于为民、发展成果定位于惠民这一人民理念的坚持。[①] 在社会主义法治建设的新征程中做到上述"四个坚持"，既是立党为公、执法为民的基本要求，也是以人为本思想中法治精神的具体体现。

坚持以人为本，要求尊重法治发展规律与实现人民当家作主的有机统一。首先，法治的发展规律体现为人类不断追求自身完善和幸福的过程，以人为本所要求的法治状态不是一个静止的应然状态，而是一个循序渐进的动态过程。法治的价值追求本身存在着不同的层次和类别，如公平、正义、民主、自由、人权等，这些价值追求在不同国家和意识形态中具有不同的内涵，它们的实现也是一个循序渐进的过程。随着人类物质生产和精神生产水平的不断提高，关于公平、正义等概念的内涵也在发生变化，法治的水平与状态也随之变化，静止抽象的法治追求是不现实的，社会主义法治发展状态应符合社会主义建设的各个阶段，当代中国，人民不断追求自身完善和幸福体现为实现人民当家作主的过程，因此，法治的现实追求就是实现人民当家作主，把握好当代法治建设的客观规律，就要使法治建设与人民当家作主结合起来，在动态的过程中逐步实现。其次，法治文化是推动法治进程的内在力量，不同于西方法治文化，在中国特色法律治理观念视域中，以人为本的法治要求更加注重法治文化的人民性。"西方的法治精神产生于西方的文化土壤，人人平等和重视人权中的个人主义倾向与基督教文化密不可分，人人作为上帝的儿子生而平等，以财产和创造表明自己的存在价值；而中国文化中的天人合一、整体观念、集体主义则是有利于追求和实现民主、科学、法治的有机统一，有利于强化党的事业和人民利益的忠诚意识。"[②] 因此，科学把握社会主义法治发展规律，要注重对社会主义法治文化的建设，将人民利益、人民意志、人民权利的实现作为法治文化建设的重点内容，在社会各个层面加以宣

[①] 十七大以来重要文献选编（上）[M]. 北京：中央文献出版社，2009：107.
[②] 孟德楷，高振强. 法治精神要论[M]. 北京：法律出版社，2013：50.

传弘扬。再者，法律规范的不断具体化和体系化是法治发展的总体方向，在这一方向指引下，人民当家作主需要通过具体的法律规范得以体现。具体表现为建立完备的反映人民意志的法律体系，使人民的权益落实在不断细化的各项法律规范中，并且，在执法和司法活动中严格执行这些法律法规，做到法律面前人人平等。

坚持以人为本，要求实现法治理想与实现人民权益的有机统一。法治的理想状态是实现公平正义，在现实环境中，公平正义的实现既不具有普世标准，也不存在唯一路径，而是密切关联于人们的思想状况与社会现实，是一种历史的、具体的心理状态和社会状态。一方面，一定意义上的公平正义需要一定的社会物质生活水平与其相适应，比如，人们在原始社会所认同的公平正义肯定不同于封建社会、资本主义社会，产生这种不同的认识的根源在于不同社会条件下，物质生产方式和生产力发展水平的不同。原始社会的物质生产方式限定了劳动产品的平均分配原则，以此满足氏族中所有成员的最低物质需要，是初级的公平正义，而在经历了奴隶社会、封建社会以后，人们的基本物质需求得到满足，公平正义更多表现为对民主、自由等更高层次权益的追求，可以说，公平正义内涵的演变总是可以在社会物质现实中得到体现。贫穷基础上的公平正义不是真正的公平正义，在当代中国，公平正义的实现首先体现于解决人民群众的物质文化需求。因此，把握发展这个科学发展观的第一要义，既要发挥法治对经济社会发展的服务功能，为人民群众权益的实现提供物质基础，努力"做大蛋糕"，又要注重法治在分配领域的重要作用，保障人民群众的正当权益，做到"分好蛋糕"，夯实实现公平正义的物质基础，在全社会实现真正的公平正义。另一方面，法治理想所追求的公平正义，往往在社会心理层面呈现，可以被认为人们关于公平正义的意志、观念与情感，这些价值观念比起社会物质基础，对人们行为的影响更具长期性和深层性。总体来看，作为意识形态出现的公平正义观不仅是法治的价值追求，也为实现法治提供精神动力，因此，实现法治理想与实现人民权益的有机统一，要求事关人民权益实现的立法、执法、司法、守法的各个法治环节，都能体现公平正义的价值观念，以此对人的行为形成一定的引导、激励、规范和评价，促使执法者发自内心地运用法律服务人民群众。

二、和谐社会的构建离不开依法执政

进入 21 世纪以来,面对难得的发展战略机遇期和矛盾错综复杂的社会转型期,党中央创造性地提出构建和谐社会的重大战略,胡锦涛指出:"建设社会主义和谐社会,必须调动一切积极因素,增强全社会的创造活力,协调好各方面的利益关系,维护和实现社会公平;营造良好的社会氛围,形成和谐相处的人机环境;加强社会建设和管理,切实维护社会稳定。"① 构建和谐社会是一项事关全党全国和全社会的系统工程,对于保证我国社会经济快速稳定发展意义重大。一方面,健全完备的法律体系和机制设计,是支撑和谐社会构建的基本制度要素,具有全局性重要意义。正如胡锦涛同志所强调的:"构建社会主义和谐社会,必须健全社会主义法制,建设社会主义法治国家,充分发挥法治在促进、实现、保障社会和谐方面的重要作用。"② 另一方面,构建和谐社会的领导者和实践者是中国共产党,党的领导是我国一切工作的关键所在,在庆祝建党 90 周年《讲话》中,胡锦涛全面回顾了中国共产党在革命、建设、改革各个历史时期中的发展历程,深刻阐释出"办好中国的事情,关键在党"③ 这一重要结论,同时强调指出法治建设在构建社会主义和谐社会各项事业中的重大作用,要求"各级党委和领导干部都必须增强法治观念,善于把坚持党的领导、人民当家作主和依法治国统一起来,不断提高依法执政的能力"④。

依法执政作为一种法治化的执政理念和执政方式,反映了社会主义民主政治的时代要求,深刻影响着社会和谐的实现。在发展社会主义民主政治的进程中,需要经历三个转变:要逐步实现从不够全面、不够平衡的政治发展向更加全面、更加协调平衡的政治发展的转变;要从民主还不够完善的政治文明向民主更加健全的政治文明的转变;要从传统的政治机制向现代的政治机制的转变。这三个重要转变,必将使社会主义政治发展和社会主义民主政

---

① 十六大以来重要文献选编(中)[M]. 北京:中央文献出版社,2006:314.
② 十六大以来重要文献选编(中)[M]. 北京:中央文献出版社,2006:710.
③ 庆祝中国共产党成立90周年胡锦涛同志"七一"重要讲话学习问答[M]. 北京:学习出版社,2011:29.
④ 十六大以来重要文献选编(上)[M]. 北京:中央文献出版社,2005:74.

治焕发出强大的生机和活力。中国共产党作为当代中国掌握国家政权和最具权威的政治组织，坚持依法执政，依靠制度化的路径选择改善国家治理和政党建设方式，对于推动"三个重要转变"，实现社会主义政治生活的民主化和法治化都至关重要。① 民主和法治是和谐社会的显著特征，实现社会和谐，需要社会主义民主政治的不断发展，也需要执政党依法执政。正如胡锦涛同志指出的，为和谐社会的构建提供制度保障，需要"发展社会主义民主政治，保证人民依法行使民主权利"②。充分发挥各地方、各阶层、各民主党派依法参与民主进程的积极性和主动性，营造法治机制保障下的民主氛围。

依法执政是保证人民依法行使民主权利、促进各种关系和谐的关键因素，体现于立法、执法、司法、守法的各个方面。通过科学立法，建立中国特色社会主义法律体系，紧密结合构建和谐社会的法律需求，及时完成法律制定和修改工作，使得国家经济、政治、文化、社会的各个方面基本实现了有法可依，为构建和谐社会提供了完备的法律制度保障；通过依法行政，推进法治政府建设，提高公务人员特别是党员领导干部依法行政的意识和能力，将政府各项职能的行使纳入法治化的轨道，保证行政权力始终在法律范围内行使；通过依法司法，带头维护宪法法律的权威，支持司法机关依法独立公正行使司法权力，为司法机关行使司法权创造良好的司法环境和政治氛围，坚持党的政策与国家法律的本质一致性，正确处理好党的领导和司法工作的关系，坚决抵制各种损害司法权威、以权压法、徇私枉法的行为，保障宪法法律与党的政策的统一正确实施；通过带头守法，要求全党自觉在宪法法律范围内活动，教育和带动全体人民遵纪守法，在全社会形成尊法、尚法、信法、守法的法治信仰和法律意识，进而促使广大人民群众自觉参与到构建和谐社会的事业中来。

依法执政是坚持用制度管事管权管人，不断推进党的建设制度化、法律化的重要方式，有利于保障社会和谐各项举措的贯彻落实。制度建设至关重要，坚持用制度管事管人管权，是我们党的制度建设的本质特点，宪法法律和党内法规作为典型法律制度，对于巩固党的执政地位、加强和改进党的执

---

① 公丕祥. 马克思主义法学中国化的进程［M］. 北京：法律出版社，2012：311.
② 十六大以来重要文献选编（中）［M］. 北京：中央文献出版社，2006：709.

政方式具有根本性、稳定性和长期性作用。宪法法律既反映我们党治国理政的整体主张，又作为最低限度的行为标准约束每一位共产党员，要求全党在法治框架内谋事创业，各级党组织和党员应当牢固树立信仰、遵守宪法法律的意识，自觉端正自身行为，维护和保障宪法法律的有效实施；党内法规作为党的制度的法律化表现形式，是以党章这一"党内宪法"为核心建构的制度规范的总和，形式上由党的权力机关或授权机关按照一定程序制定，内容上体现党的政治主张和工作目标，是指引规范各级党组织和党员工作生活的重要准则。一方面，党内法规不同于国家法律，其制定和实施主体在党本身，作用对象涉及调整党内关系、规范党员行为、维护党内秩序、加强党的建设等方面，是总体严于国家法律的制度规范；另一方面，党内法规是党的法律，一经确定就具有权威性和严肃性，对于全党都具有约束力和强制力，只有坚持党内法规，按照党内法规依法执政，才能保持党的正确领导的连续性和稳定性，保证各级领导干部都能发挥先锋模范作用，按照党的意志正确行使权力，保障构建和谐社会的各项举措都能贯彻落实到位。①

---

① 本书编写组. 庆祝中国共产党成立90周年胡锦涛同志"七一"重要讲话学习问答[M]. 北京：学习出版社，2011：124.

第五章

十八大以来中国特色法律治理观念及其实践的新发展

法治作为现代政治文明的成果和标志，深刻地影响着一个国家和社会的发展进程。党的十八大以来，以习近平同志为核心的党中央从战略全局出发考虑我国法治问题，提出了一系列关于法治建设的新的重要论述，进一步指明了社会主义法治国家的建设方向。这些重要论述和理论成果不仅将中国特色社会主义法治建设提高到一个新的更高水平，同时也在法治层面极大地丰富了中国特色社会主义理论体系。习近平总书记指出："中国特色社会主义理论体系，是马克思主义中国化的最新成果，包括邓小平理论、'三个代表'重要思想、科学发展观，同马克思列宁主义、毛泽东思想是坚持、发展和继承、创新的关系。"[①] 中国特色法律治理观念是马克思主义法治思想中国化的具体体现，是中国特色社会主义理论体系在法治层面的创新成果，习近平同志对法治思想理论的丰富发展，为中国特色法律治理观念提供了新的观点来源和理论支撑，这些新的内容强调了法治在国家治理和社会管理中的重要作用，明确了全面推进依法治国、建设法治中国的总体思路，为实现司法公正和推进司法体制改革指明了方向，对中国特色社会主义法治建设具有重要指导作用。

[①] 习近平. 紧紧围绕坚持和发展中国特色社会主义，学习宣传贯彻党的十八大精神——在十八届中共中央政治局第一次集体学习时的讲话[M]. 北京：人民出版社，2012：5.

<<< 第五章 十八大以来中国特色法律治理观念及其实践的新发展

第一节 法治是治国理政的基本方式①

法治是治国之重器，也是我们党领导开创国家治理现代化新局面的有效载体。在中国特色社会主义法治事业发展的关键期，唯有牢固树立宪法法律权威，把握依法治国的首要；拓宽依法执政的广度和深度，不断提高依宪治党的水平和能力；坚持宪法法律意志高于个人意志，通过法治加强对权力运行的制约与监督，提升宪法法律在国家治理体系与能力现代化建设中的地位作用，方能实现党的领导、人民群众当家作主和依法治国的有机统一。

一、依法治国首要是依宪治国

在纪念宪法公布施行 30 周年会议上，习近平总书记将依法治国的首要定义为依宪治国。这一重要论断是对依法治国和依宪治国关系的新阐释，是中国特色社会主义法治理论在国家治理层面的重要创新。宪法作为规定国家治理总体的根本大法，关系着各项具体法律制度的制定以及人民基本权利的实现，因此，依法治国的基础和起点，就是依照宪法治理国家，全面推进依法治国，必须落实依宪治国这个首要环节。

（一）关于发挥宪法根本大法功能的思想

我国宪法以国家根本大法的形式，明确了中国特色社会主义道路、制度和理论体系的基本框架和重要成果，是我们党各项方针政策和思想原则在法律上的最高体现。毛泽东站在辩证唯物主义和历史唯物主义立场，用发展和联系的眼光理解和思考宪法问题，指出"一个团体要有一个章程，一个国家也要有一个章程，宪法就是一个总章程，是根本大法"②。在制度设计上，宪法作为中国特色社会主义法律体系的总章程，明确了我国国家政治制度、经济制度、分配制度、人权制度等各项制度的基本内容，规定了党和国家、中

---

① 本节内容已于 2015 年 6 月发表在全国中文核心期刊《学术探索》第 6 期第 35 页，题目为《论习近平的宪法与法治思想》，中图分类号 D161，文献标识码 A，文章编号为 1006—723X（2015）06—0035—05。

② 毛泽东选集：第 5 卷 [M]．北京：人民出版社，1977：129．

央与地方、中国与外国等重大事项；在人权保障上，宪法明确了人民享有的政治地位和各项基本权利，规定了国家尊重和保障人权的基本原则，是人民群众当家作主的根本保证；在国家权力划分上，明确了包括立法权、行政权、司法权、地方自治权、监督权在内的公权力的行使内容与边界，制定了使这些公权力相互配合有效行使的制度机制以及权力之间互相监督制约的有效措施，防止权力滥用，促使权力为人民服务。① 正如习近平总书记所要求的，任何组织或个人都不能有超越宪法和法律的行为，都应以宪法和法律作为行使权利或权力、履行义务或职责的准则。

"法律是治国之重器，良法是善治之前提。"② 毛泽东亲自领导了新中国第一部宪法的制定工作，将实现人民民主和社会主义作为制定宪法的出发点，从而明确了社会主义中国的发展方向。邓小平认为宪法是民主制度的法律化，通过对其不断完善"使我们的宪法更加完备、周密、准确，能够切实保证人民真正享有管理国家各级组织和各项企事业的权力，享有公民权利"③。可以说，宪法以根本大法的形式，把社会主义原则与民主制度以法律形式固定下来，通过教育、引导、规范和强制等方式，调节和规制各种权力或权利之间的关系，保证国家政权的人民属性，保障国家机器的合法性存在和有序化运行。习近平同志认为，法律制定的重点在于对以民为本理念的恪守以及对社会主义核心价值观的坚持，在于"使每一项立法都符合宪法精神、反映人民意志、得到人民拥护"④。以忠于宪法精神为国家治理原则，依宪治国是在充分发挥宪法功能基础上的治国方略，既包括对人民权利的尊重和保障，也包括对社会主义国家公权力的明确、规范和制约，依法治国是以依宪治国为依据和前提的更为具体的治国方略，是依照宪法的精神要义和价值指引制定各类具体法律的国家行为，通过立法使每一项反映人民意志的制度以法律形式

---

① 最高人民法院中国特色社会主义法治理论研究中心. 法治中国——学习习近平总书记关于法治的重要理论 [M]. 北京：人民法院出版社，2014：100 - 103.
② 党的十八届四中全会《决定》学习辅导百问 [M]. 北京：学习出版社，党建读物出版社，2014：6.
③ 邓小平文选：第 2 卷 [M]. 北京：人民出版社，1994：339.
④ 党的十八届四中全会《决定》学习辅导百问 [M]. 北京：学习出版社，党建读物出版社，2014：6.

得以落实,从而达到依法治权、依法治党的效果,保障人民管理国家事务和社会事务、管理经济文化事业,享有最广泛的各项公民权利。

(二)关于维护宪法权威的思想

宪法权威是党和国家权威的体现,是人民意志的体现,维护宪法享有最高权威,必须始终坚持中国特色社会主义的指引方向。首先,宪法权威的维护来自宪法意识的培养。邓小平在反对人治与主张法制的理念中强调树立宪法法律权威,反对把国家的命运寄托于领导人的个人权威与意志,要求建立"有法可依、有法必依、执法必严、违法必究"的法治模式和法治理念。习近平总书记十分注重宪法法律权威的树立与宪法意识的培育,认为培养社会主义法治精神和法治文化,增强全体公民特别是各级领导干部的宪法意识,对全面推进依法治国具有全局性意义,而目前宪法日活动的开展、宪法宣誓制度的建立正是弘扬宪法精神、维护宪法权威的有效途径。其次,宪法的权威来自对宪法的遵守。我国宪法第5条规定了实施依法治国、建设社会主义法治国家的国家战略,对任何组织和个人而言,"一切违反宪法和法律的行为,必须予以追究"[①]。在遵守宪法的问题上,习近平将全民守法纳入法治建设的总体规划,他认为全民守法意味着国家的任何机关、团体、组织、个人都必须在宪法和法律范围内活动,依照宪法法律履职履责,这样才能使宪法的尊严和权威得到保证。再次,宪法的权威来自对宪法的实施。一切国家机关团体和组织个人不仅负有维护宪法尊严、保证宪法实施的义务,而且都必须以宪法为根本的行为准则,这就要求我们必须努力维护宪法和法律的权威,通过有效的改革举措,建立和完善符合中国特色社会主义实际的宪法法律制度;保持宪法的稳定性的同时,促进宪法在推动社会主义市场经济发展和民主政治建设上发挥更大作用;完善宪法运行和监督机制,及时纠正各种违法宪法的特权行为;在具体制度设计上,十八届三中、四中全会关于实施宪法的部署和要求有很多,其中一些新的制度机制和操作方式值得我们进一步深入研究和实践。比如:完善规范性文件和重大决策的合法性审查和备案机制,建立法律顾问制度,定期清理法律法规中与宪法相抵触的内容,建立健全宪法解释机制和违宪制度审查,健全科学合理的法治建设指标体系和考核机制,

---

① 中华人民共和国宪法:总纲第5条[M].北京:中国法制出版社,2014:10.

进一步推进普法工作,增强全民守法的意识和观念,引导群众树立崇尚宪法、信仰宪法、遵守宪法的良好社会价值观念,等等。

二、依法执政关键是依宪执政

习近平同志高度注重通过改进党的领导方式和执政方式来加强党的领导,指出:"依法执政,关键是依宪执政。"① 正是因为党领导人民制定并执行宪法和法律,因而党自身就更应做出表率,真正做到在宪法法律范围内活动,在宪法原则下领导立法、保证执法、带头守法。

(一)关于依宪执政的本质是依照宪法行使的政治领导权和政治决策权的思想

"必须依据党章从严治党、依据宪法治国理政。"② 依宪执政是中国共产党将宪法作为自身执政合法性的制度依据,全面执行宪法赋予的各项权力和职责,代表人民在宪法范围内行使权力的活动过程。邓小平将制度问题看作根本问题,认为好的制度可以使坏人无法肆意横行,坏的制度可以使好人无法充分做好事,甚至会走向反面。在中国特色社会主义视域中,依宪执政不同于其他执政理念之处,就在于宪法比其他法律或制度具有更强的约束力和权威性,其政治功能、法理地位、制度设计内容对于一个国家和政党的影响更带有根本性和全局性。因此,作为执政党的中国共产党,必须将执政地位和执政行为纳入宪法规定的制度范畴,其执政方式必须表现为依宪执政。从本质上看,执政党行使的执政权本质上是一种依照宪法行使的政治领导权和政治决策权,中国共产党的执政行为是党的主张和人民意志上升为国家意志,具有宪法意义的政治行为;依法执政过程中所形成各项重大方针政策的决策,都来自宪法赋予的权力,都是以宪法为基础而产生的,宪法以其更为宏观和抽象的法理授权,将各类法律、规章、规定、规范性文件等制度的制定权授予执政党,是执政党依据这些权力制定更为细化具体制度规范的法理来源;宪法作为国家根本大法,是关于公民权利和国家权力的最高设置,第一要义

---

① 习近平. 在首都各界纪念现行宪法公布施行30周年大会上的讲话 [M]. 北京:人民出版社,2012:11.
② 习近平. 在首都各界纪念现行宪法公布施行30周年大会上的讲话 [M]. 北京:人民出版社,2012:11.

是权力约束，核心内容是权利保障，对依宪执政的强调表明我们党对依法领导人民治国理政、依法保障人民当家作主使命的郑重宣誓，是我们党坚持和发展中国特色社会主义事业的目标所指和自信使然。

（二）关于依宪执政的方式是党在立法、执法、守法各环节发挥领导带头作用的思想

坚持依宪执政需要完善党对立法工作的领导。在党的领导下推进科学立法、民主立法，既是不断完善中国特色社会主义法律体系的题中应有之义，也是从制度上、法律上落实党的方针政策的必然选择。为此，习近平同志提出了许多重要论述。其一，树立正确的立法导向。他认为，以问题导向作为开展立法的出发点，是提高立法针对性、及时性、系统性和可操作性的重要保证，这就要求我们务必在符合宪法要求和人民意愿的基础上，将科学立法、民主立法的原则贯穿于整个立法机制的建设中来，把握好解决问题这个关键。其二，制定科学的立法规划。习总书记指出，提高立法科学化、民主化水平的重点，在于对立法规划的完善以及法律立改废的并举。这表明立法规划是立法活动良性进行的基本保障，只有把立法目标确定在前，将立法内容调查研究在前，做到法律修订工作的动态化管理，立法质量才能有所保证。其三，完善立法工作机制。习总书记认为，扩大公众有序参与、充分听取各方面意见，是发挥法律在反映经济社会发展要求、协调利益关系的必要环节，对完善立法工作机制和程序具有重要作用。立法机关应注重发挥党在立法领域总揽全局、协调各方的领导核心作用，坚持依宪执政的法治思维与和执政方式，善于使党的主张和人民意志通过法定程序成为国家意志。

坚持依宪执政需要提升党对执法工作的领导水平。胡锦涛同志在庆祝建党90周年"七一"重要讲话中指出："回顾90年中国的发展进步，可以得出一个基本结论：办好中国的事情，关键在党。"[①] 在构建社会主义和谐社会的伟大进程中，"各级党委和领导干部都必须增强法制观念，善于把坚持党的领导、人民当家作主和依法治国统一起来，不断提高依法执政的能力"[②]。习近

---

① 庆祝中国共产党成立90周年胡锦涛同志"七一"重要讲话学习问答［M］. 北京：学习出版社，2011：29.

② 十六大以来重要文献选编（上）［M］. 北京：中央文献出版社，2005：74.

平总书记在 2014 年中央政法工作会议上作出了更为具体的要求，指出共产党员特别是领导干部要始终服从法律与事实，做知法、懂法、守法、护法的执法者，将宪法法律理念内化于心、外化于行，成为宪法法律坚定的信仰者、执行者和捍卫者。同时，在执法办案各个环节，以完善的法律制度监督保障执法过程的公正严明，谁违反制度就要给予最严厉的处罚，通过进一步深化执法体制改革，创新执法机制，完善执法程序，严格执法责任，将腐败渎职现象消除在萌芽状态，用制度管人管权，做到有权必有责、用权受监督、违法受追究。①

坚持依宪执政需要党组织和党员带头守法。坚持党对法治工作的领导，做到依宪执政的各项要求，必须坚持各级领导干部党带头守法。习总书记在多个场合指出领导干部带头信法、守法、依法办事的重要性和必要性，要求全党自觉维护宪法法律的权威与尊严，坚持用法治思维和方式处理深化改革、加快发展、维护稳定中出现的各种矛盾和问题。不仅如此，习总书记还反复强调宪法法律这条红线不能逾越，要求广大党员领导干部依法行使手中的权力，坚决杜绝以言代法、以权压法、徇私枉法行为。因此，遵循法定程序开展决策、部署工作、监督落实应当由可选选项变为必选选项，保证立法、司法、行政机关所具有的决策、执行、监督等权力在宪法法律的框架内行使，形成适度分离、相互配合、相互制约的良性运行机制，国家机关工作人员特别是党员要按照宪法赋予和划分的职权认真履职，只能行使宪法法律赋予的权力，而不得有超越宪法法律的特权。

（三）关于依宪执政的要求是全党自觉在宪法和法律范围内活动、确保宪法法律和党的政策统一实施、提高执政的法治化水平的思想

依宪执政，要求全党自觉在宪法和法律范围内活动。要使宪法在全社会拥有足够的尊严和权威，重点在于各级党组织和领导干部必须自觉维护宪法法律的地位和权威。江泽民同志认为："宪法和法律是党的主张和人民意志相统一的体现。必须严格依法办事，任何组织和个人都不允许有超越宪法和法律的特权。"② 这表明，遵守宪法法律应成为从严治党的基本前提。党的十八

---

① 党的十八届四中全会《决定》学习辅导百问 [M]．北京：学习出版社，党建读物出版社，2014：166．

② 江泽民文选：第 3 卷 [M]．北京：人民出版社，2006：553．

届四中全会《决定》进一步指出，对宪法法律权威的维护、尊严的捍卫、实施的保证，就是对党和人民共同意志的实现。如果对宪法这一具有全局性、根本性、权威性的总章程都不遵守，那么我们党执政的合法性基础就会动摇，关系国家社会经济生活的法律制度大厦就会垮塌，各级党组织和党员领导干部只有努力培养法治意识，把贯彻实施宪法作为一切工作的始终，带头遵守宪法法律、依法办事、依法用权，才能为党和群众办好事、办成事。

依宪执政，要求全党确保宪法法律和党的政策统一实施。宪法是国家的根本大法，党的政策是党组织和党员的重要行为指南，二者都需要全党完全的遵守和实施，习近平指出："我们党的政策和国家法律都是人民根本意志的反映，在本质上是一致的。"在维护人民群众权益，保障人民当家作主的问题上，不存在党的政策同宪法法律的冲突和对立，"党的政策成为国家法律后，实施法律就是贯彻党的意志，依法办事就是执行党的政策"。各级党组织和党员，尤其是领导干部对宪法法律的遵守和实施，就是对已经上升为国家意志的党的政策的贯彻和实施，所以，要"确保党的政策和国家法律得到统一正确实施，不能把两者对立起来、割裂开来"[①]。习总书记的这些论述表明，党的政策与宪法法律具有高度的本质一致性，对二者而言，任何形式差别对待和实施的不统一，都是对党的事业和人民利益的背离。

依宪执政，要求全党提高执政的法治化水平。一方面，要培养依宪执政的法治意识。各级党员领导干部要将学习和实践宪法法律知识、培养和运用法治思维作为开展施政工作的重要本领，忠于履行宪法赋予的职责，严格按照法定原则、法定权限、法定程序行使职权。另一方面，要健全党领导依法治国的制度和工作机制。完善保证党确定依法治国方针政策和决策部署的工作机制和程序，要求各级党委政府肩负起对全面推进依法治国统一领导、统一部署、统筹协调的职责，将依据宪法而制定的各项具体法律制度统一、全面、均衡地贯彻落实到社会主义建设的各个方面，做到法治建设与国家各项事业建设以及党的建设的同步谋划、部署、推进和落实。[②]

[①] 中共中央文献研究室. 习近平关于全面深化改革论述摘编 [M]. 北京：中央文献出版社，2014：75-76.
[②] 党的十八届四中全会《决定》学习辅导百问 [M]. 北京：学习出版社，党建读物出版社，2014：171.

三、在宪法法律框架内通过法治制约监督权力运行

习近平总书记指出:"我们要健全权力运行制约和监督体系,有权必有责,用权受监督、失职要问责、违法要追究,保证人民赋予的权力始终用来为人民谋利益。"① 这一论述深刻阐明了以制度来监督制约权力的重要性,唯有把权力关进制度的笼子,始终在法律框架内通过法治监督和制约权力,方能保证权力在阳光下运行,保证权力取之于民并用之于民。

(一)关于保障法律制度刚性运行的思想

保证法律在防治腐败方面的刚性运行,必须使法律制度有效实施。习总书记认为:"反腐败必须强化监督、管住权力。把权力关进制度的笼子,首先要建好笼子。笼子太松了,或者笼子很好但门没关住,进出自由,那是起不了作用的。"② 宪法是"制度笼子"的顶层设计,权力监管的首要是做好国家根本法宪法的实施,宪法的生命与权威都在于实施,只有做好宪法实施工作,确保宪法的最高权威得到刚性体现,那么由宪法而生成的其他法律制度也才会具有权威。其次,要建立保障法律实施的制度机制。这在习近平同志看来,关键是要"善于用法治思维和法治方式反对腐败,加强反腐败国家立法,加强反腐倡廉党内法规制度建设,让法律制度刚性运行"。具体来看,就是要充分运用和发挥好立法在权力设置、设计和规范方面的重要作用,从源头上有效防治腐败;建立对典型违法违纪案例的总结机制,从中找到规律性的经验、方法和措施,以制度化、法律化的规范将其固定下来、宣传出去、落实到底;将案件查处与责任追究结合起来,实行严格的法律监督和问责机制,加强法治对权力运行的制约和监督,最终形成不敢腐的惩戒机制、不能腐的预防机制、不易腐的法律保障机制。③ 再次,建立以法治为重要标准的考核评价体系,如果缺乏具体实际的法治工作考核标准,法律实施就

---

① 习近平. 在首都各届纪念现行宪法公布施行30周年大会上的讲话[M]. 北京:人民出版社,2012:7.
② 中共中央文献研究室. 习近平关于全面深化改革论述摘编[M]. 北京:中央文献出版社,2014:79.
③ 中共中央文献研究室. 习近平关于全面深化改革论述摘编[M]. 北京:中央文献出版社,2014:71.

容易流于空谈，问责也就缺少了相应的佐证，因此，制定和设置法治工作的具体考核标准，是提高法治思维、保障法律实施、保证权责一致、规范权力运行的有力举措。

（二）关于建立法治化权力监督制约体系的思想

习近平总书记十分重视对权力监督的制度体系建设，认为不敢腐、不能腐、不易腐的法治化权力监督制约体系是制度建设的关键所在，笔者认为其中涉及的内容包括三个方面。一是建立不敢腐的惩戒机制。惩戒机制的建立从一个方面提高了腐败的成本和风险，使可能发生腐败的组织和个人因畏于严厉的惩戒措施而不敢铤而走险，而惩戒机制的建立，按照习总书记的要求，"关键是要抓住制度建设这个重点，以完善公务接待、财务预算和审计、考核问责、监督保障等制度为抓手"①，建立涵盖党纪、政纪、法纪的立体式、全方位的惩戒制度体系，以严格的制度执行和强有力的监督检查，切实遏制权力运行中的各种违规违纪违法现象。二是建立不能腐的预防机制。十八届三中全会提出的"使市场在资源配置中起决定性作用和更好发挥政府作用"不仅是科学划定权力边界的基本原则，也是依法设置各权力机关、组织和个人的职权范围的重要指针。应以此为努力方向，将属于市场和社会的权力交给市场和社会，并以法治的方式规范其运行，将由政府行使的权力科学配置、优化管理，围绕决策权、执行权、监督权科学设定权力结构和运行机制，使之既相互制约又相互协调。三是建立不易腐的保障机制。权力内容只有公开，权力运行只有透明，不易腐的保障机制才可能建立，应按照习总书记要求，强化权力运行流程公开，使权力始终在阳光下运行，始终受到广大群众监督。同时，应强化权力互相制约，合理分解权力结构，科学配置权力实施主体，使不同性质的权力由不同部门、单位、个人行使，改进对一把手和领导班子的内部监督，创新巡视监督机制，落实人大监督、舆论监督、内部监督、社会监督等全方位的监督机制，让每一项决策的出台，都受到来自各个层面、各个角度的审视和监督，从而保证决策的科学性和公正性。②

---

① 中共中央文献研究室. 习近平关于全面深化改革论述摘编［M］. 北京：中央文献出版社，2014：72.

② 中共中央文献研究室. 习近平关于全面深化改革论述摘编［M］. 北京：中央文献出版社，2014：81.

(三) 关于加强党内法规对权力的规制思想

习总书记认为，健全权力运行制约和监督体系，目标是确保人民对权力开展监督，确保权力按照法定权限和程序得到行使。党内法规是从严治党的重要载体，也是建设法治中国的有力举措，党内法规的建立在全面推进依法治国的进程中具有举足轻重的影响。我们党作为领导全面推进依法治国事业的主要力量，必须坚持和完善党内法规对权力的制约和监督。其一，党要管党、从严治党离不开党内法规。党内法规是党的制度体系中的核心规范，是党中央及其各部门以及各省市党委制定的，旨在规范党组织和党员工作、行为的党内规章制度的总和，加强党的建设，落实党要管党、从严治党的方针，党内规范具有根本意义。因此，应将形成完善的党内法规体系作为构建中国特色社会主义法治体系的一个重要部分，纳入全面推进依法治国的总目标之中。具体而言，新时期的党建工作，要按照《中央党内法规制定工作五年规划纲要（2013—2017年）》各项要求，建立起内容科学、机制完备、有效运行的党内法规制度体系。① 其二，增强党内法规在权力监督规范中的约束力。为此，要明确党委和纪委在反腐倡廉工作中的主体责任和监督责任，改进和加强党委尤其是纪委在执行党内法规方面的监督措施和执法力度，正如习近平同志所指出的，以派驻纪检监察组、建立干部谈话制度、加强巡视工作、畅通举报监督渠道为代表的大量党内监督制度创新，一个重要的目标和导向就是依法开展监督。其三，注重党内法规与国家法律的衔接和协调。党内法规是建设中国特色社会主义法治国家的重要保障，一方面，党内法规与宪法法律在反映人民意志的问题上具有本质的一致性，是有机统一的制度整体，注重二者的协调和衔接，有利于党内法规对国家法律制度的引领，保障宪法法律与党的政策的统一实施。另一方面，党内法规约束的对象是具有代表性、先进性的党组织和党员，党内法规是在宪法法律框架内，对这一约束主体提出的更为严格的行为要求，有利于更好地促使党组织和党员带头遵法、守法、崇法、护法，进而保障全面推进依法治国方略的贯彻实施。②

---

① 党的十八届四中全会《决定》学习辅导百问 [M]. 北京：学习出版社，党建读物出版社，2014：175.
② 党的十八届四中全会《决定》学习辅导百问 [M]. 北京：学习出版社，党建读物出版社，2014：176.

总体上,习近平同志对法治思想理论的丰富发展,不仅表现在宪法与法治思想方面,在坚持法治国家、法治政府与法治社会的一体建设,推进司法体制改革等诸多领域,同样作出了许多富有开创性和全局性的重要论述。这些重要论述和理论成果不仅将中国特色社会主义法治建设提高到一个新的更高水平,同时也在法治层面极大地丰富了中国特色社会主义理论体系。

第二节 全面推进依法治国与建设法治中国

习近平总书记指出:"全面建成小康社会、实现中华民族伟大复兴的中国梦,全面深化改革、完善和发展中国特色社会主义制度,提高党的执政能力和执政水平,必须全面推进依法治国。"① 党的十八大以来,新一届党中央对中国法治建设给予了高度关注和科学研判,党的十八届三中全会紧密切合全面依法治国的基本方略,将全面深化改革的各项具体要求贯穿于法治化路径框架之中,赋予经济社会建设以新的法治内涵。党的十八届四中全会首次提出"法治中国"的战略构想,标志着中华民族依法治国伟大事业进入了新的发展时期。党的十八届五中全会则更加注重在改革与发展进程中推进法治建设,提出"将经济社会发展纳入法治化轨道"的新思路。可以说,全面推进依法治国、建设法治中国,是在统筹推进"四个全面"战略布局背景下,完善中国特色社会主义制度、实现国家治理现代化的重大选择,必将为中华民族的伟大复兴提供强大的法治动力。

一、坚持依法治国、依法执政与依法行政的共同推进

习近平同志在十八届四中全会《决定》的起草情况说明中指出:"建设法治中国,必须坚持依法治国、依法执政、依法行政共同推进。"② 将治国、执政、行政三者共同纳入法治化轨道,同时用力、一同推进,是新一代中央领

---

① 党的十八届四中全会《决定》学习辅导百问[M]. 北京:学习出版社,党建读物出版社,2014:1.

② 党的十八届四中全会《决定》学习辅导百问[M]. 北京:学习出版社,党建读物出版社,2014:31.

导集体关于全面依法治国、建设法治中国的目标设定与智慧结晶，为丰富发展中国特色法律治理观念开辟出宏阔的场域。

（一）关于依法治国、依法执政、依法行政具有内涵关联性、目标共同性、方向一致性的思想

党的十五大报告科学定义了"依法治国"① 的主要内涵，其中，依法治国的"主体"是广大人民群众，"领导者"是中国共产党，"方式与内容"是在党的领导下对事关国家经济社会发展各项事务的依法治理，"目标"是实现社会主义民主，保障国家各项工作的法治化运行。② 据此定位党的依法执政，可以分解为四个方面的内容：一是党领导立法工作，二是通过法定程序将党的主张上升为国家法律，三是确保法律实施，四是带头遵守法律。这些认识表明，中国共产党在执政过程中必须始终贯穿法治的原则和价值指向，具体说，就是要加强党对立法工作的领导，党领导人民制定宪法法律，确保立法充分反映人民的意志和利益诉求，通过科学立法实现人民当家作主；把党的主张同法律规定有机结合，将法律的制定与政策的出台同步推进，使党的政策方针通过民主程序和法定机制上升为国家意志；党必须在宪法法律范围内活动，支持和保证国家机关依法行使职权，加强党内法规制度建设，完善党内法规制度体系，做到带头遵守法律、依法办事、依法用权，使党内法规和宪法法律共同作用。③ 依法行政一般是指国家行政机关依法取得和行使其行政权力，并对其行政行为的后果承担相应责任的行政原则，也指国家行政机关及其工作人员依照法律的实体和程序规定作出行政行为的方式。在国务院《全面推进依法行政实施纲要》中，依法行政的基本要求表现为六个方面：即

---

① 江泽民同志在《中国共产党第十五次全国代表大会上的报告》中指出：依法治国，就是广大人民群众在党的领导下，依照宪法和法律规定，通过各种途径和形式管理国家事务，管理经济文化事业，管理社会事务，保证国家各项工作都依法进行，逐步实现社会主义民主的制度化、法律化。
② 最高人民法院中国特色社会主义法治理论研究中心．法治中国——学习习近平总书记关于法治的重要理论［M］．北京：人民法院出版社，2014：38．
③ 最高人民法院中国特色社会主义法治理论研究中心．法治中国——学习习近平总书记关于法治的重要理论［M］．北京：人民法院出版社，2014：39．

合法行政，合理行政，程序正当，高效便民，诚实守信，权责统一。①

其一，依法治国、依法执政、依法行政的共同推进，在核心内涵上的高度关联性。依法治国、依法执政、依法行政都是法治在不同层面、不同领域的要求体现，依法治国作为国家基本方略，既是党中央着眼全局治国理政的战略部署，也是关系到经济、社会、民生、生态、党建等各方面工作的宏观规划和顶层设计，其涵盖的内容极为广泛，必须要求依法执政、依法行政与之配合协调、共同作用，才能使这一重大战略方针具备可操作性，使其作用于社会主义各方面建设的总体要求落到实处。对于执政党来说，在一个实行法治的国家中，不仅需要所有党组织和党员带头做到依法执政，还要建立起比普通政党更为严格的党内法规制度，由此才能更好地发挥党在领导依法治国、依法行政方面的关键作用。而政府作为履行国家行政权力的机关，其职能涉及经济发展、保障民生、社会治理等方方面面的内容，是依法治国和依法执政的重要载体和实现途径，因此，政府必须依法转变管理职能，适应依法治国和依法执政的双重需要。

其二，依法治国、依法执政、依法行政的共同推进，在价值目标上的共通性。法治是治国理政的基本方式，依法治国、依法执政、依法行政的价值追求都是实现法治。法治在国家治理的目标设定上，体现为全面推进依法治国、建设社会主义法治国家；在党的建设的目标设定上，体现为完善中国特色社会主义法律体系，通过法律制度设计，保证党在国家各项事业中始终居于领导地位；在依法行政的目标设定上，体现为依法转变政府管理职能，更好地发挥政府在经济社会发展中的作用，服务于全面深化改革的各个方面。可见，依法治国、依法执政、依法行政在实现法治这一共同的目标追求上没有差别，三者同时起步、同时推进、互为补充，从治国理政的三个维度释放法治效能，共同推动中国特色社会主义法治事业的持续发展。

其三，依法治国、依法执政、依法行政的共同推进，在总体方向上的根本一致性。在社会主义中国，法治作为上层建筑的重要组成部分，其发展进程始终围绕着社会主义的根本目标和价值指向。所以，对当前中国特色社

---

① 最高人民法院中国特色社会主义法治理论研究中心. 法治中国——学习习近平总书记关于法治的重要理论 [M]. 北京：人民法院出版社，2014：40-41.

主义法治规律的把握，也应当基于此，即在坚持中国特色社会主义总体方向的前提下，推进法治建设的各个方面。依法治国、依法执政、依法行政的任务目标与价值所指，都是中国特色社会主义法治事业的重要内涵，实质上，都是对社会主义制度本质规定性的深刻反映。其中，依法治国作为中国特色社会主义制度建设的重要构成，带有根本性、稳定性、长期性和全局性特点，是依法执政和依法行政在国家层面的政治前提；依法执政是加强和改进党的领导、全面提高党的建设科学化水平的重要途径，通过在推进依法治国和依法行政的进程中把握正确的法治方向，使执政党在法治各项事业中，始终得以发挥领导作用，始终确保党的自身建设同国家治理沿着法治化轨道行进；依法行政是中国特色社会主义各项事业的具体执行，其行政权力的来源不是别的，而是由党和人民的意志经立法程序上升而成的宪法法律，因此，政府在制定各项行政法规和行使权力时，必须以党的依法执政和依法治国的各项要求作为基本参照。

（二）关于依法治国、依法执政、依法行政有机统一于发展社会主义市场经济、实现国家治理现代化、实现人民群众根本利益的思想

党的十八届五中全会指出："加快建设法治经济和法治社会，把经济社会发展纳入法治轨道。"[①] 社会主义市场经济本质上是法治经济，市场通过社会分工、等价交换等方式最大限度地发挥资源自身的价值，并使之有效配置，市场化的过程如果缺乏法治的保障就难以为继，已形成的相应规则也就丧失权威。在激烈竞争的市场环境中，作为"看得见的手"的国家和政府，构成了维护市场秩序、打击不法行为、调节市场要素的主要力量。全面推进依法治国，要求国家、政府转变市场化机制下国家行政权力的实现途径与行使方式，建立健全适应市场经济发展需要的体制机制，通过对法律法规、规章制度的优化和修订，规范执法、公正司法，建立适合社会主义市场经济的法律体系和法治环境。党的领导是促进中国特色社会主义各项事业发展的关键所在，新时期发展和完善社会主义市场经济，要求执政党必须做到依法执政，党组织和党员要自觉遵法、守法、崇法、护法，在宪法和法律范围内活动，

---

① 本书编写组. 党的十八届五中全会《建议》学习辅导百问 [M]. 北京：党建读物出版社，学习出版社，2015：5.

<<< 第五章 十八大以来中国特色法律治理观念及其实践的新发展

不得享有凌驾于宪法法律之上的特权,通过改革和完善党内法规,在法治化轨道上建立适应市场经济新常态的执政理念和执政方式。要求政府依法转变职能,规范政府行为,坚持依法行政,保证市场主体平等地位,减少行政权力对市场合法活动的干预,营造公平竞争的市场环境,由市场在资源配置中发挥决定性作用,最大程度地激发市场经济的潜在能量。同时,按照十八届五中全会要求,"健全使市场在资源配置中起决定性作用和更好发挥政府作用的制度体系"①,弥补市场失灵,促进共同富裕。

国家治理体系现代化和治理能力现代化建设是一项整体工程和系统工程,关系到立法、执法、司法、守法各个环节,对国家、执政党和政府保持统一协调地实施法治提出了更高要求。对于国家而言,依法治国即党领导人民根据宪法法律,通过实施法治完成国家治理。十八届四中全会《决定》指出:"全面推进依法治国是国家治理领域一场广泛而深刻的革命。"② 这就意味着,相对于固有的"人治"国家治理模式,"法治"将全面地取而代之,即在思想意识、体制机制、政策方针等各个方面,使法治成为执政党、国家机关、社会团体和人民群众共同的观念指导和行为准则,促使社会从人治状态向法治状态转变。对于执政党而言,依法执政是执政党运用法治思维和法治方式执掌政权和进行国家治理,是一种执政方式和执政能力的要求和体现。在纷繁复杂的局势中,作为一个在十几亿人口执政的大党,中国共产党面临的是国内国外各领域各方面需要解决的重大问题,选择法治这种不易因领导人的改变而改变的执政方式,对保持党和国家长期稳定的意义重大。对于政府而言,依法行政意味着掌控国家最主要行政权力的政府机关,把厉行法治的方针从中央推向地方各个层级和部门,并在行政权力的影响下,带动社会各个行业依法治理方式的整体性变革,推动国家治理"两个现代化"的早日实现。

总体上,依法治国更多地是作为一种治国理政的基本方略,代表着中国共产党领导人民建设法治国家的宏大目标。依法执政更加注重党自身建设的路径方式,讲求通过法治方式实现治党理政的科学化、民主化和法治化。依

---

① 本书编写组. 党的十八届五中全会《建议》学习辅导百问 [M]. 北京:党建读物出版社,学习出版社,2015:4.

② 本书编写组. 党的十八届四中全会《决定》学习辅导百问 [M]. 北京:党建读物出版社,学习出版社,2014:6.

法行政则是依法治国和依法治党的重要途径和有力抓手，表征着人民赋予国家的公权力纳入法治轨道运行，本质上，三者共同的任务目标就是实现人民群众的根本利益，让人民当家作主。习近平总书记指出："坚持中国特色社会主义政治发展道路，关键是要坚持党的领导、人民当家作主、依法治国有机统一，以保证人民当家作主为根本，以增强党和国家的活力、调动人民积极性为目标，扩大人民民主，发展社会主义政治文明。"① 这表明，保证人民当家作主、实现人民根本利益是依法治国、依法执政、依法行政的最终落脚点，是坚持走中国特色社会主义道路、实现党的最高理想的必然要求。因此，必须"运用法治思维和法治方式推动发展"②，提高依法治党的水平和能力，规范权力运行机制，建设法治政府，创新社会管理和基层治理，"逐步建立以权利公平、机会公平、规则公平为主要内容的社会公平保障体系"③，保障人民根本权益，更好地维护社会公平正义。

二、坚持法治国家、法治政府与法治社会的一体建设

经济社会发展的新常态，对国家、政府、社会的统筹协调、科学发展提出了更高标准和要求，须以更全面的法治思维与法治方式审视践行。习近平同志对法治国家、法治政府、法治社会建设的重要论述具有宝贵的理论价值和理论高度，他指出："坚持依法治国、依法执政、依法行政共同推进，坚持法治国家、法治政府与法治社会一体建设。"④ 这表明，法治国家、法治政府与法治社会是全面推进依法治国、建设法治中国的任务目标和工作布局，必须以此为要求，科学把握三者的基本内涵与精神实质，高标准进行三者的协同推进、一体建设。

---

① 习近平. 在首都各届纪念现行宪法公布施行30周年大会上的讲话 [M]. 北京：人民出版社，2012：7.
② 本书编写组. 党的十八届五中全会《建议》学习辅导百问 [M]. 北京：党建读物出版社，学习出版社，2015：34.
③ 本书编写组. 党的十八届五中全会《建议》学习辅导百问 [M]. 北京：党建读物出版社，学习出版社，2015：211.
④ 习近平. 在首都各届纪念现行宪法公布施行30周年大会上的讲话 [M]. 北京：人民出版社，2012：13.

(一)关于法治国家、法治政府、法治社会紧密联系、互为表里,在法治建设各个领域相互依存、相辅相成的思想

法治国家即法治化的国家或法律治理下的国家,是我国宪法确立的依法治国的应然状态。法治国家是宪法法律在一个国家的权威地位的现实体现,从国家权力的产生来看,公权力可以被认为是人民通过法律途径赋予国家的一种强制力量,国家权力本质上具有人民性,内容上表现为制度和法律规范,客观上要求立法、执法、司法等一切公权力机关都依照宪法法律行使权力、履行职能,依法保护公民的各项权益,对侵害公民合法权益的违法行为承担法律责任。法治国家建设本身就是一项系统工程,涵盖改革发展稳定、治党治国治军、内政外交国防等多个领域,在全面依法治国的新形势下,主要体现在法律规范、法治实施、法制监督、法治保障和党内法规的"五大体系"建设方面,通过构建多层面、全要素的立体法治架构,推进国家治理向纵深发展。

法治政府强调政府行为的法治化,即行政决策、行政执行、行政监督、行政救济等行政活动全流程依法进行。在法律至上的思维下,政府的行政权力对应相应的法律责任,政府的设立依法而定,职权的行使依法而设,责任的承担依法而负。在我国,法治政府的内涵要求行政权力的产生来自人民代表大会,并必须经过宪法法律的授予,因此,宪法法律是行政权力产生和行使的根本依据。法治政府在法治建设中意义重大,政府所掌握的行政权力是推动社会经济发展的直接动力,广泛而深入地作用于社会生活的各个方面,在全面深化改革、加强和创新社会治理的新常态下,建设法治政府更意味着政府有责任将经济社会发展纳入法治化轨道。

法治社会是社会的依法治理和依法自治,强调在国家公权力约束领域之外,法律对社会团体、组织以及个人行为的约束力,包括科教文卫、人口就业、社区建设等方方面面法治化治理的状态。有学者认为,与法治社会相对立的社会状态是人治社会,不同于人治状态下权力附庸于个人或团体的意志,法治社会表征着社会关系适应于明确的法律秩序,公平正义广泛存在于整个社会以及每个公民,法律和制度构成了调整人与人之间利益关系、解决矛盾纠纷、维护社会秩序的关键因素。依法而治是实现国家和政府各项活动有序化运行的重要保证,由国家权力、行政权力带动推进了"依法办事"原则向

外推广至全社会，使得法治社会中，所有社会中的组织团体、公民个人都要依法办事，在宪法法律范围内自由活动，所有违法行为都要由法律进行裁决并承担相应责任，通过宪法法律建立起社会秩序和社会信仰，营造谐而有序、稳定而充满活力的社会氛围，不断推进"社会治理"① 沿着法治化路径发展。十八届五中全会提出："加强和创新社会治理"，② 即是对构建法治社会内涵的深刻阐明。

总的来看，在推进整体法治的理论形态中，法治国家、法治政府、法治社会是三位一体的统一体。三者在逻辑指向、价值目标上的一致性，决定这三者一体建设具有相应的合理性和可行性。法治国家建设是法治政府、法治社会建设的政治前提和制度保障。一方面，国家的法治化是政府和社会法治化的基础，法治国家从宪法法律等基本制度层面作出的宏观设计，深入影响着政府职能、社会发展相关具体政策方针的制定和实施，政府和社会是执行法律的主体，而法律是由国家制定和颁布的，法治国家掌握着法治政府和法治社会的"法"的来源；另一方面，法治政府行使行政权力需要立法机关、司法机关、社会舆论以及人民群众的广泛监督，并且，政府在制定和实施新的行政法规和规章时，必须得到国家和社会的充分支持和认可，这些都需要法治国家从基本制度层面设置政治前提、创造法律环境。

法治政府建设是法治国家和法治社会建设的主要力量和重要支撑。法治政府建设之所以具有如此重要的意义，这是由于政府行政权力在国家经济社会发展中发挥着举足轻重的作用，政府所行使的行政权力，既涉及国防外交、公共安全、经济发展和社会管理等国家范畴，也涵盖教育、文化、医疗、民生、生态等社会范畴，并且，政府自身也拥有相当的行政立法权和执法权，对新的行政权力的产生、修订、实施和监督都有一整套体制机制。因此，法治政府建设是法治国家建设的关键环节，是法治社会建设的动力来源。反过

---

① 社会治理是指政府、社会组织、企事业单位、社区以及个人等社会主体，建立和形成合作关系，依法对社会事务、社会组织和社会生活进行规范和管理，促进社会和谐稳步发展。（参见党的十八届五中全会《建议》学习辅导百问［M］. 北京：党建读物出版社，学习出版社，2015：212.）

② 本书编写组. 党的十八届五中全会《建议》学习辅导百问［M］. 北京：党建读物出版社，学习出版社，2015：212.

来看，面对如此重要而庞杂的行政权力，如果缺乏宪法法律的授权和依据，缺少法治为政府权力划出的一定边界，就有可能导致行政权力走向滥用、错用、无用的失范状态，而失去法治政府利用行政权对经济社会施以的最直接的治理维护，法治国家和法治社会建设也就难以为继。

构建法治社会为国家和政府的法治化建设创造了重要条件。法治国家和法治政府的权力属性，为法治建设提供了政治层面、制度层面的外部性安排，同时，法治建设的整体推进也离不开来自社会内部的法治化的自我治理，并通过法治社会的建设，为法治国家和法治政府建设创造必要条件。一方面，社会容纳了除国家和政府以外的一切团体组织和公民个人，最广泛最深刻地影响着处于社会中的人的价值观和信仰，失去了法治氛围和法治信仰的社会环境，无法承载起法治国家和法治政府的建设目标；另一方面，社会自身秩序的建立也需要宪法法律规范体系的设立，这就要求法治国家、法治政府从外部为其提供相应的制度支持和具体措施，因此，必须坚持将国家、政府、社会三者纳入法治轨道的一体建设。

（二）关于法治国家、法治政府、法治社会必须统筹协调、共同推进、一体建设的思想

法治国家、法治政府、法治社会一体建设的理论依据在于三者都是法治建设的重要构成，统一于法治的内在联系。从性质和内容来看，在中国特色社会主义制度下，三者在各个方面和领域具有高度的交叉和重合，在法治建设的基本要求和任务目标上也具有广泛的共同点，因此三者的一体建设表明，在全面依法治国、建设法治中国的大背景下，国家、政府、社会不仅需要而且必须作为一个整体共同推进、协调发展，三者之间高度的交叉重合与广泛共同点，要求不分主次、统筹协调的一体建设。

从习近平同志的论述来看，法治中国是法治国家、法治政府、法治社会三位一体的集合体，作为一个有机整体的国家、政府和社会，在全面依法治国的大格局下相互依存、相互联系、相辅相成。因此，须做到同步建设和一体建设。一方面，要谋划好一体建设的顶层设计。做好法治国家、法治政府、法治社会一体建设，必须在全面推进依法治国、建设法治中国的战略方针下，进行统一谋划、统筹设计，即始终沿着习近平总书记关于立法、执法、司法、守法四方面的新部署，将治国、执政、行政纳入法治化轨道共同推进，统筹

谋划和实施。将法治国家、法治政府、法治社会一体建设同步规划、突出重点、循序渐进、落实到位,既着眼于三者在一体建设中的共同之处,又满足各自建设的侧重内容,结合整体和区域法治建设实际,做到制定实施方案时的统筹兼顾和全面考量。另一方面,要落实好一体建设的各项要求。实施法治国家、法治政府、法治社会一体建设,离不开各级党和政府的组织协调和密切配合,也离不开人民群众的广泛参与,需要所有国家公共权力机关和公职人员、各自社会组织团体以及全体公民长期为之付出努力。具体到国家层面体现为:落实宪法实施,树立宪法法律权威,加强宪法法律对行政权力的监督制约,使任何社会组织和个人自觉在宪法法律范围内活动,实现公民权利保障法治化,实现社会公平正义,为法治政府、法治社会建设提供政治前提和制度保障。在政府层面体现为:按照国务院《全面推进依法行政实施纲要》和《关于加强法治政府建设的意见》的具体部署,依法全面履行政府职能,提升政府依法行政的效能与水平,推进各级政府事权规范化、法律化。在社会层面体现为:运用好依法治国、依法执政、依法行政共同推进所形成的巨大合力,完善普法宣教、基层治理、维护稳定等领域的制度化、机制化建设,弘扬社会主义法治精神和法治文化,提升社会治理的法治化水平。

三、全面推进科学立法、严格执法、公正司法与全民守法

"科学立法、严格执法、公正司法、全民守法"的法治工作方针,自庆祝建党 90 周年大会被首次提出以来,至今已在党的文献和领导人讲话中多次出现,做好法律制定、遵守、实施、监督的各个环节,对于国家治理体系和治理能力的完善和提升,具有全局性的根本意义。习近平总书记指出:"落实依法治国基本方略,加快建设社会主义法治国家,必须全面推进科学立法、严格执法、公正司法、全民守法进程。"[1] 这一论述是新时期对"有法可依、有法必依、执法必严、违法必究"十六字法制方针的重大深化和发展,表明新时期我们党对如何依法治国执政有了新的规律性认识。

---

[1] 习近平. 在首都各届纪念现行宪法公布施行 30 周年大会上的讲话 [M]. 北京:人民出版社,2012:8.

<<< 第五章 十八大以来中国特色法律治理观念及其实践的新发展

(一)关于推进法律体系建设需要完成从"有法可依"到"科学立法"转变的思想

科学立法是全面推进依法治国、建设法治中国的前提。依法治国，首先要有法可依。用明确的法律规范来调节社会经济生活秩序，是各国通用的惯常方式，而科学立法即是对这一方式的优化和升级。从我国历史来看，虽然经过长期的封建人治统治，但自先秦法家思想出现以来，已经具备了一定的法律实践经验，特别是汉唐时期已形成了较为完备的成文法规范。古代丰富的立法史实表明，在我国实行科学立法的文化基础是具备的。新中国成立后，我国的立法工作虽经历了曲折反复，但自党的十一届三中全会提出"有法可依"目标以后，我国的立法事业又迎来了快速发展的时期，2011年吴邦国委员长在全国人民代表大会上宣布，"中国特色社会主义法律体系"① 已经建立，这标志着我国立法工作已经解决了"有法可依"的问题。其次，"有法可依"的目标是建立中国特色社会主义法律体系。从任务目标来看，"有法可依"的提出要解决的是改革开放初期恢复法制的问题，面对当时百废待兴的经济社会环境和开发开放的发展要求，必须确保在社会主义各项事业的发展进程中法律规则的存在，然后才能去讨论法律规则的优化和完善，"有法可依"从数量上做到了这一点。经过30年的快速发展，截至2011年8月底，我国已经制定包括宪法法律在内的各项法律240部、行政法规706部、地方性法规8600部，基本涵盖了社会关系和经济发展的各个方面和领域，中国特色社会主义法律体系形成并走向完善。再者，要做好"有法可依"向"科学立法"的转变和升级。这个转变升级的标准是中国特色社会主义法律体系的完善，从立法角度看，即立法工作从"重量"向"重质"的转变。在全面深化改革和市场经济的新时期，没有科学的立法，法治建设就难以为继，"科

---

① 一般认为，中国特色社会主义法律体系是指自中华人民共和国成立以来，尤其是自我国改革开放以来，享有立法权的国家机关制定的宪法、法律、行政法规、地方性法规等具有内在有机联系的统一整体。它包括我国现有的宪法、法律、行政法规和地方性法规在内，由宪法及其相关法、民商法、行政法、经济法、社会法、刑法、诉讼与非诉讼程序法等多个法律部门构成。(参见最高人民法院中国特色社会主义法治理论研究中心.法治中国——学习习近平总书记关于法治的重要理论［M］.北京：人民法院出版社，2014：69.)

学"讲求法制的建立符合经济社会发展需求和客观规律,强调法律规则对立法对象的调控和规制,因此,"科学立法"比"有法可依"更加注重对既有法律的修订和优化,通过对不符合客观要求的法的立改废工作,提高法律的针对性、及时性和系统性。

为此,应通过科学立法完善中国特色社会主义法律体系。一是完善宪法实施和监督制度。"宪法是党和人民意志的集中体现,是通过科学民主程序形成的根本法。"宪法作为中国特色社会主义法律体系的核心具有根本意义,要"完善全国人大及其常委会宪法监督制度,健全宪法解释程序机制。加强备案审查制度和能力建设,把所有规范性文件纳入备案审查范围"①,在此基础上,有必要对已有法律法规中不符合宪法原则的内容进行修订和撤销。二是加大人大对立法工作的组织和协调。人大机关和人大代表要从党和国家建设的大局出发,高度重视立法工作,完善法律的起草、论证、审议等机制,建立基层立法联系点制度、立法项目征集论证制度,探索委托第三方起草制度等,提高立法的科学化和精细化水平,使法律准确反映经济社会发展要求。三是畅通立法部门同公众之间的协调沟通渠道。要完善立法机制和程序,充分听取各方意见,逐步扩大公民有序参与立法的范围,改进和创新草案收集和反馈机制,发挥好政协机关、民主党派、社会团体和无党派人士在立法进程中的突出作用,协调好利益相关方与普通公众之间的关系,拓宽公民参与立法的途径,将社会共识最大程度地凝聚并反映到立法成果中。

(二)关于落实严格执法必须加强执法监督、健全权力运行制约和监督体系的思想

严格执法是关乎法治成效、关乎法律尊严的关键环节。习近平同志在谈及国家行政机关的执法问题时指出:"国务院和地方各级人民政府作为国家权力机关的执行机关,作为国家行政机关,负有严格贯彻实施宪法和法律的重要职责,要规范政府行为,切实做到严格规范公正文明执法。"② 这一论述表明,行政机关作为执法的权力主体,必须忠于宪法法律,对执法活动所产生

---

① 党的十八届四中全会《决定》学习辅导百问 [M]. 北京:学习出版社,党建读物出版社,2014:6-7.
② 习近平. 在首都各届纪念现行宪法公布施行30周年大会上的讲话 [M]. 北京:人民出版社,2012:9.

的结果负有承担义务,应当排除非法干扰,加强对执法行为的监督和规范。一方面,要明确各级行政机关的主体地位。我国宪法规定了各级行政机关(即人民政府)是执行宪法法律的机关,行政机关及其工作人员应当明确在自己所从事的行政执法活动中,执法权力来自人民并由宪法法律授权,执法目标是为了维护人民群众的合法权益,执法方式是依照法律规范和法定程序行使职能。因此,执法者必须忠实于法律,不能把手中的权力"公器"当作私人任意使用的"工具",更不能以权压法、徇私枉法。另一方面,要健全严格执法的体制机制。一是建设高素质的执法队伍,培养忠于法律的执法者,将对法律的实施作为考核、选任、评价和激励执法者的首要标准,提高行政机关的法律素养和执法理念,使之坚持公正执法、文明执法、阳光执法和为民执法,自觉做严格执法的践行者;二是创新执法机制,加大关乎国计民生和经济发展重点领域的执法力度,探索交叉执法和异地执法,最大限度地杜绝地方保护和执法不公,加大对被执法者的救济保护,引导被执法者通过行政复议、司法诉讼等正当途径维护自身权益。

严格执法要求加强执法监督。习近平总书记强调:"我们要健全权力运行制约和监督体系,有权必有责,用权受监督,失职要问责,违法要追究,保证人民赋予的权力始终用来为人民谋利益。"[1] 这表明,构建权责一体、权责一致、依法问责的权力制约机制,是强化执法监督,保证执法权为民所用的必要方式。为此,要全面落实行政执法责任制,通过深化行政体制改革特别是行政机关的执法权限设定,明确不同部门、不同岗位、不同人员的权力清单,将执法责任追究同政府内部的执法业绩考核、层级监督、专门监督相挂钩,做到执法必监督、违法必查处、查处必问责;改进上级机关对下级机关的执法监督,建立常态化监督制度,及时纠正违法或不当执法行为,加大对执法不作为、乱作为行为的治理,坚决查处"钓鱼执法"等严重危害公众的违法行为;完善执法纠错机制和问责机制,推进违法问责程序,进一步规范执法纠错程序,根据违法程度依法使用责令公开道歉、诫勉谈话、警告记过、停职检查、罢免等问责方式,改革以往单纯对执法行为的事后监督,提升事

---

[1] 习近平. 在首都各届纪念现行宪法公布施行30周年大会上的讲话[M]. 北京:人民出版社,2012:12.

前监督和事中控制的水平,实现对执法全过程的全程监控和全程管理;完善执法程序,建立执法全过程记录制度,将立案、调查取证、作出执法决定的环节和过程纳入监督范畴,明确具体操作流程,为广大执法人员提供具体的执法指引,重点围绕行政许可、行政审批、行政处罚、行政强制等环节制定规范和细则,从源头上杜绝随意执法、选择性执法等现象。①

(三)关于实现公正司法必须坚持司法为民、廉洁司法、改进司法工作作风,努力让人民群众在每一个司法案件中都感受到公平正义的思想

公正司法是全面推进依法治国、建设法治中国的重要组成,也是保障人民群众合法利益的最后一道防线。公正是法律的价值追求,也是法治的现实要求,习近平总书记对此十分关注,他认为实现公正司法就要让群众通过司法案件切身感之,"决不能让不公正的审判伤害人民群众感情、损害人民群众权益"②。他在中央政法工作会议上进一步指出,政法机关作为维护社会公平正义的最后一道防线,必须把促进社会公平正义作为核心价值追求,回应人民群众对司法工作的新期待。这些重要论述表明,司法作为全面推进依法治国的重要方式和有效手段,必须保证其公正实施才能取得预期效果,这个检验和评价的标准就是人民群众的感知、理解和信任,由此,司法机关及其工作人员应当将司法为民、廉洁司法、改进司法作风与实现司法公正紧密结合,密切联系群众,规范司法行为,以十八届三中全会确定的司法体制改革为载体,重点解决影响司法公正的深层问题。

坚持司法为民,不断改进司法工作作风。人民主权是我国司法的基本属性,各级司法工作人员都应坚持司法的人民性,树立正确的群众观和司法价值观,加强人权的司法保障,提高司法活动中群众参与的广泛性和实效性。习近平同志将解决司法作风问题作为开展司法工作和群众工作中的重要方面,指出:"法律不应该是冷冰冰的,司法工作也是群众工作,通过热情服务,切实解决好老百姓打官司难问题,特别是加大对困难群众维护合法权益的法律

---

① 党的十八届四中全会《决定》学习辅导百问 [M]. 北京:学习出版社,党建读物出版社,2014:66-68.
② 习近平. 在首都各届纪念现行宪法公布施行30周年大会上的讲话 [M]. 北京:人民出版社,2012:10.

援助。"① 在司法为民的工作中,"司法工作者要密切联系群众,规范司法行为,加大司法公开力度"②,对所有当事人都要做到一视同仁、不偏不倚、不枉不纵,对所有进入司法程序案件的处理,都要做到恪尽职守、忠于法律、力求公正;要廉洁司法,坚持对司法腐败的"零容忍"。拿出打铁还需自身硬的勇气,切实增强司法队伍拒腐防变的职业操守、党性修养和纪律意识,牢固树立法律底线不能触碰的观念,建立严明的司法廉洁制度,按照习近平同志在中央政法工作会议上的讲话要求,用制度保障执法办案的各环节都能设置隔离墙、通上高压线,以猛药去疴、重点治乱的决心坚决清除害群之马,以刮骨疗毒、壮士断腕的勇气坚决遏制司法腐败。要按照四中全会要求,以司法体制改革为载体,重点解决阻碍提升司法管理水平的体制性矛盾,畅通司法权力独立公正运行的保障机制,通过常态化的监督巡查规范司法行为,健全对司法活动的事后监督和具体承办人的终身监督机制。始终坚持阳光司法、公正司法原则,优化司法职权配置,完善确保依法独立公正行使司法权的制度,把畅通公开渠道、扩大公开内容、创新公开形式作为推动司法体制改革的一项倒逼机制,有序稳步推进,努力实现各项司法工作的标准化、科学化、规范化,做到以公开促公正,以公正树公信,以公信立权威。

(四)关于开展全民普法、加强公众法律意识培育以实现全民守法的思想

全民守法对全面依法治国具有基础性作用,是弘扬社会主义法治文化、增强全民法治思维的关键所在。党的十八届四中全会《决定》专门就全民守法问题进行了研究,《决定》指出:"法律的权威源自人民的内心拥护和真诚信仰。人民权益要靠法律保障,法律权威要靠人民维护。"③ 守法,是社会组织或个人依法从事相关行为,自觉服从法律、依法办事的行为及结果,具体表现为国家机关、企事业单位、公民个人自觉在宪法法律范围内活动。一个

---

① 中共中央宣传部. 习近平总书记系列重要讲话读本 [M]. 北京:学习出版社,人民出版社,2014:83.
② 中共中央宣传部. 习近平总书记系列重要讲话读本 [M]. 北京:学习出版社,人民出版社,2014:83.
③ 党的十八届四中全会《决定》学习辅导百问 [M]. 北京:学习出版社,党建读物出版社,2014:19.

国家的法治建设水平与社会公众法治观念和守法意识紧密相关,全民守法,表明社会中的每一个组织和个人都以宪法法律为自己的行为准则,在法律承认的限度内开展自身的活动,在这个意义上,只有全民真诚守法、依法办事,国家才能真正做到依法而治。在实践层面实现全民守法,一方面需要认识到法治宣传教育的长期性和艰巨性,做好普及全民守法的基础性工作,不断巩固提升民众运用法治思维想问题、办事情的主动性和积极性,引导全民养成自觉守法、遇事找法、解决问题靠法的行为习惯。另一方面需要健全普法宣教机制,加强普法讲师团和志愿者队伍建设,充分发挥各级党政机关、法律工作者以及新媒体的普法宣传作用,增强党员特别是领导干部学法用法、带头守法的积极性和自觉性。①

全民守法要从公众法律意识的培育做起。公众法律意识的培育涉及面广、周期性长,不是一蹴而就的事情,需要法治宣传教育长期不断地发挥作用,要按照习近平同志的要求,围绕宪法意识的培育做好工作,"在全社会加强宪法宣传教育,提高全体人民特别是各级领导干部和国家机关工作人员的宪法意识和法制观念,弘扬社会主义法治精神,努力培育社会主义法治文化,让宪法家喻户晓,在全社会形成学法尊法守法用法的良好氛围"②。做到全民对宪法法律的遵守,就是要坚持宪法法律在国家和经济社会生活中的至上性,在公众意识中树立宪法法律的权威,引导公众将法律途径作为化解矛盾、处理纠纷的主要方式,摈弃以往"信访不信法","大闹大解决、小闹小解决、不闹不解决"的意识倾向,以党员领导干部带头守法为典型,发挥其对社会公众的示范和引领作用,将法律宣教与法治实践相结合,开展依法治理、建设法治社会,形成全民守法的社会氛围。

---

① 党的十八届四中全会《决定》学习辅导百问[M].北京:学习出版社,党建读物出版社,2014:19-20.
② 习近平.在首都各届纪念现行宪法公布施行30周年大会上的讲话[M].北京:人民出版社,2012:10.

第三节　推进司法体制改革与完善中国特色社会主义司法制度

以习近平同志为核心的党中央积极应对司法领域体制性、机制性的矛盾，积极应对新时期阻碍司法事业健康发展的各种问题，在集中精力进行经济建设的同时，大力推进司法体制改革，完善中国特色社会主义司法制度，阐述了许多重要的法治思想观点。

一、司法体制改革必须坚持中国特色社会主义司法制度

司法是维护稳定、服务发展、推动改革的重要载体，对中国特色社会主义法治目标的实现具有重大意义。当前我国正处于经济社会快速发展的战略机遇期和各种矛盾凸显的社会转型期，司法工作的价值作用日益显著，但也要看到，制约我国司法工作的体制机制性问题大量存在，习近平同志指出："我国司法制度也需要在改革中不断发展和完善。执法司法中存在的突出问题，原因是多方面的，但很多与司法体制和工作机制不合理有关。"[①]主要表现为：司法机关地方化、行政化问题明显，人财物受制于地方，容易受到行政权力干扰；司法系统本身体制性问题突出，司法公开的程度不够，影响了司法权力的良性运行；人情案、关系案、金钱案现象时有发生，司法队伍建设仍需加强，等等。这些问题在很大程度上影响了司法权在人民群众心中的权威性和公正性，阻碍了社会公平正义的实现，必须通过深化司法体制改革予以解决。

党中央高度关注司法工作所面临的问题，在十八届三中、四中全会的两个《决定》中，从全面推进依法治国、建设法治中国的高度，专门讨论了司法体制改革，习近平总书记十分重视司法体制改革在完善中国特色社会主义司法制度中的重大作用，从全面深化改革的全局高度看待司法改革和司法工作，强调在司法改革中对正确政治方向的把握。他指出："深化司法体制改革，首先要坚持

[①] 中共中央文献研究室.习近平关于全面深化改革论述摘编[M].北京：中央文献出版社，2014：77.

正确政治方向。我说过,全面深化改革是为了党和人民事业更好发展,而不是为了迎合某些人的掌声和喝彩,更不能拿西方的理论、观点来套在自己身上,要坚持从我国国情出发,从经济社会发展实际要求出发。我的这个话,对司法体制改革尤为适用。"当前司法体制改革的初衷,不是出于对所谓"国际通用法治标准"的适应,而是基于中国国情,对解决中国自身实际问题的通盘考虑,因此,必须始终保持对中国特色社会主义司法制度的坚持,"一个国家实行什么样的司法制度,归根到底是由这个国家的国情决定的。评价一个国家的司法制度,关键看是否符合国情、能否解决本国实际问题。实践证明,我国司法制度总体上是适应我国国情和发展要求的,必须增强对中国特色社会主义司法制度的自信,增强政治定力"①。只有对中国特色社会主义司法制度充满信心、保持定力、落实到位,才能把握好司法体制改革的方向和目标。

习近平总书记要求所有司法机关和司法工作人员务必对司法体制改革保持正确和清醒的认识,"深化司法体制改革,是要更好坚持党的领导、更好发挥我国司法制度的特色、更好促进社会公平正义",而不是反其道而行之,"简单临摹、机械移植,只会造成水土不服,甚至在根本问题上出现颠覆性错误"②。因此,必须加强和改进党对司法工作的领导,各级司法机关要自觉履行好自身在推进国家治理体系和治理能力现代化上的重要职责,自觉发挥好司法工作在维护党的政策和国家法律权威性上的重要作用,始终以推动党和国家各项事业发展的大局为重,切实找准司法工作保障稳定、服务改革、促进发展的职能定位,与各级党组织协调一致,依法独立公正地开展各项司法活动,确保党的政策和国家法律得到统一正确实施。

二、保障司法机关依法独立公正行使司法权

"要从确保依法独立公正行使审判权检察权、健全司法权力运行机制、完善人权司法保障制度三个方面,着力解决影响司法公正、制约司法能力的深层次问题,

---

① 中共中央文献研究室.习近平关于全面深化改革论述摘编[M].北京:中央文献出版社,2014:76.
② 中共中央文献研究室.习近平关于全面深化改革论述摘编[M].北京:中央文献出版社,2014:78.

破解体制性、机制性、保障性障碍。"① 使司法起到维护社会公平正义最后一道防线的作用。习近平同志关于保障司法机关依法独立公正行使司法权的思想,体现于其深化司法体制改革、提高司法公信力在制度上的统筹规划。

其一,改革司法管理体制,解决制约司法效能的体制性矛盾。司法机关地方化是制约司法独立和中立的一大难题,影响了司法公正的实现,改进司法管辖机制和司法工作机制,理顺中央与地方司法权的互动关系,最大程度地摆脱行政权对司法权的干扰,要求实践中必须探索建立与行政区划适当分离的司法管辖制度,成立跨行政区划的司法机构,以破除地方权力机关干预司法的难题;要注重基层司法机关建设,本着面向基层、建设基层的原则,将司法资源更多地向基层倾斜,改善基层办案条件,优先解决基层司法机关的建设投入和司法人员的职级待遇问题;要加强司法经费的保障体制建设,司法机关作为国家司法权力的执行者,与立法机关、行政机关同属国家权力的高阶层级,并不能按照行政机关的模式,使其经费保障从属于地方政府,因此,建立中央和省级地方两级保障的司法经费保障制度,既符合当前我国法治建设的实际,也有利于司法机关独立公正行使司法权。

其二,健全司法权力运行机制,让审理者裁判、让裁判者负责。长期以来,司法机关内部影响司法权力运行的因素一直存在,上下级司法机关存在较为明显的行政化倾向,请示、汇报、审批等行政性程序烦琐且冗长,造成了司法机关权责不明和司法工作低效运转,使得错案追究难以落实,司法廉洁暗藏隐忧。十八届三中全会确立的"让审理者裁判、让裁判者负责"的改革思路,是理顺司法管理权、司法审理权与司法监督权之间关系,建立权责统一、权责明晰的司法权力运行机制的指导原则。具体而言,就是严格遵循司法组织的本质属性,建立符合司法规律的司法权运行模式,优化司法资源配置,减少不必要的行政化审批,建立主审法官、合议庭办案责任制,做到有权必有责,用权受监督,违法受追究。进一步落实司法公开制度,建立公开透明的权力运行机制,完善各领域的办事公开制度,一方面,创新新媒体时代下司法公开的方式和途径,更好地实现人民群众对司法工作的知情权、

---

① 中共中央文献研究室. 习近平关于全面深化改革论述摘编[M]. 北京:中央文献出版社,2014:78.

参与权和监督权；另一方面，在公开内容上更加注重对司法流程、司法文书和司法信息的公开，变被动公开为主动公开，变选择性公开为全面公开，变内部公开为外部公开，变形式公开为实质公开，以司法公开推进司法公正。落实司法廉洁的制度建设，在司法队伍中广泛进行司法廉洁教育、培育司法廉洁文化，增强司法工作人员的守法意识和道德情操，完善司法机关内部的权力管控监督机制，建立司法巡查、廉政监察的长效机制，提高对司法活动监督的信息化、科技化水平。

其三，完善人权司法保障制度，体现司法权的人民属性。没有人民群众的安居乐业，就没有社会经济的安定有序。群众利益无小事，司法为民的根本属性，要求司法机关务必坚持以人民群众的利益和关切作为司法活动的出发点和落脚点，不断强化司法的服务职能和保障职能。习近平同志关于政法工作的重要论述中多次提及司法的人权保障问题，要求司法机关必须始终以坚持、维护、促进公平正义为己任，以司法为民、公正司法为努力方向，加大人权的司法保障力度，让群众通过司法个案切实感受到公平正义。司法活动应在这一理念指导下科学开展：妥善处理劳动、医疗、拆迁、住房等事关群众切身权益的案件，解决好损害群众权益的突出问题；尊重保障人权，加强涉民生案件的司法救助力度，畅通司法救济途径，绝不允许普通群众打不起官司；牢固树立"维权是维稳的基础，维稳的实质是维权"这一科学理念，探索诉访分离的信访调处解决机制，既解决好群众合理合法的权益诉求，又保证解决途径的合法合规，既让群众有处说理、有处喊冤，又保持正常信访渠道的有序畅通；构建惩治犯罪与保障人权的规范化机制，既确保量刑尺度的规范化，又注重个案适用的具体化，既保障被告人审判阶段的各项权利，又规范执行阶段减刑、假释、暂予监外执行的办理。

三、建设高素质的法治工作队伍

党的十八大以来，中央全会数次专门就加强法治工作队伍建设进行部署，在推动"十三五"经济社会全面发展的新时期，亟需加强法律服务队伍建设，创新法治人才培养机制，建设一批高素质、复合型的专门法治队伍，为社会主义法治事业输送充足的人才资源。

(一) 关于推进司法人员分类管理改革的思想

习近平同志认为:"司法活动具有特殊的性质和规律,要求司法人员具有相应的实践经历和社会阅历,具有良好的法律专业素养和司法职业操守",应当"建立符合职业特点的司法人员管理制度"①。为此,要把良好的法律专业素养和司法职业操守作为队伍建设和管理体制改革的重点。

一是把思想政治建设摆在首位。引导司法工作者牢固树立中国特色社会主义的道路自信、理论自信、制度自信,强化执法办案全过程中社会主义法治理念的落实,注重发挥机关党建与法治文化的引领作用,使司法队伍始终忠于党、忠于国家、忠于人民、忠于法律;引导司法工作者树立坚定的马克思主义和共产主义信仰,切实增强政治鉴别力和敏锐度,使之始终与党中央保持一致,自觉成为中国特色社会主义法治的实践者和捍卫者;深入开展社会主义核心价值观和社会主义法治理念教育,培养司法工作者在立法、执法、司法、守法的各个环节践行社会主义核心价值观,号召全体司法工作者旗帜鲜明地同各种非马克思主义、反社会主义的价值观划清界限,以敢于担当的党性原则,勇于面对各种急难险重的工作任务;拿出打铁还需自身硬的勇气,切实增强司法队伍拒腐防变的职业操守、党性修养和纪律意识,依法严肃查处司法活动中的腐败行为,以"零容忍"的态度扫除司法队伍中的不正之风和不法分子,强化司法廉政风险防控,建立和落实党风廉政责任制度,坚决遏制司法领域的腐败问题。②

二是推进司法人员分类管理。突出司法案件具体承办人在案件中的主体地位,健全有别于普通公务员的司法人员专业职务序列,理清司法机关内部各类技术岗位、行政岗位、辅助岗位的职权内容与管理制度,根据各地司法需求的实际,科学配比执法办案人员与辅助人员的数量,提升司法队伍职业化水平;建立客观公正的司法人员业绩评价考核机制,在人民法院、人民检察院成立法官、检察官选任委员会、惩戒委员会,制定公正客观的法官、检察官选任与惩戒办法,明确法官、检察官逐级遴选制度,确保政治素质高、职业操

---

① 中共中央文献研究室. 习近平关于全面深化改革论述摘编 [M]. 北京:中央文献出版社,2014:79.
② 党的十八届四中全会《决定》学习辅导百问 [M]. 北京:学习出版社,党建读物出版社,2014:144.

守高、专业素养高的优秀司法人才进入法官、检察官队伍；优化司法工作者的晋职晋升渠道，加大职业保障力度，客观分析和考虑社会矛盾和对抗给司法人员带来的职业风险，从薪酬福利、职级待遇、心理疏导等方面予以倾斜，在明确执法责任的同时，为司法工作者正常履职提供必要的职业保障。

（二）关于加强法律服务队伍建设的思想

优良的法律服务离不开数量庞大的法律专业人才队伍。市场化的人力资源环境中，发挥法律专业人才的重要作用，主要在于加强律师及法律服务志愿者的队伍建设。一方面，律师制度构成了我国司法制度的重要方面，律师和律师团体是我国法治事业的重要参与者，在服务经济社会发展、保障公民合法权益、维护社会公平正义、服务改革开放大局中发挥显著作用，因此，有必要从推进全面依法治国重要力量的高度看待律师群体和律师制度。一是以加强律师队伍思想政治建设为重点，在律师队伍中广泛开展社会主义核心价值观教育，引导广大律师自觉拥护党的领导、拥护社会主义法治，增强律师队伍践行社会主义法治理念的主动性和自觉性；二是加强"公职律师"①队伍建设，公职律师在服务经济社会发展、促进政府依法转变职能、协助企事业单位防范法律风险等方面作用明显，但我国现有社会职业律师25万多人，公职律师4600多人，公司律师1700多人，后两者仅占全部律师队伍的2.5%，人才缺口很大，要拓宽公职律师准入途径，扩大公职律师队伍规模，加大行政机关中配比公职律师的数量；三是提高律师队伍的综合素质，把提高律师业务素质与职业道德素养结合起来，完善律师诚信执业的评价、监督和考核机制，规范律师执业行为，完善律师职业保障机制，广泛培养和吸收精通国内外法律、具有深厚理论功底和实践经验的法律人才加入律师队伍。②另一方面，要积极推动"法律服务志愿者"③队伍建设。按照职能和业务类别，完善包括法律援助制度、人民调解制度和基层法律服务制度等在内的法

---

① 公职律师是指具有律师资格或法律职业资格，供职于政府职能部门或行使政府职能部门，专职从事法律事务的公务人员。
② 党的十八届四中全会《决定》学习辅导百问［M］. 北京：学习出版社，党建读物出版社，2014：151-154.
③ 法律服务志愿者是法律服务体系的重要组成部分，是指具有法律专业知识，自愿无偿向社会提供法律咨询、代理和参与诉讼活动、宣传法律知识的专业人员。

律服务制度，根据不同制度类别科学设定人才培养机制，加强对志愿者特别是大学生的政治思想培训和法律业务培训，制定相应的法律服务标准、提升志愿者专业化的法律服务能力；将建设社区和农村法律服务队伍作为重点内容，围绕社区建设、新农村建设的任务目标，重点开展对孤寡老人、留守儿童、农民工、残障人士以及生活困难群众的帮扶工作，把法律服务与志愿帮扶结合起来，满足群众对法律服务的需求；建立长效机制，明确法律服务志愿者的管理部门和联络机制，推行法律服务志愿者注册管理制度，组成涵盖多个层次、服务多个领域、人员组成相对固定的志愿者队伍，长期为人民群众特别是弱势群体提供优质高效的法律服务。

（三）关于创新法治人才培养机制的思想

法治人才是我国法治事业兴旺发展的关键所在，以正规化、专业化、职业化为培养标准，创新和完善法治人才的培养与管理机制，是为中国特色社会主义法治事业打造高素质法治人才队伍的必然要求。为此，应按照习近平同志的要求，在法律专业教材编写、师资队伍培养、法学教育教学方式、法学专业课程设置等方面进一步创新完善，不断构建适应我国经济社会发展需要的法学教育培养机制，形成完善的中国特色社会主义法学的学科体系和课程体系；建立法律职业准入制度，健全法官、检察官、警察的选任招录制度，加大从法律专业和法律院校的招录比例，在以国家司法考试作为取得法律职业资格的基础上，建立与之配套的法律职业人员岗前培训制度，从多个方面培养法治人才的综合素质；完善政策环境，逐步解决基层和欠发达地区的法治人才培养问题，在机构编制、经费保障、福利待遇、职务晋升等方面加大投入，有计划地培养和向这些地方输送法治人才，推选年轻有为的后备干部到基层和欠发达地区锻炼培养，带动当地法治队伍建设；畅通立法、执法、司法部门与其他职能部门法治人才交流渠道，对于法治人才改善知识结构、丰富工作经历、开阔工作视野都具有重要作用，建立健全人大机关、政府机关和司法机关之间的人才交流机制，使符合条件的律师、法律学者等法治人才能够担任法官、检察官；推动干部跨条块流动，按照德才兼备、以德为先的用人标准，通过公开规范、科学民主的选拔程序，把政治坚定、熟悉业务、年轻有为的同志培养起来、推选上来，带动增强干部队伍的法治意识和法治能力。

总体来看，本章节所涵盖的以习近平同志为核心的党中央关于法治的思

173

想理论观点，虽然有其特定的现实背景，但对中国特色社会主义法治建设事业均具有总体性指导意义。同时，这些宏观意义上的思想观点在法治建设各个具体领域的实际运用中，又各自演绎生成与具体领域实践相适应的新的思想理论观点，丰富拓展了中国特色法律治理观念的理论维度和视域宽度。可以展望的是，随着"四个全面"战略布局以及"十三五"发展规划的提出，中国特色社会主义事业会在新的历史起点迈上更高台阶，中国特色法律治理观念也必将随着中国特色社会主义的新实践、新成就而得以丰富发展。

事实上，本章节关于法治的各个思想理论观点的关联度是很高的，有的是包容关系，有的是并列关系，有的则是互融关系，对这些理论观点的相对详述的阐释，既是丰富发展一般法学理论的需要，也是初步构建同全面依法治国在学理上能够协调一致的中国特色法律治理观念的需要。同时，全面依法治国的党的法治理论可以外化为若干理论观点，即在立法、执法、司法、守法实践中不断丰富的法治观点，党的法治理论内涵的丰富发展必然引起社会主义法治观的丰富发展，以此为基准构建起一个归属于中国特色社会主义理论体系，同时又相对独立的中国特色法律治理观念的理论体系，是笔者所期望达到的研究目的。

第四节　积极推动全球治理格局中的国际法治[①]

在当今世界格局趋向多元，全球化进程加速推进的时代，国际法治[②]（international rule of law）日益成为完善国家治理、推动全球治理的重要显性因素。推进国际法治，表征着国家、国际组织等行为主体在"良法"与"善

[①] 本节内容已于2016年1月发表在全国中文核心期刊《领导科学》第1期第12页，题目为《习近平国际法治思想探略》，中图分类号 D920.0，文献标识码 A，文章编号为 1003—2606（2016）02—0004—04。

[②] 国际法治"是指国际社会各行为体共同崇尚和遵从人本主义、和谐共存、持续发展的法律制度，并以此为基点和准绳，在跨越国家的层面上约束各自的行为、确立彼此的关系、界定各自的权利和义务、处理相关事务的模式与结构"。从这个定义出发可以得出一个结论，即国际法治的直接目标就是构建一种"国际法律秩序"。{参见何志鹏. 国际法治：一个概念的界定 [J]. 政法论坛，2009（4）：80.}

治"的基础上,着眼于通过法律规则和法治化途径建构和调整国际新秩序。以习近平同志为代表的中国共产党人,在继承和平共处五项基本原则的基础上,提出"共同推动国际关系法治化","用统一适用的规则来明是非、促和平、谋发展"① 等重要思想,对各国进一步推动实现国际关系法治化、构建和谐包容的新型国际关系产生了重大而深远的影响。

一、坚持以《联合国宪章》② 为基础的当代国际法价值体系

习近平总书记在和平共处五项基本原则发表60周年纪念大会上指出,各国应当"推动各方在国际关系中遵守国际法和公认的国际关系基本原则"③。这表明,中国所奉行的和平共处原则的逻辑起点和实践目标,就是坚持并推进以《联合国宪章》(以下简称《宪章》)为核心的国际法治体系。

(一)关于在外交实践中坚持和维护国际法治的思想

作为联合国五大常任理事国,《联合国宪章》及其彰显的法治原则、法治价值和法治理念是中国外交一贯坚持的实践标准和准则。习近平同志指出:"世界上的事情应该由各国政府和人民共同商量来办",④ 其中,"商量"办事的主要方式是通过外交,而"商量"的前提和基准就是以《联合国宪章》为代表的国际法制度与价值体系。尊重和坚持国际法准则,是建构和调节国际关系的基石,能够确保不同国际行为主体之间的联系互动,始终保持在理性与有序的限度之内,因此,作为中国政府和人民参与国际事务的主要方式,"坚持国际法治是新中国一贯的外交实践"⑤。同时,针对当前少数国家实行

---

① 习近平. 弘扬和平共处五项原则 建设合作共赢美好世界——在和平共处五项原则发表60周年纪念大会上的讲话 [N]. 光明日报, 2014 – 06 – 29 (1).

② 1945年6月26日,来自50个国家的代表在美国旧金山签署了《联合国宪章》。《联合国宪章》(The Charter of the United Nations) 是联合国的基本大法,它既确立了联合国的宗旨、原则和组织机构设置,又规定了成员国的责任、权利和义务,以及处理国际关系、维护世界和平与安全的基本原则和方法。遵守联合国宪章、维护联合国威信是每个成员国不可推脱的责任。

③ 习近平. 弘扬和平共处五项原则 建设合作共赢美好世界——在和平共处五项原则发表60周年纪念大会上的讲话 [N]. 光明日报, 2014 – 06 – 29 (1).

④ 习近平. 弘扬和平共处五项原则 建设合作共赢美好世界——在和平共处五项原则发表60周年纪念大会上的讲话 [N]. 光明日报, 2014 – 06 – 29 (1).

⑤ 王毅. 中国是国际法治的坚定维护者和建设者 [J]. 光明日报, 2014 – 10 – 24.

"双重标准",将自身利益凌驾于国际法之上,肆意破坏甚至践踏国际法的行为,习近平强调:"适用法律不能有双重标准","我们应该共同维护国际法和国际秩序的权威性和严肃性"[①]。中国作为一个负责任的大国,具有依照国际法维护国际秩序公平正义的国家使命,中国外交政策和实践所奉行和倡导的,是依照国际法实现各方在国际事务中的"同享""共治"与"共赢",反对悖离国际法及其价值准则的"零和博弈"与"丛林法则"。

(二)关于依法和平解决地区问题的思想

在一定区域范围内,国与国之间、域内政治势力之间、域外国际关系之间,存在利益诉求与矛盾冲突是现实的、客观的,对于解决地区问题,世界各国在处理方式上存在明显差异,因此,不论国际地区局势如何演变,从应然视角来看,在以《联合国宪章》为基础的统一的、可预见的国际制度框架内通过法治途径解决问题,就成为全球治理视野中实现和平的现实选项。但是,少数国家打着维护地区安全的旗号扩充军力、挑起事端,比如,美国宣称到 2020 年,要把 60% 的战舰和全球海外空军力量部署到西太平洋地区,以支撑其所谓重返亚洲的"亚太再平衡"战略,与此同时,还积极联合南海域内部分国家制衡中国,这些行径都是对《宪章》精神和国际法准则的违背,给依法和平解决地区问题蒙上了阴影。在谈及如何处理地区问题时,习近平指出:"中国要大力倡导双赢、多赢的新思维,主张彻底摒弃你输我赢、赢者通吃的旧思维。"[②] 这种"新""旧"思维之间的倡导与摒弃,表明中国对《宪章》精神的坚定继承和对其内涵的丰富发展,理应成为处理当前地区冲突与矛盾的现实选择。

(三)关于在国际法框架内构建新型大国关系的思想

2012 年 2 月习近平同志访美期间,将中美两国关系的未来定位为"新型

---

① 习近平. 弘扬和平共处五项原则 建设合作共赢美好世界——在和平共处五项原则发表 60 周年纪念大会上的讲话 [N]. 光明日报,2014 - 06 - 29(1).
② 习近平. 弘扬和平共处五项原则 建设合作共赢美好世界——在和平共处五项原则发表 60 周年纪念大会上的讲话 [N]. 光明日报,2014 - 06 - 29(1).

大国关系"①，这一定位指明了中国在多极化国际格局下处理大国关系的战略思维与制度导向。习近平认为，新型大国关系首先是一种合作关系，中国"致力于同各大国发展全方位合作关系，积极同美国发展新型大国关系"②。由此可见，合作是中美两国新型大国关系的基本内涵，而双方合作的基础，是对共同的规范和行为准则的遵守。《联合国宪章》第2条规定了国际社会成员应当遵守的原则，这就从客观上为构建新型大国关系的双方，提供了既定的国际法制度安排，所以，中美两国所缔结的条约、文件及双边协定的内容，也理应包含符合《宪章》精神的国际法原则、理念与习惯。同时，对大国行为的约束也是国际法的框架所指，大国之所以为大，就表明其无论在领土、人口、历史、文化，还是在政治、经济、军事等方面，在国际和地区范围内具有重要影响力，国际法承认国家间的主权平等地位，并不意味着国际法没有赋予大国特殊的权利和义务。③ 正如习近平多次指出的，作为负责人的大国，"中美需要在加强对话、增加互信、发展合作、管控分歧的过程中，不断推进新型大国关系建设"④，而不是肆意利用政治军事等强势实力破坏国际局势稳定，因此，"尊重主权、不干涉内政、平等互利、和平共处这些国际法理念"⑤，同时也是处理大国关系的准绳。在国际法框架内构建与调整新型大国关系，应当成为塑造国际新秩序的一种新常态。

二、坚持以"和平共处五项基本原则"⑥ 为根本的国际法价值理念

不论国际风云如何变幻，在数十年的国际事务交往中，和平共处五项基

---

① 有学者认为，新型大国关系是中国领导人汲取历史经验并因应国际关系现实，根据自身国际定位的变化和预期而提出的战略理念。这种关系作为对大国关系状态的设计属于国际法的客体范畴。{参见赵骏. 国际法视角下新型大国关系的法律框架 [J]. 法学，2015 (8): 93.}
② 习近平. 弘扬和平共处五项原则 建设合作共赢美好世界——在和平共处五项原则发表60周年纪念大会上的讲话 [N]. 光明日报，2014-06-29 (1).
③ 赵骏. 国际法视角下新型大国关系的法律框架 [J]. 法学，2015 (8): 96.
④ 习近平. 习近平谈治国理政 [M]. 北京：外文出版社，2014: 280.
⑤ 何志鹏，孙路. 大国之路的国际法奠基——和平共处五项原则的意义探究 [J]. 法商研究报，2014 (4): 29.
⑥ 和平共处五项原则由中国政府提出，即"互相尊重主权和领土完整、互不侵犯、互不干涉内政、平等互利和和平共处"，是中国在建立各国间正常关系及进行交流合作时所遵循的基本原则。

本原则已经超越不同国家社会制度和意识形态的桎梏，为妥善处理国家关系提供了科学的原则遵循，逐渐成为具有调整国际秩序作用的国际法价值理念。正如习近平主席所指出的那样：“和平共处五项原则生动反映了联合国宪章宗旨和原则”，"也体现了各国权利、义务、责任相统一的国际法治精神"。①

（一）关于坚持以亲、诚、惠、容的国际法价值理念推进周边外交的思想

中国传统法治价值理念崇尚"仁义礼智"的道德品格，主张在包容、共进、共享的"义"的内涵中追求公平正义。这一点在习近平阐述中国推进周边外交的"义利观"理念中体现明显，"亲望亲好，邻望邻好。""中国坚持睦邻、安邻、富邻，践行亲、诚、惠、容理念，努力使自身发展更好惠及亚洲国家。"② 可以说，"和为贵"的中国优秀传统文化，是影响中国与亚洲周边国家的亲善相助、真诚关照的内在精神品质，如习近平所说："大道之行也，天下为公。公平正义是世界各国人民在国际关系领域追求的崇高目标。"③ 正是重"义"的国际法价值理念，融通而形成"道义""利义""正义""德义""仁义""公义"的中华传统价值取向，使得中国一贯秉承一种包容共进、造福人类的发展自觉，从而推动发展自身、惠及周边的经济实践。不仅如此，在实现和平共处的政治条件中，同样也离不开规则制定上的"公义"以及遵守执行上的"正义"，习近平指出："中国是亚洲安全观的积极倡导者，也是坚定实践者"，在维护周边地区安全稳定问题上，愿意与各方"共同探讨制定地区安全行为准则"④，共同遵守国际关系基本原则，反对霸权主义和强权政治。应当说，习近平的"义利观"，来源于中国传统价值理念与当代国际法价值理念之间的高度融通与本质契合，在很大程度上推动着"亲、诚、惠、容"的价值理念进入中国处理周边关系的实践层面。

（二）关于依法维护国家核心利益的思想

自古以来，主权、安全和领土完整都是一个国家不可分割的基本要素和

---

① 习近平. 弘扬和平共处五项原则 建设合作共赢美好世界——在和平共处五项原则发表60周年纪念大会上的讲话［N］. 光明日报，2014-06-29（1）.
② 习近平. 习近平谈治国理政［M］. 北京：外文出版社，2014：358.
③ 习近平. 弘扬和平共处五项原则 建设合作共赢美好世界——在和平共处五项原则发表60周年纪念大会上的讲话［N］. 光明日报，2014-06-29（1）.
④ 习近平. 习近平谈治国理政［M］. 北京：外文出版社，2014：358.

核心利益所在,《联合国宪章》明确载有"各会员国主权平等""维持国际和平与安全"的原则规范,每一个国家不论大小、强弱,其国家核心利益都受到国际法的确认与保护。习近平认为:"和平共处五项原则的精髓,就是所有国家主权一律平等,反对任何国家垄断国际事务。"① 但是,当前某些国家置国际法与他国核心利益于不顾,企图为本国的非法利益套上合理的道义外衣,凌驾于国际法的权威和尊严之上,习近平指出此类行径实则是以"法治"之名行侵害他国正当权益、破坏和平稳定之实的非法本质,② 进而提出"坚持共同安全"的国际安全新思维,其目标不是某个或某些国家的主权完整与综合安全,而是域内每一个国家的核心利益不受侵犯。同时,中国努力实现和平发展并不排斥对国家核心利益的坚决维护,习近平指出:"任何外国不要指望我们会拿自己的核心利益做交易,不要指望我们会吞下损害我们主权、安全、发展利益的苦果。"③ 这些重要论述对我国依法处理同相关国家领土主权和海洋权益、有效遏制国家分裂与恐怖主义活动提供了法理依据和基本遵循。

(三)关于构建命运共同体的法律保障机制思想

当代国与国之间的关系并不单纯表现为利益关系,政治磋商、经济交往、人员往来、军事合作等"国际制度"④ 的建立,都是以相互信任为前提,以求同存异为原则,以合作共赢为目的。从理论层面看,如果人类缺少共同的价值体系指引,那么在不同国家、不同族群之间保持长期有效的沟通互动就面临困境,类似"文明冲突论"等价值判断的出现,无疑会加深各方的猜忌与不信任,因此,有必要从实践层面树立起人类共同价值体系的制度保障机制。在习近平同志看来,和平共处五项原则指引下所构建的人类"命运共同

---

① 习近平. 弘扬和平共处五项原则 建设合作共赢美好世界——在和平共处五项原则发表60周年纪念大会上的讲话 [N]. 光明日报, 2014-06-29 (1).
② 习近平. 弘扬和平共处五项原则 建设合作共赢美好世界——在和平共处五项原则发表60周年纪念大会上的讲话 [N]. 光明日报, 2014-06-29 (1).
③ 中共中央宣传部. 习近平总书记系列重要讲话读本 [M]. 北京:学习出版社,人民出版社,2014:154.
④ 罗伯特·基欧汉(Robert O. Keohane)认为,"国际制度"是指"规定行为职责、行动限制以及影响行为体期望的持久且互为联系的一组正式或非正式的规则"。(参见 Robert O. Keohane. International Institutions and State Power [M]. Boulder:Westview, 1989:3.)

体",应当成为人类共同价值体系的主流价值取向。实践中,不管是以中国为主导发起的亚洲基础设施投资银行、上海合作组织,还是惠及非洲、拉美、亚欧的"一带一路"倡议,都充分表明中国有能力"推动国际秩序朝着更加公正合理的方向发展,为世界和平稳定提供制度保障"①。为此,应当以和平共处五项原则作为规范国际关系的重要原则,利用法律文本、双边多边协定等法律形式,巩固和保证和平共处五项原则作用于构建"人类共同体"的制度实践。

三、坚持通过法治化路径解决国际领域的重大问题

法治是全球治理的重要方式,国际视野中,在法治化框架内实现国家互动,是推进国际重大问题妥善解决的有效路径。习近平认为:"法者,天下之准绳也。在国际社会中,法律应该是共同的准绳。"② 在认定共同行为准则的前提下,每个国家都应积极参与国际法治互动,通过国际司法、双边多边协定以及共同遵守的制度机制,成为共同应对恐怖主义、生态危机等重大国际问题的主要发起者和终端应受者。

(一)关于共同依法打击国际恐怖主义的思想

当前,恐怖主义已经成为危害人类社会整体和谐稳定的最大障碍,国际反恐怖主义相关制度法规的国际公法属性,以及其旨在维护人类整体权益的法治目的性,都表征着国际社会对打击国际恐怖主义法律规范的遵守,应当是全面且不设"双重标准"的。第一,基于恐怖主义的反人类性和极端暴力性,依法打击国际恐怖主义须从观念上做到"零容忍"。习近平指出:"对恐怖主义、分裂主义、极端主义这'三股势力',必须采取零容忍态度"③,在此原则下,各国家和地区组织都有义务利用自身最大可能打击恐怖主义。第二,制定区域法律规范与执法合作机制,是有效打击国际恐怖主义的现实途径。在2013年上海合作组织成员国第十三次会议上,习近平强调,"要落实

---

① 习近平. 习近平谈治国理政 [M]. 北京:外文出版社,2014:324.
② 习近平. 弘扬和平共处五项原则 建设合作共赢美好世界——在和平共处五项原则发表60周年纪念大会上的讲话 [N]. 光明日报,2014-06-29(1).
③ 习近平. 习近平谈治国理政 [M]. 北京:外文出版社,2014:355.

《打击恐怖主义、分裂主义和极端主义上海公约》① 及合作纲要，完善本组织执法安全合作体系"②。一方面，国际社会要加强执法信息的沟通交流，做好本国国内法与国际反恐法律之间的衔接，在开展反恐的搜查、扣押、查封等方面加大合作力度，把打击暴力恐怖活动同铲除恐怖主义的资金来源结合起来；另一方面，要做好反恐人才的培养机制，密切各国司法人员往来，习近平说，中方将设立"中国—上海合作组织国际司法交流合作培训基地"③，以此为各成员国共同应对恐怖主义培养司法专业人才，储备多国共同反恐的人力资源。第三，针对恐怖主义在网络技术、核能材料、生化安全等非传统安全领域蔓延的现状，各国应建立相应的执法机制，深化专项反恐领域的沟通协作，诚如习近平在荷兰海牙核安全峰会上强调的那样："各国要切实履行核安全国际法律文书规定的义务"，通过有效的制度保障机制，"深化打击核恐怖主义的国际合作"④。

（二）关于遵循国际生态法律规范开展生态环境建设的思想

习近平同志十分关注国际生态领域突出问题的治理，着眼于国际与国内生态建设的"两个大局"，在多个重要场合表明中国主动遵循"国际生态法律规范"⑤，开展生态文明建设的意愿和立场。一方面，习近平认为，生态问题

---

① 《打击恐怖主义、分裂主义和极端主义的上海公约》，简称为《上海公约》。这是世界上第一部明确规定打击与恐怖主义、分裂主义和极端主义三种势力有关的犯罪行为的综合性公约。该公约由上海合作组织成员国中国、俄罗斯、哈萨克斯坦、吉尔吉斯斯坦、塔吉克斯坦、乌兹别克斯坦的国家元首于2001年6月15日在上海签署。中国于2001年10月27日批准。该公约具有许多现有的反对恐怖主义国际公约所不具备的特点。美国和英国等西方国家对该公约表现出浓厚的兴趣，正在考虑将该公约作为建立广泛的反恐怖国际联盟的法律基础，并以此为蓝本制定出一个更全面的反恐怖主义法律文件。{参见赵永琛. 国际反恐怖主义法的若干问题 [J]. 公安大学学报，2002（3）：49.}
② 习近平. 习近平谈治国理政 [M]. 北京：外文出版社，2014：340.
③ 习近平. 习近平谈治国理政 [M]. 北京：外文出版社，2014：342.
④ 习近平. 习近平谈治国理政 [M]. 北京：外文出版社，2014：254-255.
⑤ "国际生态法律规范"是各国和国际组织合力开展生态保护、谋求绿色发展始终需要遵守的法律规范和制度原则，除了利用习惯规范、公认的原则、双边和多边性质的条约规范、国际组织的强制性决定和建议性决定、国际司法机构的裁决的传统分类法之外，全球性和区域性国际生态法领域议定书和其他辅助性协定中框架性规范，以及确定对国际生态关系进行法律调整的原则、战略以及长期规划过程中形成的"软法"规范，都是国际生态法律规范的重要组成部分。{参见刘洪岩. 国际生态法发展的几个理论问题 [J]. 求是学刊，2014（6）：96.}

是决定中华民族能否永续发展的重大问题，同时也是关系到人类命运福祉的重大问题，从人类文明的高度强调"生态环境保护是功在当代、利在千秋的事业"①。保护环境、建设生态对中国和世界都是极端重要的现实工作，而法律途径和制度机制，将在很大程度上推动生态问题的妥善解决，为此，"只有实行最严格的制度、最严密的法治，才能为生态文明建设提供可靠保障"②。另一方面，习近平认为，应对生态问题离不开各国参照共同的法律规范，广泛开展务实有效的国际合作。在2013年致生态文明国际论坛的贺信中，习近平向世界表明生态文明建设在中国特色社会主义"五位一体"总体布局的重要地位，指出中国"将继续承担应尽的国际义务"③，希望各个国家和国际组织，都能共同应对生态环境问题这一全球挑战，共享生态发展的成果。实践中，从国际法和国家（国内）法两个层面开展环境问题的法治化治理，是人类有效解决生态问题的共同选择，近年来，在国际领域，中国既积极参与国际生态环境保护的法律标准文件的制定，也主动遵守执行诸如《京都议定书》减排承诺等国际公约，进一步密切同各国以及诸如"绿色和平组织"等国际组织的合作协助，以自身实际行动证明了中国依法"自觉推动绿色发展、循环发展、低碳发展"④ 的生态理念；在国内方面，习近平提出将"生态文明建设的具体内容纳入社会经济发展考核评价体系""建立责任追究制度""加强生态文明宣传教育"⑤ 等一系列重要制度措施，通过健全完善生态环境领域立法、执法、司法的制度机制，以及对全民保护环境的守法意识培养，全方位构筑起生态文明建设的国内法律制度体系。

四、几点启示

和平与发展是当今世界局势的主流，国际法治的价值与目标旨在营造一种全球化趋势下共存共赢的国际秩序。习近平国际法治思想科学反映了当今时代的发展走向，贯穿着马克思主义法学思想的基本原理与方法论，深刻揭

---

① 习近平. 习近平谈治国理政 [M]. 北京：外文出版社，2014：208.
② 习近平. 习近平谈治国理政 [M]. 北京：外文出版社，2014：210.
③ 习近平. 习近平谈治国理政 [M]. 北京：外文出版社，2014：212.
④ 习近平. 习近平谈治国理政 [M]. 北京：外文出版社，2014：212.
⑤ 习近平. 习近平谈治国理政 [M]. 北京：外文出版社，2014：210.

示出国际法治的逻辑起点在于维护和平和实现发展,"没有和平,中国和世界都不可能顺利发展;没有发展,中国和世界也不可能有持久和平"①。正是基于对和平与发展这一国际大势的准确判断,习近平从实现我国"两个一百年"发展目标的实际出发,就国际政治、全球治理和我国外交政策提出的一系列新思想、新论断,对新形势下依法推进"一带一路"建设、全面推进依法治国、实现中华民族伟大复兴的"中国梦"影响深远。

第一,推进"一带一路"倡议须夯实法治化的制度基础。"一带一路"(即"丝绸之路经济带"和"21世纪海上丝绸之路")是以习近平同志为核心的党中央,着眼于新时期国际国内两个大局作出的重大战略决策。一方面,域内各国经济发展与合作的现实需求离不开法治化基础。"一带一路"倡议涉及面广,影响范围覆盖亚、非、欧三大洲际国家,需维护和处理的国际关系与地区环境极为复杂,况且沿线各国在政治倾向、经济实力、社会状况、文化形态、宗教环境等方面差异明显,所以,唯有根据战略推进的速度、深度与广度,及时实现法治化,才能最终确保"一带一路"倡议在域内国家落地生根并长期发挥作用。为此,尽可能早地制定国际组织章程和争端纠纷化解机制,通过国际法治途径统一各国行为标准,避免法律冲突,夯实促进域内各国交往合作的法治化基础,是有效推进"一带一路"倡议的必要举措。具体而言,从经济发展的层面构建以中国为主导的国际经济条约体系,可以通过各国共同商定投资经贸规则、促进各国法律对接衔接、成立域内国际组织等法律方式来实现。另一方面,推进域内地区消除贫困、生态治理、文化交流、打击恐怖主义等国际合作离不开法治化机制保障。从地缘政治的视角来看,"一带一路"倡议所覆盖的广阔地域,既包括局势动荡的国家地区,又内含多个具有区域影响力的大国,如何关照各国国情实际,解决同各国国内法冲突甚至同双边、多边协定的法律冲突,是考验"一带一路"区域法治化实践的重要课题,同时,也关系到我国作为主导发起国在制定国际规则中的话语权掌控。因此,在具体规则的制定过程中,必须处理好几个法律原则。一

---

① 习近平. 更好统筹国内国际两个大局 夯实走和平发展道路的基础 [N]. 人民日报, 2013-01-30 (1).

是"国际强行法"① 优先原则。以打击中亚、中东地区严重的恐怖主义为例，尽管某些国家在一些恐怖势力盘踞的地区还存在一些领土主权争议，但基于国际反恐强行法的考量，相关国家的国内法应将首要矛盾的解决定位于打击恐怖主义，而不是相反。二是互利共赢原则。"一带一路"是造福域内国家和地区的重要战略，其法律规范和机制设计也必须体现这一原则，即保障各方利益的均衡共享，因此，在出现因事务争端而引起的法律冲突时，解决措施不仅需要有助于消除法律形式上的冲突，更要关注对争端各方尤其是利益受损一方的平衡与补偿，通过利益协调和平衡的法律机制，实现相关各方利益均衡。同时，中国主导推进的"一带一路"倡议，根本重心在国内，这就要求中国在研究推进国际法治化的进程中，更加注重国内全面推进依法治国同建设"一带一路"的协调对接，通过法律创新和机制衔接，将国际通行且符合中国实际的国际规则"引进来"，推动行之有效、能够反映中国发展要求的法律制度"走出去"。

第二，全面依法治国须注重加强涉外法律工作。全面依法治国是新时期"四个全面"战略布局的重要组成部分，也是有力推进我国国家治理体系与治理能力现代化的重要保证，正如习近平同志所指出的的那样："向国内外鲜明宣示我们将坚定不移走中国特色社会主义法治道路。"② 同时，党的十八届四中全会作为党的历届中央全会中首次专题研讨全面依法治国的会议，在会议《决定》中也明确指出：要"加强涉外法律工作"③。这表明，做好涉外法律工作，不仅是我国参与全球治理、构建开放型经济、维护国家海外利益的现实需要，同时也是全面推进依法治国、推进国家治理现代化的战略考量。面对当今错综复杂的国际局势和利益交融、兴衰相伴的人类命运共同体现实，

---

① 有学者认为，国际强行法是国际法上一系列具有法律拘束力的特殊原则和规范的总称，这类原则和规范由国际社会成员作为整体通过条约或习惯，以明示或默示的方式接受并承认为具有绝对强制性，且非同等强行性质之国际法规则不得予以更改，任何条约或行为（包括作为与不作为）如与之相抵触，归于无效。{参见张潇剑. 论国际强行法的定义及其识别标准 [J]. 法学家，1996（2）：49.}

② 本书编写组. 党的十八届四中全会《决定》学习辅导百问 [M]. 北京：党建读物出版社，学习出版社，2014：39.

③ 本书编写组. 党的十八届四中全会《决定》学习辅导百问 [M]. 北京：党建读物出版社，学习出版社，2014：200.

第五章 十八大以来中国特色法律治理观念及其实践的新发展

做好涉外法律工作，意味着中国作为负责任的大国，需要在借助法律途径解决国际性重点热点问题方面承担更多责任，通过全面依法治国的战略实践发挥表率作用，促使各国共同遵守统一的国际法和行为准则。这其中，既包括宏观层面的外交实践中对《联合国宪章》及其相关国际法的遵守和维护，也包含中观层面在处理同周边国家关系、维护国家核心利益上，对和平共处五项原则的坚持与发扬，还包括打击国际恐怖主义、治理生态环境、维护南海领土权益等微观层面的法律适用与机制创新。可以说，综合运用法律手段处理涉外事务、维护国家主权、推动经济发展，是全面依法治国的本质要求与应有之义。习近平同志关于国际法治的系列重要讲话表明，我国在涉外法律工作的具体实践中，一要在国际规则和制度的制定环节，发挥更加积极的甚至是主导性的作用，"参与国际反恐、网络安全、公共卫生、气候变暖等全球性问题的治理和规则制定，促进世界和平和共同发展"[1]。二要做好国内法律同国际法律之间的融合与衔接，参照国际通行原则健全完善国内立法，深化司法领域国际合作，有效利用双边、多边以及全球性规则机制解决经济纠纷与法律冲突。三要积极参与执法安全国际合作，共同打击"三股势力"、毒品走私等跨国犯罪，在南海、东海等相关重点海域制定解决争端的法律磋商机制，依法保障国家的主权和安全。

第三，实现中华民族伟大复兴的"中国梦"须拓展法治的国际视野。党的十八届四中全会《决定》指出："实现中华民族伟大复兴的中国梦，必须全面推进依法治国。"[2] 毋庸置疑，"中国梦的实现离不开成熟和定型的制度支撑，而一个国家制度体系的关键在于政治制度，政治制度的灵魂则在于民主和法治，这也是推进国家治理体系和治理能力现代化的内在要求"[3]。中国梦也是法治梦，中华民族的伟大复兴必然伴随着法治化治理模式的全面推进，在对外开放不断深化的全球化背景下，法治的全面推进必然要求国际法治治

---

[1] 本书编写组. 党的十八届四中全会《决定》学习辅导百问 [M]. 北京：党建读物出版社，学习出版社，2014：202.

[2] 本书编写组. 党的十八届四中全会《决定》学习辅导百问 [M]. 北京：党建读物出版社，学习出版社，2014：1.

[3] 胡伟. 依法治国与制度软实力："中国梦"的新维度 [J]. 政治学研究，2014（6）：20.

理体系的融入，以此增强我国国家制度体系的理论包容力与实践张力。同时，中华民族的伟大复兴意味着中国的国家政治制度、经济发展状况、人民生活水平、社会治理程度都跻身世界先进行列，中国特色社会主义道路的制度优势与实践成效不仅能够作用于国内，而且也能影响到国际，在世界范围走出一条既体现"中国特质"又融合"国际元素"的法治之路。更为重要的是，当前的国际现状为法治中国的构建与传播提供了可能：一方面，是以西方价值观为指导的自由民主制度遇到的现实困境，美国知名学者福山认为："自由民主创造了由一种欲望和理性组合而成但却没有抱负的人。由于完全沉湎于他的幸福而对不能超越这些愿望不会感到任何羞愧，所以，'最后之人'已经不再是人类了。"① 相形之下，作为"中国梦"重要组成部分的中国特色法律治理观念，则在马克思主义法学思想的指导下，充分汲取中华传统优秀法律文化和西方先进法治思想，其"和而不同""容而兼顾"的法治思维与价值理念，使其在思想观念林立的全球治理范式中，提供了一种能够反映人类社会发展规律的法治理论。另一方面，是以习近平国际法治思想为表征的中国特色社会主义法治道路越走越宽，习近平认为，"中国梦"也是"世界梦"，"实现中国梦不仅造福中国人民，而且造福世界人民"②。兼具了"国家富强、民族振兴、人民幸福"目标要求与"人类命运共同体"价值指向的"中国梦"，必然能够通过法治化的发展理念创新与治理机制创新，提升全球治理的制度"软实力"水平。法治实践中，对国际共同价值理念与制度规则的践行，标志着法治中国的制度建构正趋于成熟与稳定，这其中也蕴含着中国特色社会主义制度"软实力"走向世界的强大动力。

---

① ［美］弗朗西斯·福山. 历史的终结及最后之人［M］. 黄胜强，许铭原，译. 北京：中国社会科学出版社，2003：13.
② 习近平. 习近平谈治国理政［M］. 北京：外文出版社，2014：56.

第六章

中国特色法律治理观念何以构建与实现

我国民主法治事业历经数十年发展，已形成较为丰富的理论成果与实践经验，从整体上系统构建中国特色法律治理观念的条件趋向成熟。但"道有夷险，履之者知"①，（刘基《拟连珠》）从学理框架全面构建法治这样一个宏大的思想体系绝非易事，笔者试图通过历史的梳理与逻辑的阐述，对中国特色法律治理观念以基本定义与初步定位，对个中思想内容和逻辑关系予以区分整合，旨在提供一种研究思路供学界参考。

第一节　构建中国特色法律治理观念必须处理好的三大关系

以十一届三中全会为历史界碑，我国社会主义事业的探索实践可以分为改革开放前和改革开放后两个时期，这两个时期不仅相互联系又有重大区别，不仅如此，在改革开放以后，中国特色社会主义不同发展阶段的法治思想和理论形态也存在着一定差异。因此，基于理论形态的时空差异与各自所解决对象的不同，在构建法治观理论体系之前，有必要进一步梳理和厘清三个思想理论之间的关系。

一、处理好中国特色法律治理观念与其思想理论源流的关系

总的来看，中国特色法律治理观念是以马克思主义法治思想为指导的理

---

① 人民日报评论部. 习近平用典［M］. 北京：人民日报出版社，2015：117.

论形态，其思想理论来源囊括了古今中外的法治思想观点，无论是中西方法治理论的思想来源和主流观点，还是不同时期社会主义国家法治实践的经验认识和重要镜鉴，都在推动中国法治事业的进程中发挥着巨大作用，这些优秀的法治理念、观点和原则，共同汇集构成法治观重要的思想源流。

马克思主义法治思想是中国特色法律治理观念最主要的理论基础，为社会主义法治实践提供了重要的价值指引与科学的方法论。在这一思想的指导下，各国共产党带领人民开创了社会主义民主法治建设的新局面，以列宁法治观、毛泽东法治思想为代表的社会主义法治观，都是马克思主义法治思想与各国国情实际结合而形成的重要理论成果，作为马克思主义法治思想的经典内容直接纳入法治观的理论来源。列宁逝世后，苏联共产党未能在正确法治观的指引下领导苏联的民主法治建设，其法治观文本与事实的困境以及最终苏联解体的后果充分证明了这一点。

中国特色法律治理观念不仅继承马克思主义的理论观点，也汲取人类法治文明的共同财富，是中西方先进法治思想理论的成果集合。其中，中华优秀传统文化滋养下的中国古代法治观，是中国古代先哲与统治阶层在治国策略和法治观念上的集中体现，深刻影响着当代中国人的法治思维方式和价值观念，对其中有益部分的吸取、融合和阐发，是社会主义法治观在中国这片大地展现巨大生命力的必要之举。先秦时期，儒道法墨等诸家学说阐述的法治观代表着当时中国乃至世界法治理论的最高水平，自春秋战国起中国就制定了自成一体的成文法典籍，德主刑辅、礼法合一、明刑弼教等法治思想影响至今。当今世界范围，法治建设成功的国家往往能够找到适合自身的法治道路，而那些法治建设落后甚至失败的国家，其选择的法治道路往往并不适应本国的历史文化传统与基本国情。"鞋子合不合脚，自己穿了才知道"，中国作为一个有着悠久历史的文明古国和社会主义大国，独特的国情实际、历史传统和法律文化决定了社会主义法治在中国扎根生长具有某种历史必然性，面对当代西方某些法治模式的竞合，挖掘吸收中华法律文化精髓，弘扬根植于中华优秀传统文化的法治精神，本质上要求将中国古代法治观纳入中国特色法律治理观念的本土思想理论渊源。

西方文明包含着丰富的法治观点和学说，其中很多已经形成学派并自成体系，作为人类共同拥有的精神财富，从苏格拉底到黑格尔，法治在西方古代和近现代文明进程中发挥着极为重要的作用,诸多大思想家、哲学家、政治家纷纷围绕法的起源、价值、内容、程序等问题立论阐述,将法治的思想观点推演至政党、国家、人权、民族、主权等更大领域,赋予法治以新的思想内涵和理论维度。马克思、恩格斯创立历史唯物主义与辩证唯物主义以来,充分吸收借鉴西方法治理论观点,并对资产阶级法治思想进行批判和改造,逐步形成以马克思、恩格斯法治思想为主要内容的马克思主义法治观。马克思主义法治观与中国文化传统与特殊国情的结合,形成了中国特色法律治理观念的理论基础。同时,基于这个理论基础的法治观不应当故步自封,满足于已取得的理论和实践成就,而是必须通过向外引入有益的思想理论,结合市场经济的完善和深化,进一步推动法治观的理论创新。当然,理论创新意味的是对国外法治有益经验的充分借鉴而非照搬照抄,必须确保理论的创新在马克思主义指导下进行并沿着社会主义方向推进。新时期,在充分汲取历史经验和域外有益思想的基础上,依宪治国、依宪执政、反对人治、法治德治结合等思想在中国特色法律治理观念的理论形态中逐步得到阐发,成为马克思主义法治观中国化的最新成果,这些新观点、新论断饱含着对当代法治现实状况、发展方向的深刻理解,是全球化、信息化时代指引我国民主法治发展建设的重要思想。

不同的历史文化与发展实际造就了东西方不同的法治环境和法治观,正如习近平同志指出的:"橘生淮南则为橘,生于淮北则为枳,叶徒相似,其实味不同。所以然者何?水土异也。"[①](《晏子春秋·内篇·杂下》)实际上,社会主义法治观与资本主义法治观有着本质性的区别,建设社会主义法治国家,如果全面西化、盲目照搬只会酿成苦果,苏共垮台和苏联剧变就是一个深刻警示。这一历史经验时刻警醒我们,只有适合的制度才是最好的制度,为此,必须坚持党的领导,在借鉴西方有益法治思想的同时,从中国历史文化和本国国情的实际出发,以社会主义法治观为思想引领,坚持走中国特色社会主义法治之路。

---

① 人民日报评论部. 习近平用典 [M]. 北京:人民日报出版社,2015:195.

二、处理好毛泽东思想中的法治思想与中国特色法律治理观念的关系

第一，深化关于毛泽东法治观与邓小平、江泽民、胡锦涛、习近平等党的领导人法治观之间关系的认识。以毛泽东同志为核心的党的第一代领导集体开创了我国民主法治事业的新局面，为中国特色法律治理观念的形成提供了宝贵经验和思想理论准备，自邓小平同志为核心的党的第二代领导集体以来，伴随着改革开放和市场经济的推进，法治观所具备的中国特色进一步得以显现，一个日臻成熟的法治观理论形态开始形成。其中应当明确的是，毛泽东法治观不仅是毛泽东思想的重要组成部分，也是马克思主义法治思想与中国实际和时代特征紧密结合的重要理论成果，与邓小平、江泽民、胡锦涛、习近平等党的领导人的法治观一起，具有一致的理论来源、政治信仰和哲学基础，共同构成了马克思主义法治观中国化的理论成果。虽然毛泽东晚年在民主法治问题上犯了相当严重的领导错误，但这并不意味着毛泽东的法治观与其他领导人的法治观就是根本对立的，这些法治思想理论不仅不互相否定，反而具有内在的一致性。邓小平作为"毛泽东思想"这一全党集体智慧的阐发者之一，正是充分吸取和借鉴了毛泽东正确的民主法治思想与失败的经验教训之后，才成就了"邓小平理论"关于依法治国、建设社会主义法治国家的科学认识，由此，一个关于社会主义法治观的新的理论境界得以开创。

第二，深化关于中国特色法律治理观念与中国共产党法治观之间关系的认识。十一届三中全会以来，中国共产党带领全国人民开启了中国特色社会主义民主法治事业的新征程，这一伟大进程中积累形成的新的法治思想理论、观点认识，不仅是新时期马克思主义法治观中国化的思想宝库与智慧结晶，也是中国共产党法治思想与集体智慧的生动体现。因此，中国特色法律治理观念实际上就是党在中国特色社会主义新时期，科学把握党与宪法法律关系、运用法治方式治国理政、依法维护人民利益的思想理论的总和。在这一基本逻辑中，中国特色社会主义既全面体现出我国法治建设的时空方位与时代特征，又深刻反映出指导这一法治建设的思想理论是社会主义性质，而不是其他什么主义；法治观所具有中国特色的首要，是党对法治事业的开创与领导，党的法治观贯穿中国特色社会主义民主法治事业的不同阶段，呈现出与社会主义建设和改革各个时期相契合的理论形态；法治是党领导人民治国理政的

基本方式，其精神内核指向着党的领导和人民意志的统一，突出地反映出中国特色社会主义的本质属性和国情实际的现实要求。总之，中国特色法律治理观念是马克思主义法治观中国化的新的理论成果，同时也是不断发展着的新的理论形态。

三、处理好中国特色法律治理观念与"四个全面"战略布局之间的关系

第一，把握好中国特色法律治理观念与全面建成小康社会的关系。在中国特色社会主义发展的新时期，中国共产党第一次从实现中华民族伟大复兴中国梦的高度定位全面建成小康社会，并将其确定为复兴圆梦的关键一步。其中，建设中国特色社会主义法治国家是"全面小康"的应有之义与重要着力点。全面建成小康社会，本质为发展，核心是全面，特点在小康。我国经济社会发展进入新常态后，民主法治的理论与实践也进入一个新的发展常态，必须在这一"发展起来以后"的时期，以中国特色法律治理观念作为思想引领，带动民主法治事业向更加"全面"的阶段进发，以此完成政治文明、精神文明发展质效的升级，实现全面小康的定位。

第二，把握好中国特色法律治理观念与全面深化改革的关系。改革开放既是历史和实践证明了的改变中国命运的关键一招，也是实现中国梦奋斗目标的关键一招。全面深化改革之所以"全面"，不仅意味着经济基础层面改革的全面深化，相对应的政治、文化、道德、法律等上层建筑领域的改革也应当进一步深化。正如党的文献所指出的那样，全面改革是有立场、有方向的改革，既不是改弦易辙也不是改回老路，而是在党的领导下沿着中国特色社会主义的方向进行的改革，改革的方向决定中国所实行的法治应当秉承对社会主义制度的坚守，改革的目标要求完善中国特色社会主义制度、实现国家治理现代化，这些目标都对法治理论的创新丰富提出了新的要求，既要求构建新的中国特色社会主义法治理论形态与之相适应，又依靠科学的法治思想和制度设计谋划新的改革事业，因此，坚持以法治思维和方式推动各项改革，是全面深化改革的主要抓手之一。改革的进程中，不仅要做到胆大心细、勇于担当，更要做到有章可循、依法办事，以中国特色社会主义在建设、改革过程中形成的经验认识、思想理论、原则制度为指导和借鉴，树立中国特色法律治理观念，改革政治体制中不适应经济发展与法治要求的问题和弊端，通过法治方式解决各项改革中暴露出的矛盾与冲突，最终实现全面深化改革的目标。

第三，把握好中国特色法律治理观念与全面依法治国的关系。在推进国家治理现代化进程的关键期，克服阻碍政治文明发展的体制性弊病，根除封建"人治"思想残余，关键还要靠全面依法治国。中国特色法律治理观念作为马克思主义法治思想中国化的理论创新，通过在思想理论层面对党的法治理论进行凝结与梳理，不仅科学总结了我国法治建设的经验成果，更好地把握住体现社会主义法治发展的规律性特点，也深刻揭示出当前法治建设中亟需关注的重要问题，可以说，正是因为中国特色法律治理观念所具有的广阔理论张力，使得全面依法治国作为中国特色法律治理观念的重要构成，始终在不断的实践积累与历史积淀中酝酿着新的法治思想与理论观点，而其所形成的新的观点认识又在这一治国方略的全面施行中不断发挥着指导、引领作用。从根本上看，当代法治进程的深化并未离开中国特色法律治理观念的主导，这一理论形态延续着马克思主义法治思想与时俱进的精神特质。

第四，把握好中国特色法律治理观念与全面从严治党的关系。全面从严治党重点在"严"，关键在"治"，法治以其高度权威性、严格规范性与显著强制性为从严治党提供了有效的制度选项。在全面从严治党理论的维度中，马克思主义法治思想是马克思主义关于共产党执政规律在法治层面的科学认识，中国特色法律治理观念作为马克思主义法治观中国化的集中体现，是指导我们党从严治党、依法治党、科学执政、依法执政的重要依据。一方面，党的领导是依法从严治党的首要，"把党的领导贯彻到依法治国全过程和各方面，是我国社会主义法治建设的一条基本经验"[1]。另一方面，从严治党离不开法治思维与法治方式，更离不开科学系统的法治观指引，党在推动经济社会发展纳入法治化轨道的工作中，须以中国特色法律治理观念作为行动参照，在总结归纳不同阶段法治建设经验以及党的法治思想理论创新成果的基础上，贯彻依法从严治党的各项要求。

第五，把握好中国特色法律治理观念与实现中华民族伟大复兴的中国梦

---

[1] 中共中央关于全面推进依法治国若干重大问题的决定[M]//党的十八届四中全会《决定》学习辅导百问[M]. 北京：党建读物出版社，学习出版社，2014：4.

的关系。"如果把中国比作一列正在向着全面建成小康社会进发的列车,那么改革就是发动机,法治就是稳压器,党的领导就是火车头。"① 理论上讲,伟大复兴的中国梦统领了改革发展、治国理政的全局,明确了"四个全面"的奋斗目标与实践方向,赋予中国特色法律治理观念更为宏阔的理论视野。在中国梦的宏大视域中,"法治梦"始终是一个重要组成部分,其对应的理论形态和实践内容即是中国特色法律治理观念,此法治观的确立与践行不仅为指引全面依法治国提供了观点总结与实践参考,也构成法治化路径下实现"四个全面"的重要理论选项。实践上看,全面建成小康社会意味着国家经济、政治、文化、社会、生态建设走向更加制度化、法治化的新常态,在全面深化改革与全面依法治国所形成强大的"双轮驱动"效应下,改革应当于法有据、依法推进,而实现这一切的关键有赖于党的领导与全面从严治党,同样也离不开依法治党、依宪治党的法治化路径。因此,在推进经济社会发展法治化的进程中,以中国特色法律治理观念为统摄的法治理论形态,是有机连接"四个全面"、助推中国梦实现的重要理论。

第二节　中国特色法律治理观念的组成部分、主要内容和实现路径

先进理论的品质内涵不仅要求其理论形态的严整,更要求与变化着的现实世界保持高度的契合。改革开放以来,我国民主法治事业的伟大实践推进着法治理论的深化,同时为一个新的法治观理论体系的构建提供了认识基础。中国特色法律治理观念涵盖党领导人民依法治国理政的经验成果,表征着社会主义法治实践在不同历史阶段的不同理论面相,是沿着马克思列宁主义法治观、毛泽东思想中法治观的理论逻辑发展的结果,也是马克思主义法治观中国化的现实成果与当代形态。

---

① 人民日报社评论部编. "四个全面"学习读本[M]. 北京:人民出版社,2015:16.

一、中国特色法律治理观念的主要组成部分

正确认识邓小平、江泽民、胡锦涛、习近平法治思想之间关系，需要明确这样一个大的逻辑前提，即中国特色社会主义关于法治理论的各子系统之间的辩证统一关系。在这一逻辑前提下，对邓小平、江泽民、胡锦涛、习近平法治思想进行科学整合，是理清中国特色法律治理观念各主要组成部分相互关系的必要一环。在中国特色社会主义理论体系的组成部分中，法治观是作为一个完整的理论形态出现的，它囊括了理论体系中关于法治部分的各子理论系统，具体由包括邓小平理论、"三个代表"重要思想、科学发展观中的法治思想理论，以及党的十八大以来习近平同志系列法治思想在内的不同阶段的法治观组成。其中，邓小平、江泽民、胡锦涛、习近平这些党的领导人的法治思想，是不同时期党的重大法治理论的集中体现，对于党的领导人法治观的梳理整合，有助于更为生动全面地诠释党的法治观，反映党在各个具体时期、具体工作中的法治思路与工作要求。

作为邓小平理论的重要组成部分，邓小平法治观是对毛泽东法治观思想继承与理论创新的生动体现。邓小平深入分析人治与法治、民主与法制、政党与法治、国家与法治、改革与法治、社会主义与法治等重大理论问题，在总结历史认识和改革经验的基础上，提出依法治国的目标、标准和基本原则，全面解答了社会主义初级阶段民主法治建设的价值目标、指导思想与实践方略等重要命题，开创了法治观的理论视野与崭新局面。在深化社会主义市场机制的时代背景下，深入推进法治的经济社会条件愈发成熟，以江泽民同志为核心的党中央，继承并发展了毛泽东、邓小平法治观的理论逻辑，在"三个代表"重要思想的理论体系中，集中阐述推进依法治国，建设社会主义法治国家的重大思想，明确诠释了"依法治国""以德治国"的科学内涵，从理论高度第一次将党、法治与人民三个治国理政的关键要素有机统一起来，在完善社会主义市场经济的法治化进程中，赋予中国特色法律治理观念以更为科学的理论范式与实践内涵。以胡锦涛为总书记的党中央在构建和谐社会的大背景下，将马克思主义法治观与全面协调可持续的科学发展观充分结合，坚持以人为本的法治理念，使得依法治国方略更加具体、更加深化，推动了党在依法执政理念上的重大转变。

十八大以来，法治问题得到前所未有的高度重视，党中央将法治提升到治国理政基本方式的全局性高度，在党的历史上首次以全会形式（党的十八届四中全会）专门探讨。一方面是新时期党中央关于法治的思想观点内容已十分丰富，马克思主义法治观中国化的重大理论创新成果，对全面推进依法治国的实践指导意义日益凸显。同时，随着整理阐发十八大以来习近平总书记关于法治的重要论述的深入，关于中国特色社会主义法治体系、建设社会主义法治国家的诸多新观点、新论断陆续被提出，这也让笔者认识到，很有必要对这些观点论断在理论形态上进行更为理论化、系统化的归纳阐释，从而完成更具整体性的法治观体系的构建。

另一方面，以内容组成为切入点对中国特色法律治理观念进行划分和整合，有两个方面也需要引起注意：一是关于毛泽东法治思想的界定。以毛泽东为代表的党的第一代领导集体所倡导的民主法治思想，是马克思主义法治思想中国化完成第一次飞跃的重大成果，虽不属于中国特色法律治理观念的主要组成部分，但始终贯穿中国革命、建设、改革的全过程，为法治观理论形态的成熟完善提供了必要的理论基础和酝酿条件。二是全面依法治国、建设法治中国等提法，是新时期党和国家重大战略目标的权威界定，具有高度的科学性和相对的稳定性，而随着中国特色社会主义民主法治建设进程的深入，这一战略目标的理论内涵与理论形态更需要在改革发展的实践过程中发展得更为系统、更为充实，以此促进法治理论与实践之间的双向互动与水平提升。因此，在分析中国特色法律治理观念主要组成部分的同时，既要始终肯定毛泽东思想中法治观的指引作用，又要明确作为中国特色法律治理观念主要组成部分的邓小平、江泽民、胡锦涛、习近平的法治观，反映出不同历史时期中国特色社会主义法治建设的不同理论形态，它们作为单个部分分别代表那个时期我国民主法治理论的最高水平，它们作为一个整体共同指引着社会主义民主法治实践的时代要求与前进方向。

二、中国特色法律治理观念的主要内容

（一）人民主体论

人民群众是社会主义民主法治事业的主体和力量源泉，对人民主体地位的坚持和对人民意志的反映，是中国特色法律治理观念的基本要求。人民主体涵盖了人民作主的制度要求、法治保障与执政宗旨。第一，人民当家作主是中国特色社会主义制度的本质属性，体现着全面依法治国的目标要求。我国宪法第二条规定："中华人民共和国的一切权力属于人民。"[①] 这一规定要求必须将人民意志体现于各项法律制度，将实现人民利益作为社会主义建设的最高追求，而对于这一规定的履行，必然要求在党的领导下推进全面的依法治国，以此广泛发动人民群众参与国家和社会治理，在经济、政治、社会、文化等各个方面体现人民意志、反映人民诉求、实现人民权益，保证人民当家作主实实在在取得成效。第二，维护人民权益表征着全面依法治国的目标设定。在社会主义民主政治不断深入发展的今天，人权与法治已成为我国政治文明进程的重要标识，全面依法治国意味着人民的合法权益受到法律的全面保障，具体来讲，不仅要保障人民合法权益的广泛性，如做到关于公民民主权利、政治权利、经济权利、文化权利等基本权利的全面保障，也要保障人民合法权益的时空性，如做到关于当代人与后代人平等利用生态资源权利的双重保障；意味着公平正义与"法律面前人人平等"法治原则的确立，即保证公权得到有效监督，人权得到全面保障，为公民提供权利遭受侵害的救济措施，以及做好对可能发生的侵权行为的规制。第三，坚持人民主体地位，实现执政为民宗旨，要求全面从严治党。一方面，在法治环境与从严治党的大背景下，人民通过宪法法律赋予的监督权，督促全党合法行使权力、保证权力为民所用，党通过法治化方式不断完善党内权力运行制约监督机制，积极吸取人民监督意见，主动回应人民反映的问题，坚决查处纠正党内不正之风和违法违纪现象，防止权力滥用，以达到维护人民权益、实现从严治党之目标；另一方面，党全心全意为人民服务的执政宗旨，本身就指向对人民权益的保障，推进法治与从严治党使这一宗旨更富约束力和可操作性，保障人民法定权益得到"全心全意"的维护，从而真正落实党"以人为本"的执政理念。

（二）依法执政论

依法执政是党领导人民依法掌握国家政权、依法治国理政的基本方式，也是中国共产党人对执政规律的科学认识与总结。在中国特色社会主义发展

[①] 中华人民共和国宪法 [M]. 北京：中国法制出版社，2014：6.

的进程中，中国共产党实行依法执政具有其历史的必然性，从党政不分到党政分开，从依政策执政到依法律执政，党领导人民制定、执行宪法法律，推进依法治国，反映党的主张和人民意志，实现了从"人治"到"法治"的执政理念的重大转变。以邓小平、江泽民、胡锦涛、习近平为核心的历届党中央都对依法执政进行过诸多探索与实践，最终形成了一致的认识：实现党长期执政的目标，必须坚持依法执政。

从国内外政党的发展史与社会经济发展要求来看，依法执政是中国特色社会主义事业蓬勃发展的有力保障。苏共垮台的历史教训警示各国执政的共产党，不能充分发扬民主集中制，不能做到依法执政，党内官僚主义、特权现象就无法根除，党的先进性、纯洁性与战斗力就会大打折扣，失去执政地位就不可避免。反观中国共产党的执政历程，"人治"给党和国家、给人民造成了巨大的伤害，而实行法治以来，党的各项政策规定于法有据，党领导经济社会的改革措施进入法治化轨道，这在很大程度上促使社会主义市场经济告别了人治经济、权力经济的体制桎梏，向更加完善的方向发展。经济社会的法治化进程带动了民主政治的加速发展，各民主党派参政履职更趋于民主化、规范化、法治化，议政与监督水平快速提高，在国家法律、党内法规与参政党的共同监督推动下，党的执政能力和执政水平显著提升，党执政合法性的政治基础得到了巩固。在中国特色法律治理观念的理论视域中，党的依法执政具体体现为：其一，全党必须带头守法，在宪法法律范围内活动，自觉维护宪法法律权威，主动接受宪法法律监督，做到依宪治国、依宪执政；其二，善于领导人民通过法定形式反映党的主张和人民意志，实现党的主张法律化；其三，善于运用法律手段加强和改进领导方式，依法处理党与国家机关之间的分工和关系，保证国家机关依法独立行使职权；其四，将从严治党纳入法治的范畴，净化党的组织，严格党的作风，使党的各项纪律更富强制力和规范性，增强党内法规的权威性与约束力，保证党章和民主集中制的严格执行。

（三）党的领导论

党的领导作为中国特色社会主义最鲜明的本质属性，深刻地反映于理论体系的各个方面，是指导和保证法治中国建设的根本要素。总体上，社会主义法律的人民性、阶级性同中国共产党的性质具有本质的一致性，党的政策同宪法法律在反映人民意志、维护社会公平正义等方面具有本质的一致性,这两个一致性共同助力全面依法治国的推进,是中国特色法律治理观念的基本遵循。具体而言,法治建设必须坚持党的领导是由党的先进性与执政地位决定的,从先进性上看,中国共产党近百年的历史与实践充分证明,党除了人民的利益没有自己特殊的利益,党之所以能得到最广大人民的信任拥护,原因之一在于在党的领导下中国民主法治事业取得的翻天覆地的大发展。改革开放以来,党在中国特色社会主义法治事业中发挥了领导核心作用,党中央将依法治国确立为国家重大战略,将依法执政确定为治理国家的基本方式,正确处理党的领导与法治的关系,善于运用法治手段协调利益、总揽全局,有效化解改革发展中的各种矛盾问题,确保各项事业始终沿着法治化轨道朝着社会主义方向发展。从执政地位上看,党的领导是我国宪法明确确定的,是人民经法定程序作出的民主选择,具有高度的权威性和广泛的民主性,同时,党的领导与人民根本利益,与社会主义法治具有根本的一致性,党领导人民开创的是社会主义性质的法治事业,始终维护的是人民主体地位和人民合法权益,通过法治途径实现党全心全意为人民服务的宗旨。党的领导历经中国革命、建设、改革的长期历史考验充分证明,实现人民当家作主和依法治国,根本保证还在于坚持党的领导。党的领导体现于全面依法治国的各个方面,通过民主方式和法定程序领导立法、保证执法、支持司法、带头守法,保证党的政策方针与宪法法律的一致统一,共同体现人民意志、服务人民权益,推动国家治理现代化进程。

纵览中国特色社会主义法治进程的各个阶段,坚持党的领导是一条基本经验,离开党的领导搞所谓西式的民主法治,国家就濒于动荡,人民就遭受苦难;坚持党的领导下的社会主义法治,国家就兴旺繁荣,人民就安居乐业。党的十八大以来,党中央进一步深化关于党的领导的理论认识,指出"坚持党的领导,更加注重改进党的领导方式和执政方式;依法治国,首先要依宪治国;依法执政,关键是依宪执政"[①]。这充分说明,在中国特色社会主义民主法治的发展进程中,处理好党同法治的关系是落实依法执政的关键,必须在立法、执法、司法、守法、法律监督、党内法规中始终贯穿党的领导的原

---

① 人民日报社评论部."四个全面"学习读本[M].北京:人民出版社,2015:287.

则思想,树立中国特色法律治理观念,不断开创党对各项法治事业多方位、全要素领导的良好局面。

(四)科学立法论

科学立法要求建设完备的社会主义法律体系,既是创新法律制度、完善法律体系的主要方式,也为法治观的构建提供了重要的路径选择。法治的首要是有法可治,其中,立法是否科学事关立法质量的高低,影响全面推进依法治国的大局。中国特色社会主义法治事业经历了从"有法可依"到"科学立法"的历史转变,并于2011年形成了中国特色社会主义法律体系,这一切都得益于科学立法的深入推进。从内涵上看,科学立法强调建立科学的利益协调机制,在合理的程序设定中充分兼顾各方利益,将代表公共利益的诉求充分纳入立法内容;科学设定法律漏洞的填补规则,及时高效地填补改革发展中遇到的法律空白与漏洞;将成本效益分析纳入立法工作中,明确立法边界,降低立法成本,确保事关国计民生的重要事项优先进入立法程序;破除部门化、地方化的立法机制,统筹设计、具体分析研判立法事项,做好法律、法规、规章等法律文件的融合衔接,防止法律之间"撞车"。新的时期,党的十八届四中全会对科学立法作出重要部署,作为党的历史上首次以全会形式专门探讨法治的会议,明确提出"建设中国特色社会主义法治体系,必须坚持立法先行"①的思路,要求深入推进科学立法。习近平同志进一步指出:"推进科学立法,关键是完善立法体制,深入推进科学立法,抓住提高立法质量这个关键。"② 在立法体制方面,一是要更加注重党对立法领导作用的发挥,按照法定程序和要求制定修订重大事项和制度,将党对各项政策的制定和决策逐步纳入法治化轨道,在国家法律与政策决策中始终体现党的主张和人民意志;二是要发挥人大及其常委会的立法主导作用,"正确处理法律的稳定性与变动性、现实性与前瞻性、原则性与可操作性的关系"③。及时、高效、高质地完成法律法规的立改废工作。在提高立法质量方面,习近平总书

---

① 党的十八届四中全会《决定》学习辅导百问[M].北京:党建读物出版社,学习出版社,2014:6.
② 人民日报社评论部."四个全面"学习读本[M].北京:人民出版社,2015:208.
③ 张德江.完善以宪法为核心的中国特色社会主义法律体系[M]//党的十八届四中全会《决定》学习辅导百问.北京:党建读物出版社,学习出版社,2014:55.

记强调:"科学立法的核心在于尊重和体现客观规律。"① 这就要求立法工作必须充分尊重立法规律,充分贴近法治实际,从起草、论证、协调、审议各个环节完善科学立法机制,保证制定出来的法律法规管用、够用、好用;强化科学立法的技术保障,通过建立各类旨在提升立法水平、提高立法技术的制度设计(如建立立法专门委员会制度与专家顾问制度,完善立法精细化、立法项目征集论证、委托第三方起草法律草案等制度),进一步提升立法的科学化水平。

(五)宪法中心论

宪法是法中之法,是一个国家的根本法和总章程。首先,宪法是人民意志与党的主张的规范性、权威性表达,是依法治国的核心内容。宪法对外体现国家的政治文明建设水平,对内反映党领导人民治国理政的中心工作、基本原则和重大方向。从内容上看,依法治国的过程就是贯彻宪法精神、体现宪法原则、执行宪法规定的过程,是宪法的全面实施过程,从效果来看,依法治国依赖的所有法律法规均来源于宪法,国家机关的所有权力均由宪法规定或授权行使,宪法可对一切违反社会主义原则、侵犯人民权益的行为进行监督;从权威性来看,任何法律规章都不得与宪法相冲突,任何组织、政党、个人均不得违反宪法、享有特权,并负有自觉维护宪法权威的义务。因此,宪法中心就是依宪治国、依宪执政的具体体现,其最终指向是人民利益的保障与实现。其次,宪法中心、依宪执政是连接党的领导、人们当家作主、依法治国有机统一的重要结合点。从新中国成立以来我国制定颁布的四部宪法②来看,党的执政经验与执政效果都深刻表明,宪法制定与执行得好,国家治理的成效就好,宪法得不到遵守,权力缺乏监督制约,就会造成社会生活混乱,党和国家的发展就会面临困境。只有通过依法执政,使党的领导方式同

---

① 习近平. 关于《中共中央关于全面推进依法治国若干重大问题的决定》的说明[M]//党的十八届四中全会《决定》学习辅导百问. 北京:党建读物出版社,学习出版社,2014:41.
② 这四部宪法分别是1954年宪法、1975年宪法、1978年宪法和1982年宪法。其中1954年宪法在指导思想、主要内容、结构形式等方面都广受称道,但因"左"的路线影响没有很好执行,1975年与1978年宪法都没有摆脱"文革"思想的影响,存在严重缺陷,1982年宪法继承了1954年宪法的优秀成果,成为指引中国特色社会主义民主法治建设的根本保证。

宪法规定的国家权力运行方式协调统一起来,确保宪法法律和党的政策在立法机关、行政机关、司法机关都得到统一全面的实施,党的执政地位才更加稳固,人民切身利益的实现才能有效保障。再次,"宪法中心"并不等同于"宪政中心"。社会主义法治与资本主义法治存在着本质上的不同,这一本质上的差异深刻体现于国家制度设计与宪法的职能性质。西方的国家制度设计围绕"宪政"展开,资产阶级革命胜利以后,西方法学理论逐步完成了对资本主义法治经验的提炼总结,将资本主义国家政治发展模式定位于特定的内涵和范畴,即制定颁布反映资产阶级利益和要求的资本主义宪法,以此规定并实行三权分立、多党制、军队国家化等制度。社会主义革命、建设、改革的长期实践与中国特殊的文化环境、经济社会发展水平共同决定了中国人对社会主义法治道路的选择,"宪法中心"包含对中国特色社会主义法治基本原则和国家制度的科学安排,使这一经过历史考验和实践证明的、符合中国发展实际的法治原则,体现于党领导人民依法治国、依法执政的具体制度设计之中,与西方所谓"宪政中心"原则相比,在领导主体、权力主体、制度基础、权力运行方式等方面都有显著差异。因此,全党应看清西方宪政的本质,牢固树立社会主义宪法意识,在宪法指引下坚定不移地走中国特色社会主义法治道路。

(六)法治国家论

法治国家既是全面依法治国的现实目标,也是中国特色法律治理观念关于国家治理的理想状态。在基本内涵上,法治国家内的所有法律主体均依法享有权利、履行义务;所运用的法律经科学、民主的立法程序产生,是保证自由、民主、公正等法治价值的良法体现;国家机关的权力内容与行使过程是合法性与合理性的统一,是尊重人权、以人为本与严格执法、公正司法的统一;一切组织、机关、政党所行使的权力均在宪法法律范围内进行,得到法律全方位的监督规制;国民具有高度的法律素养与法治观念,自觉尊法守法,维护宪法法律权威与尊严。在基本要求上,党的十八届四中全会形成的《决定》,从党的领导、人民主体、德法并治、人人平等、实际出发的五大原则入手,确定了实现全面依法治国总目标的具体方针,为社会主义法治国家的理论与实践建设提供了基本遵循。在实现方式上,构建法治国家,要将党的领导体现于"三统一"①与"四善于"②，使党在立法、执法、司法、守法等法治的各个环节都充分发挥领导核心作用；要坚持人民在法治各领域的主体地位与主人翁导向，突出法治建设为了人民、服务人民、保护人民的目标设定，发动广大人民群众主动参与到法治中国建设的伟业之中；要加大对权力滥用与特权行为的监督纠正，维护法制的统一与公民享有权利的平等，坚持法律面前人人平等；要注重法律的外在强制性制裁与道德的内在精神性约束的有机结合，德法并重开展法治宣传教育，寓中华传统美德于法治文化建设，以道德滋养法治精神、法治信仰的构建；要推进具有中国特色、立足中国国情、符合中国实际的法治理论创新与法治实践深入，沿着中国特色社会主义法治道路构建治国理政、治党治军、服务人民的具体制度。

（七）法治政府论

法治政府是推进全面依法治国的主要动力，是建设中国特色社会主义法治事业的关键力量。在我国，政府既是重大法律法规的执行者，本身又承担着大量关系国计民生的规章和政策性法规的制定工作，事关法治建设的全局。将政府决策到执行的全部程序和环节纳入法治化轨道，保证政府依法行使行政权力，是法治政府的应有之义。为此，中央政府率先垂范，早在2004年国家颁布的《全面推进依法行政实施纲要》中，即确定了"合法行政""权责统一"的基本要求，为法治政府建设提供了重要遵循，其中，"合法行政"意味着政府履行行政职责需要由法律授权，按照法定程序履行执法行为；"权责统一"表明执法全程受法律监督，当履职行为违法或出现侵权后果时，行政主体需依法承担相应的法律责任。

---

① "三统一"：把依法治国基本方略同依法执政基本方式统一起来，把党总揽全局、协调各方同人大、政府、政协、审判机关、检察机关依法依章程履行职能、开展工作统一起来，把党领导人民制定和实施宪法法律同党坚持在宪法法律范围内活动统一起来。（参见中共中央宣传部理论局. 法治热点面对面 [M]. 北京：学习出版社，人民出版社，2015：11.）

② "四善于"：善于使党的主张通过法定程序成为国家意志，善于使党组织推荐的人选通过法定程序成为国家政权机关的领导人员，善于通过国家政权机关实施党对国家和社会的领导，善于运用民主集中制原则维护中央权威、维护全党全国团结统一。（参见中共中央宣传部理论局. 法治热点面对面 [M]. 北京：学习出版社，人民出版社，2015：12.）

由此可见，法治政府不仅包括行政机关依法行政的全过程，还包括履职过程中应做到权责统一。这两方面的内容既构成了法治政府的基本内涵与要求，也作为衡量依法行政的标准与指南，区别于法治国家和法治社会的内容范畴。在依法行政的思想中，行政机关所依之"法"不仅应包括法律，还应涵盖法规、规章、规范性文件以及相应的制度性规定，凡于"法"无据的行政行为都不得随意行使，政府只有通过立法程序对相关事项作出规定并公布后，方能以此作为执法依据；再者，对于行政机关依照职权制定的"法"，应符合法的价值理念，体现人民意志并符合社会实际，而非仅仅因为符合行政机关自身执法目的就盲目制定；并且，政府所使用的行政权力来自法律授权并按法律程序执行，这意味着没有经过法律授权的权力，行政主体一律不得使用，一旦使用即构成越权和违法。权责统一实际上就是政府和行政主体对自身行为负责，依法承担法律责任的表述。一方面，政府及其职能部门均是有权实施行政权力的行政主体，须具备对自身违法行为承担法律责任的意识和能力，不得转移法律风险，利用行政权力增加公众责任，减少或逃避自身义务；另一方面，行政主体应主动接受公众监督、法律监督，努力开展自我监督，落实违法受追究、侵权须赔偿的制度要求，追究违法机关的主体责任与违法个人的失职渎职责任，进一步增强行政机关与执法个人认真履职、依法履职的责任心。

（八）法治社会论

法治社会蕴涵着十分丰富的思想理论，作为全面推进依法治国的重要内容，法治社会既是维护人民群众合法权益的重要支撑，也是深化法治国家与法治政府建设的主要依托。党的十八届四中全会《决定》将人民对社会主义法治的尊崇与维护，定位为法治社会建设目标的基本达成，并从全民法治观念与全社会厉行法治两个方面提出具体要求。其中，全民守法是法治社会的核心，正如卢梭所言："一切法律中最重要的法律，既不是铭刻在大理石上，也不是铭刻在铜表上，而是铭刻在公民们的内心里。"[1] 在我国这样一个有着几千年"人治"历史的国度里，公民法治意识和观念的培育本身就面临挑战，虽然改革开放以来，中国特色社会主义法律体系逐步健全完善，经济社会的

---

[1] [法]卢梭. 社会契约论[M]. 何兆武，译. 北京：商务印书馆，2011：70.

各个领域的法制建设取得了重大进展,但实际生活中,如果公民法律意识淡薄、有法不依、信权不信法,那么制定的法律再好再完善,也不会得到好的认可和执行,法律的权威和效用就大打折扣,长此以往,法治只能沦为"花瓶"。为此,应从全社会厉行法治的视角入手,通过社会中各个政党机关、组织和个人在立法、执法、司法、守法各领域的共同努力,弘扬社会主义法治文化,培育公民法治精神,在全社会形成一种法治信仰和法治价值,使公民自觉将理念上对法的认同转化为行为上对法律的遵守。需要注意的是,尽管法治宣传教育是推动法治文化、法治社会建设的重要方面,但实际中这一工作存在"重形式、轻内容","目标不清、责任不明"等现象,有些普法活动形式上轰轰烈烈,但实际无人问津、自娱自乐,要避免这类情况,需要将普法工作做到实处,在学校、社区、乡村、军营等重点地域,在农民工、私营业主、留守群体等重点群体中开展长期普法宣传教育;在党政机关主导推动的同时,与市场机制进行紧密结合,创造生产通俗易懂、易于传播的高品质法治文化产品,推出一批又一批个性化、实用性强的文化精品;推行"执法者普法"的普法责任制度,寓普法于执法,帮助提高群众守法意识,增强执法者的法治意识与执法水平。这些具体举措都是促进全民守法、推动法治社会建设的重要路径。

(九) 严格执法论

法律的生命力与权威都要求法律得到实施,严格执法即法律实施的最好体现。在我国,大约80%的法律、90%的地方性法规都是由行政机关来承担执行的,再好的法律制定出来,若得不到有效执行就成了"纸老虎",不仅损害了公民对法律的信仰,也降低了社会对党和国家机关的信任,可以说,严格执法是促进社会公平正义、维护人民合法权益的重要保障和根本途径,直接关系到法治中国与社会主义政治文明建设的全局。那么,如何认识和把握严格执法呢?首先应明确一个定义,即严格执法强调执法过程中的严肃态度与法治观念的体现。"严格执法,也称严肃执法,它强调执法者从事执法活动时要有刚直不阿、绳不挠曲的精神和一丝不苟的态度。"[①] 从定义上讲,严格执法虽未被称为廉洁执法、公正执法、民主执法等,但其基本内涵理应包括

---

① 江必新. 法治国家的制度逻辑与理性构建 [M]. 北京:中国法制出版社,2014:79.

社会主义法治价值的所有要求，即严格执法本身就应该是理性的、依法的、公正的、廉洁的、民主的执法，只不过在这些执法理念的基础之上，更应突出"严格"的态度与要求。其次应明确一个认识，即严格执法是政府促进经济发展的基本要求。在我国，各级政府及其行政机关既是推动经济社会建设、促进生产力发展的主力军，也是法律法规的主要执行者，政府的"绩效"不仅取决于其管理区域内财富的保有量与增长率，也涵盖区域社会治安环境、政府执法能力、民众法律意识的发展程度，执法作为政府经济管理职能的延伸，执行的是直接或间接与经济事务相关联的法律事项，决定着辖区经济水平与综合实力的发展水平。这就要求政府必须严格执法，提升经济管理、社会管理的法治化水平。同时，还应注重把握严格执法的标准和方式，即关于"严格"标准的细化与执法方式的综合化。如在法律范围内就"严格"的程序和实体规定出具体标准，使执法尺度既能符合法律规定，又尽可能地不违背道德伦理和社会风俗习惯。在执法方式上"简政放权"，改多头执法、分散执法为综合执法，最大限度地整合和规范执法主体、集中执法权，提升严格执法的效能。

（十）公正司法论

公平正义集中反映了中国特色社会主义的内在要求，在经济社会法治化发展的新常态下，成为实现法治的首要目标。"一次不公正的裁判，其恶果甚至超过十次犯罪。"[①] 公正司法以其终局性和权威性捍卫着人民群众的合法权益，构筑了维护社会公平正义的最后一道防线。党的十八大以来，事关司法公正全局和长远发展的重大理论问题和现实问题得到党中央的高度重视，一系列从不同维度论及公正司法的新观点、新论述被提出。公生明，廉生威，在价值理念层面，公正司法将促进社会公平正义作为司法事业的核心价值追求，视其为司法工作的生命线，要求司法机关手持正义之剑、肩扛公正天平，独立行使司法权力，不偏不倚，不枉不纵，依法矫正和补救社会失范的行为；在司法实体层面，通过严把事实关、法律关还原案件本原，在适用法律上充分体现法律面前人人平等，坚决杜绝事实不清、证据不楚的枉法裁判以及

---

① [英]弗兰西斯·培根. 培根人生论 [M]. 何新，译. 西安：陕西师范大学出版社，2002：216.

"同案不同判"等严重损害司法公信力现象的发生；在司法程序层面，不仅应满足对当事人诉讼权利的充分保证，更要严格规范司法权力的行使程序，排除来自司法机关内部与外部的干预，加大法律监督机关对包括诉讼活动在内的司法活动的全程监督；在体制机制层面，对公正、高效、权威的司法制度的不懈追求，是我们党推动司法体制改革的重要动因和持续动力，未来社会主义司法事业的发展，很大程度上取决于司法改革是不是抓住了问题、改中了要害、取得了成效。具体而言，要求改革始终坚持阳光、透明、公正、高效的司法原则，创新、开放、便民、公开的司法机制，为司法机关依法独立公正行使司法权，设计科学的司法程序，创造宽松的体制性条件，推进以审判为中心的诉讼制度的改革，实现司法效率与司法公正的有机统一。需要注意的是，中国司法的价值指向与制度基础根植于中国共产党领导下的发展实际，在中国特色法律治理观念的理论视域中，公正司法所要求的司法独立从根本上不同于西方所谓的"司法独立"，后者本质上是西方"三权分立"的制度要求，旨在实现资产阶级内部不同利益集团之间的分权制衡，况且西方司法仍然深受政党、媒体、公众等多方势力影响，也并不是绝对意义上的"独立"。

（十一）反对人治论

与法治相对立的是人治。在我国，古代高度集权的封建专制统治与礼法不分的宗法观念深刻影响着人们的思想意识和价值取向。人治思想在形式上可表现为对等级秩序的注重，尊"礼"而重"纲常"的思维与习惯代替了法律的条文明确规定，忠孝仁义的价值指向是人而非法律；在内容上，以血亲宗族关系为基础的宗法人伦制度支撑起人治的基本方式，"法"更多作为一种制裁工具以"刑"的形式发挥作用，维护以君主为核心的封建宗法等级体系的稳定。总之，法治观念的缺失与人治思想的根深蒂固构成了中国人传统思想的现实状态，无论在古代还是当代，人治思想及其制度建构，就本质而言始终绕不开对权力属性的判断，即国家事务中的权力、家庭关系中的权力、社会交往中的权力的归属问题，进而衍生出包括权利在内的利益分配和资源占用的问题。在对当代6657名中国人关于权力认识的问卷调查中，24.20%的人认为"有权就有一切"，28.48%认为"官大一级压死人"，34.81%认为

"权力与腐败相连",18.15%认为"权力大的人可以拥有特权"①。实际生活中如"官本位"思想、"信访不信法"思想等也都是人治思维影响下人们关于权力认识的客观反映。法治是反人治的最好方式,法律以其明确性、公开性与权威性监督规制个人行使权力的任意性,避免因社会经济地位差异造成的权力制约乏力,将权力运行的流程置于诸多法律主体的监控制约之中,有效防治权力腐败、权力滥用以及特权现象的发生。因此,笔者认为反人治的根本要义在于依靠法律途径完成对权力全方位的规制与监控,使人治模式下从属于特定人群的各种权力运行方式摆脱其人身依附的属性,将权力重新归附于符合法定条件的平等的组织和个人。

(十二)法德结合论

坚持德治与法治的有机结合,有利于充分发挥"中国特色"伦理规范的制度优势,凸显社会主义法治观"中国实际"的鲜明特质。道德与法律作为人类文明的重要成果,在治理国家、调节社会关系、约束个人行为等方面发挥着重大作用,德治与法治相结合,体现为道德与法律在治理过程中的相互渗透与相互交融。一方面,法律是最低限度的道德,法律强调对人外部行为的强制约束,法律离开了包含公正、平等、自由的道德价值,就不能被称之为"良法",道德则倾向于对人的内心状态的规范与调整,进而影响人们的外部行为,促使人的活动符合"良法"要求;另一方面,道德在我国体现出一定程度的法律特质与法律效果,道德观念是法律规范的重要来源。我国既有悠久的法制传统,更有厚重的道德文明,古代法治观中"礼法合一""明刑弼教""隆礼重法"等历史传统表明,以儒家伦理法为表征的道德约束具有相当于法律的权威性与强制性,道德约束对中国人和中国社会而言更具有本土治理优势。因此,坚持德治与法治的结合是充分发挥道德与法律各自治理优势的必然选择,世界范围内,社会治理取得良好效果的国家大多实行法治,同时又十分注重道德对个人行为的调节,德治与法治诸多的一致性与各自鲜明的特征从不同侧面指引着国家和社会走向"善治"。在我国改革发展的关键期,必须以社会主义核心价值观引领社会道德标准,强化对公民思想与行为

---

① 孙伟平. 当代中国社会价值观调研报告 [M]. 北京:中国社会科学出版社,2013: 119.

的"软约束",以中华传统文化中有益的道德教化滋养法治精神的萌发,为社会主义法制与法治观的构建提供价值基础,同时,"要把社会主义核心价值观的要求转化为具有刚性约束力的法律规定,用法律来推动核心价值观建设"①,在一定条件下提升德治的"硬标准",引导乡规民约、公序良俗、职业规范等规则向法治精神靠拢,做到对道德体系建设中法治要求的突出。

(十三)全民守法论

人民是法治建设的主力军与力量源泉,全民守法是对法律权威的最好维护。首先,全民守法是党领导人民推进全面依法治国的庄严宣誓,需要全体党员率先垂范、带头守法。正如习近平同志强调的:"我们党是先锋队,对党员的要求应该更严。"② 为此,全党尤其是党员领导干部,更应担负起学法尊法、带头守法的责任,树立法律底线不能碰,党纪规矩不可逾越的法治权力观,将遵守党章和党内法规与遵守国家宪法法律统一到自己的日常行为中,严于律己、严格守法,带动广大群众共同守法,维护宪法法律的权威。再者,只有人民发自内心地拥护和信仰法律,法治的根基才能打牢。虽然我国法律体系建设已日趋完备,但人民群众法治观念与法律意识的养成却面临挑战,"中国式过马路""医闹""工闹"等现象依然突出,亟需全社会共同努力,推进全民法治精神的培育与法治意识的养成,因此,"推进全民守法,必须着力增强全民法治观念"③。正如同列宁在《怎么办?》一文中提出的向工人阶级"灌输"社会主义意识的思想那样,建设全民守法的法治社会,仍需要党领导各条战线大力推进普法宣教活动的深入,其中,开展有效的法制宣传教育,积极做好全民普法工作,创建法治教育体系,大力弘扬法治文化,完善违法奖惩机制,都是促进全民增强法治观念、养成依法办事习惯、推动尚法守法的有效举措。与此同时,也应注意法治观念培育和养成的最好途径在于对法律的正确实施,作为法律实施的一个动态过程,立法、执法、

---

① 中共中央文献研究室. 习近平关于全面深化改革论述摘编 [M]. 北京:中央文献出版社,2014:90.

② 习近平. 关于《中共中央关于全面推进依法治国若干重大问题的决定》的说明 [M]//党的十八届四中全会《决定》学习辅导百问. 北京:党建读物出版社,学习出版社,2014:41.

③ 人民日报社评论部."四个全面"学习读本 [M]. 北京:人民出版社,2015:212.

司法等各个环节具体的法治活动,与全民守法形成了良好的互动与呼应,以此让人民群众在法律的实施和运行中看到权威性、获得公正感,进而使得法律和法治得到切实的信赖和支持,并从根本上保证人们依法办事、自觉守法。

(十四)国际法治论

全球化时代背景下,加强国际法治建设成为各国公认的目标共识。党的十八大以来,新一届的党中央给予国际法治问题前所未有的重视,提出全球治理法治化的重大命题,主张坚持以《联合国宪章》为基础的当代国际法价值体系,坚持以和平共处五项基本原则为根本的国际法价值理念,坚持通过法治化路径解决国际领域的重大问题,为新形势下正确处理国家关系、化解地区争端、做好外交工作指明了方向,是新时期我国维护国家核心利益、开展国际合作的基本遵循。其中,习近平同志关于国际法治的系列论述,极大地丰富了中国特色法律治理观念理论中的国际法治内涵,在中国国力显著提升、中国经济加速走向世界、中西文化深入融合的大背景下,坚持国际法治思维与行为方式,必将极大地推动我国"一带一路"、全面依法治国的战略部署,为实现中华民族伟大复兴的"中国梦"提供法治动力与制度保障。

总之,中国特色法律治理观念的主要内容是党中央在不同发展阶段与历史时期关于法治思想观点的集合,这些思想观点有的可归属政治理论层面,有的则偏重法治建设的某个具体方面,在反映党的领导地位、反映社会主义方向、反映人民当家作主的要求上具有根本上的一致性,彼此相互联系、互为补充,共同构成中国特色法律治理观念的整体逻辑,从不同的理论维度和现实要求出发,指引着法治中国的理性构建。

三、中国特色法律治理观念的实现路径

"以实则治,以文则不治。"[①](唐甄《潜书·权实》)培育和弘扬中国特色法律治理观念,不仅需要思想宣传与行为践行,更需要契合当前发展、改革、治党、治国的整体布局与实际要求,保证各项制度设计、法律政策的落

---

① 人民日报评论部. 习近平用典 [M]. 北京:人民日报出版社,2015:35.

实都处于法治思想的引领之下。关于中国特色法律治理观念的实现路径问题，笔者已在不同时期党的领导人的法治观中予以一定程度的阐发，并在中国特色法律治理观念主要内容中予以简要归纳，在此基础上，本节着重对前文未展开论述的部分内容进行具体阐释与补充。

（一）中国特色法律治理观念的实现与党的治理有着密切关联，必须在贯彻全面从严治党的同时，更加注重党的治理的法治化路径选择

从党内法规①入手，加强党内监督制度体系建设。新时期的法治建设高度关联于依法治党的各项举措，以党章为根本的党内法规建设是从严治党的重要载体，完善党内法规的内容与机制构建，唯有推进不敢腐、不能腐、不易腐的法治化权力监督制约体系建设，惩治与预防腐败的各项工作才能进入法治化轨道，做到有法可依、有理可循。为此，一要基于提高腐败成本和风险的原则，加强党内法规在宣传教育与预防指引方面的作用发挥，一方面通过党内法规的制定、公布与执行，将"不成文"的党的政治纪律与政治规矩固定下来、公布出去、宣传开来，使党的政治纪律、组织纪律、财经纪律、政治规矩不仅"成文"更成体系，使权力行使者充分知晓哪条红线不能碰；另一方面，强化对权力运行的内容、程序、结果的公开，将党内法规的监督职能通过公开机制传导至全党全社会，带动起全体党员尤其是社会中的广大普通党员，使他们有权利、有条件利用党内法规开展对违反党内纪律、宪法法律的党员行为的监督，达到"以权利制约监督权力"的效果，防止"党内特权集团"的出现，充分实现党内"大民主"。二要注重对党内法规的整体化、体系化设计，使之与国家宪法法律有机衔接、互为协调补充，防止不同层面、不同领域的党内法规各自为政，防止党内法规与宪法法律的冲突矛盾。比如，在党内法规具体制度的设计上，应进一步明确各级党的纪律检查机关行使检查监督职权的权限范围与程序内容，发挥派驻纪检监察组、干部谈话、抽查

---

① 近年来，我们党对党内法规建设高度重视。2012年5月，中央出台了《中国共产党党内法规制定条例》，被称为党内的"立法法"。党的十八大以来，党内法规制度建设不断加快推进，特别是2013年11月，又颁布了《中央党内法规制定工作五年规划纲要（2013—2017年）》，明确了这5年党内法规建设的目标任务。党内法规的建设目标是建党100周年时，全面建成内容科学、程序严密、配套完备、运行有效的党内法规制度体系。

巡视、信访举报等的党内监督的制度优势，保证对司法机关经宪法法律授权行使的反贪反渎职权力的充分尊重，形成党内法规同法律制度相互促进、相互保障的格局。三要着重对党内法规的程序性设计。党内法规的内容很大一部分来源于我们党长期坚持的工作惯例与优良传统，这些内容在不同时期、不同领域呈现出一定差异，且多为原则性表述，而在各级党组织的实际工作中，若仅仅就人员数量、组织规模、活动范围、推进程度等内容一律作出硬性规定，又难免出现"一刀切"的弊端，反而不利于工作的实际开展。因此，党内法规作为党内规矩、党内惯例的法治化成果，应当注重通过程序引导权力运作，即强调对于党内权力运作的步骤、顺序和方式的规范，以程序控制、程序监督、程序制约保障党组织的科学决策、民主决策与依法决策。

从反腐法律制度入手，保证党的纪律的刚性运行。我们党是中国人民和中华民族的先锋队，比照国家法律法规，党内纪律与制度对党员的要求应更为严格，纪律既是刚性的规矩，又是成文的规矩，在反腐制度设计上，"不能把纪律作为一个软约束或是束之高阁的一纸空文"[1]，而是必须向实处着力，赋予党的纪律一定的强制力与约束力，将一些未明文列入纪律的政治规矩、组织规矩、工作惯例逐步列明说清，使之成为全党长期坚持和自觉遵守的行为准则。具体来看，将纪律的制度化设计同法治建设结合起来、共同推进，是有效防治腐败、强化党纪刚性运行的必然选择。这就是说，在中国特色社会主义法治体系的视域范畴，党的反腐制度建设与纪律要求应始终保持与各类法律在规范、实施、监督、保障等体系层面上的协调互补、结合衔接，需要转化为法律规范的党纪规定，应及时通过法定程序完成转化；需要及时废止修订的党的制度规范，应参照现行法律规定作出调整；需要通过国家立法来明确规范的事项，党纪不应作出规定。以此为标准落实党纪制度化建设，是推进国家法律与党的纪律形成反腐合力的重要保障。同时，改革党的纪律检查体制，实现各级纪委监督权的法治化运行，也是推进反腐制度化建设的重要内容。党的十八大以来，党中央在明确党委主体责任与纪委监督责任、完善巡视工作制度、建立健全纪检派驻机制等方面均推出了行之有效的改革

---

[1] 人民日报社评论部. "四个全面"学习读本 [M]. 北京：人民出版社，2015：272.

措施，这些举措正如王岐山同志所言，是通过"治标"，为"治本"争取时间。笔者认为，此处的"治标"如果可以看作党中央为反腐开出的一些具有针对性、阶段性的"猛药"，那么"治本"就可被推定为一系列"重全局、管长远、有长效"的法律性、制度性规范。诚如前文所述，将党纪的制度化设计同法治建设结合起来，实现反腐工作的制度化、法治化，是完成"治本"的主要途径，而对这一过程的跟进与推动始终离不开的是各级党的纪检监察机关。由此可见，加强和改进党的纪检监察体制机制建设，从党的纪律检查机关的职能定位、权力配置、办案流程、监督问责、内部管控、权利救济等方面进行制度化、系统化的完善与改进，是保证反腐"治标"效果，争取"治本"时间，达到"治愈"目标的关键所在。

从作风建设入手，强化从严治党的"软约束"。习近平总书记指出，实现伟大复兴中国梦"要求全党同志必须有优良作风"[1]。这说明，从严治党、监督权力不仅离不开制度、法律的硬要求，也离不开作风建设、党性修养等"软约束"，如何使"软约束"具有实效，发挥与制度约束相当甚至高于制度约束的作用，关键在于弘扬社会主义法治文化与法治精神，运用党性修养、伦理道德、良知操守对权力的监督制约功能，寓道德建设、法治建设于党的建设之中，使三者有机结合、相互促进。达到上述目的，需要满足一定的实践条件：要按照习近平总书记"三严三实"的要求，抓住党的作风建设这个重点环节，培养和提升全体党员的党性修养。诚如习近平总书记所指出的那样："党性是党员干部立身、立业、立言、立德的基石。"[2] 他将"严以修身"定位为"加强党性修养，坚定理想信念，提升道德境界，追求高尚情操，自觉远离低级趣味，自觉抵制歪风邪气"[3]。全体党员特别是领导干部唯有在党内生活、日常工作、社会交往中始终以严格的党性要求自己的言行，不断增强作为一名共产党员的修养素质，做到严以律己，在行使手中的权力时才会具备高度的定力。要培育廉洁用权、良知用权的行政伦理观，将社会约定俗成，得到广大人民群众支持崇尚的伦理规则融入党的作风建设之中。中国古

---

[1] 习近平. 习近平谈治国理政 [M]. 北京：外文出版社，2014：365.
[2] 人民日报社评论部. "四个全面"学习读本 [M]. 北京：人民出版社，2015：249.
[3] 人民日报社评论部. "四个全面"学习读本 [M]. 北京：人民出版社，2015：284.

代的行政方式与执法标准在相当大程度上受到以儒家思想为核心的伦理道德左右,重视官员个人内心的道德操守,加强对用权者良知的约束引导,既减少了社会治理与队伍管理的成本,又能收到良好实效。新的历史时期,充分发掘传统文化中的德治思想,辅以法治文化与法治手段,以舆论宣传、榜样示范、法律引导等方式引领党员干部树立正确的权力意识和服务意识,"通过良知约束来唤醒公权力主体服务于相对人权益和社会公益的主观意识,使公权力的形式受发自内心的良心理性和正义观念的审查和辨别,从而引导行政权力的行使步入正当而善良的轨道"[1]。

(二)着眼于全面深化改革的目标任务,以中国特色法律治理观念引领制度完善,推动实现国家治理现代化

注重在全面深化改革的大局中把握司法改革,以完善司法制度为目标,按照计划逐步落实体制改革的各项要求。习近平同志从全面深化改革的全局出发,指出加快建设公正高效权威的社会主义司法制度,是推进司法体制改革的重要目标。为此,应在改革实践中把握以下几个重点。第一,要构建司法权独立公正运行的制度基础。司法权是宪法规定的国家权力,司法管理体制作为国家自上而下的自成系统的管理体制,在构建独立公正高效的司法制度方面作用显著,是司法权有效行使的重要保证。因此,必须有效改革司法管理体制中不适合司法工作实际、不符合司法发展规律的旧体制、旧模式,破除历史上形成的司法权的地方化、行政化弊病,以司法标准的统一强化司法权的国家权力属性,增强司法系统内部的管理权和决定权。第二,要构建开放、动态、透明、便民的司法机制。加强司法系统外部对司法活动的监督,建立健全有效避免冤假错案的防控机制,公开立案、庭审、执行的全过程,使司法公正以群众看得见、摸得着、感受得到的方式得以实现。例如,在重大司法改革方案、重大司法政策和重大司法案件向人大及其常委会定期报告备案制度,健全人大代表视察、巡视司法工作制度等方面,建立相应的司法量化标准,让人大机关和代表更加清楚哪些司法活动需要监督、监督到哪种程度,避免"为了监督而监督""监督缺位不到位"等情况发生。第三,要构建全面提升司法能力的激励机制。通过对司法机关内部司法职权配置、机

---

[1] 江必新. 法治国家的制度逻辑与理性构建 [M]. 北京:中国法制出版社,2014:121.

构设置、权责分配、审批程序等方面的优化、协调,以产生高效的组织功能为目标,完善提升司法能力的体制机制,通过健全司法人员履职保护机制,畅通各类法治人才交流晋升渠道,搭建法官、检察官的遴选平台,建设职业化、专业化、正规化的法治专门队伍。

注重发挥法治在经济体制、政治体制、文化体制、社会体制、生态文明体制以及党的建设制度改革中的重要作用,将各项具体改革纳入法治化轨道。一要科学把握经济社会发展领域全要素制度建设的共性与特性,围绕体现社会主义发展规律、反映社会主义初级阶段国情的制度共性要求,明确"该先得到法律授权的不要超前推进"①的思想,以法治化作为制度建设的一项着力点,"凡属重大改革要于法有据,需要修改法律的可以先修改法律,先立后破,有序进行"②,以此为基础,逐步构建各项改革依法实施的制度体系,实现各项领域改革"一盘棋"的统一布局与统筹安排;二要注重对不同改革领域、改革对象、改革问题的具体分析,体制改革中引入法治化的方式与模式,并不意味着所有改革事项都必须找到明文规定的法律条文,并不表示各项改革举措都必须通过立法程序形成法律法规,"改革要于法有据,但也不能因为现行法律规定就不敢越雷池一步,那是无法推进改革的"③。另外,在具体改革事项的谋划中,还需有效发挥我们国家"议行合一"的政治优势,注重各级行政机关、立法机关的协调配合、共同推进,对行政机关而言,"改革所涉及的法律法规立改废及试点工作所需法律授权问题,要与立法部门主动衔接,相向而行、同步推进"④。对立法机关而言,要以服务改革、推进改革为目标,补足阻碍改革发展的制度性、法律性短板,"把发展改革决策同立法决策更好结合起来"⑤,及时制定、修改、补充各类法律法规条文,发挥立法的引领作用。

---

① 中共中央文献研究室. 习近平关于全面深化改革论述摘编 [M]. 北京:中央文献出版社,2014:49-50.
② 中共中央文献研究室. 习近平关于全面深化改革论述摘编 [M]. 北京:中央文献出版社,2014:47.
③ 人民日报社评论部."四个全面"学习读本 [M]. 北京:人民出版社,2015:167.
④ 人民日报社评论部."四个全面"学习读本 [M]. 北京:人民出版社,2015:163.
⑤ 人民日报社评论部."四个全面"学习读本 [M]. 北京:人民出版社,2015:166.

注重发挥法治在国家治理与社会治理中的突出作用，将推进改革与制度建设有机结合、协调推进。如果将推进改革比作对旧制度、旧模式的"破"，那么制度建设就可视为对新措施、新方式的"立"，在"破"与"立"的改革进程中，一方面，必须处理好维稳与维权的关系。面对改革进入深水区，社会矛盾复杂性、关联性、对抗性程度加剧的现状，需要树立维权是维稳的基础，维稳的实质是维权的思想意识，始终坚持通过法治方式维护安定和谐的社会环境与发展局面；推进制度公开与执法信息公开，善于引导提升群众的法治观念与维权意识，让群众更加清楚自己享有的司法权利和权利救济手段，对有损自身合法权益的司法行为，知道怎样进行监督，从哪些地方进行监督，如何依法开展监督；创新法治途径化解社会矛盾纠纷的制度设计，通过案件受理、裁判量刑、治理矫正等具体司法机制，落实宽严相济法律政策，统一把握执法尺度，形成科学合理的裁判规范，确保各项改革举措符合公平正义的要求。另一方面，必须处理好活力与秩序的关系。各级党委政府机关要主动参与社会综合治理，根据工作类别与职能特点制定不同机关、组织、团体参与社会综合治理的工作标准与具体要求，加强基层社会管理和服务体系建设，完善信访制度，健全司法调解、人民调解、行政调解的体制机制，构建立体化的社会治安防控体系，保证系统治理、依法治理、综合治理、源头治理的各项措施发挥实效；各级行政机关要正确地界定好自身功能定位，依法依规履行职能、保证效能，不仅要积极有为，增强社区服务功能，完善公共法律服务体系建设，发挥"看得见的手"的功能，维护好正常的社会生产生活秩序，又要坚持有所不为，赋予社会团体和组织一定的社会治理职能，为激发社会自身的内生动力创造条件、提供空间，让"看不见的手"发挥能量，逐步实现粗放型、松散型社会治理模式向精细化和系统化治理模式的转变。

（三）把握好法治这一治国理政的基本方式，在全面依法治国的总体布局中统筹推进治国治党的各项要求，践行中国特色法律治理观念

第一，坚持治国、执政、行政的依法推进和共同推进，应着力解决好治国理政中的党政关系问题。依法治国、依法执政、依法行政的领导核心与推进主体是中国共产党，唯有做到坚持党的领导，才能将行政、治国、执政三者协调一致、共同推进。为此，要解决一个思想理念上的问题，即破除"党

大还是法大"这一伪命题,虽然当今社会和党内生活中出现了一些违法、枉法的现象,暴露出不少触目惊心的滥权、贪腐事实,严重危害了党组织的机体健康,严重损害了党在人民群众中的光辉形象,给了一部分人宣扬"党大于法、权大于法"的口实。但从逻辑上讲,"党大还是法大"本身确是一个伪命题,中国共产党本身是一个政治组织,宪法法律是党领导人民制定、执行的具有强制约束力的规范准则,两者本身不具有可比性。因此,广大人民群众特别是党员干部要树立党的领导与社会主义法治具有本质一致性的思想,在依法治国、依法执政、依法行政的具体工作中始终注重党的领导与实行法治的协调与结合,而不是将两者对立起来;同时,还要解决好一个体制机制的问题,即通过科学合理的制度设计,发挥立法机关与司法机关的权力监督与权利救济职能,为执行法律的行政机关和司法机关创造独立公正行使职权的必要条件,避免"党政不分"和"以党代政",例如,执政党可通过领导立法的制度设计,领导制定符合执政主张与人民群众意愿的法律法规,掌握对重大事项的决策权和重要规则的制定权,以此完成对治国、行政、执政各项政策举措的领导与监督。

第二,坚持国家、政府、社会的法治化一体建设,应更加注重法治建设具体方式的选择。法治建设是一个重大系统工程,涉及法律制定、解释、实施、监督、救济的各个环节,覆盖经济、政治、文化、社会等方方面面,既不是单靠某一种制度建构或改革模式就能完成,也不是依靠某个组织、某些个人的力量就能实现,必须在党的领导下依靠全社会与全民的力量,尽可能地利用起各种资源,形成国家、政府、社会一体建设的合力才能完成。法治是当今世界各国通行的民主内容和治理方式,在资源与方式选择上,需将域外法治建设的经验成果与本土法治资源有机结合、共同使用。比如,对部分欧美发达国家已建成体系、具有良好实施效果的民事、商事制度,就应当大胆地借鉴引进,不仅要以某项制度、某部法律为重要参照,更要关注"制度群"的配套设计,务求所吸收借鉴的法治成果符合适用地区的本土实际。同时,要发挥本土文化资源在法治建设中的比较优势,在中国古代法治观视域中,"伦理法典化"的制度设计最大限度地将个人与国家和社会联系在一起,家庭、国家、政府、社会是一个有机整体,人们重视内心的品德修养与道德约束,德治、礼治下的法的实施与执行具有更低的成本与更高的收效。这些资源指引我们必须深入实施公民道德建设工程，在以德治为主流的传统文化传承中涵养法治精神，注重培养公民个体的守法品质与依法办事的意识，从个人到全民，让法治的种子在人们心中生根结果，使之自觉投身于经济社会发展的法治化进程之中。

第三，推进立法、执法、司法与守法环节的法律实施，应着力于发挥法律意识和法治观念的约束引领作用。立法做到科学、执法做到严格、司法做到公正、全民做到守法，都离不开人的因素，法律和制度是人制定和执行的，如果人们思想意识中没有法治的位置，漠视法律的权威，再科学、再严格的法律制度也无济于事。因此，必须注重从培养正确的思想价值观入手，使人们发自内心地崇尚法律、遵守法律，进而促使全民自觉推动法治建设的深化。要把树立和践行社会主义核心价值观作为一项重要工作长期推进，一是适时将核心价值观提出的各项要求转化为具有刚性约束力的制度规范，督促人们践行实施；二是发挥政策的激励和导向作用，鼓励人们树立高尚的道德情操，培养职业道德、家庭美德、社会公德与规则意识，引导公民自觉履行法定义务和社会责任；三是广泛开展针对立法机关、执法机关、司法机关以及相关职能部门重点人员的宣传教育，使这一直接参与法治建设的群体能够将核心价值观内化于心、外化于行。另外，还应当注重发挥伦理道德的教化作用。在一定意义上，法律体现了最低限度的道德要求，道德所允许和认可的，一般不会偏离法律的要求，因而，在运用大量人力、财力、物力向公众普法宣教的同时，更应当注重对人们身边好人好事、美德善举的挖掘和宣传，将德治与法治有机结合，积极弘扬中华传统文化中有益的道德伦理，使公民恪守道德底线，自觉崇德尚法，进而带动法治队伍思想建设，促使立法、执法、司法工作既满足法律要求，又符合道德情理。

（四）将弘扬中国特色法律治理观念贯穿渗透于全面建成小康社会的具体进程之中，以"法治小康"推动"全面小康"的早日实现

首先，要立足于公民法律意识的培育，通过唤醒个体权利意识与法律情感，逐步使民众自觉形成崇尚法律、遵守法律、依法办事的生活方式，进而带动法治精神在全社会的确立。法治是小康社会的基本要素，全面建成小康社会本身内含着法治的全面实现，公民是社会的有机组成部分，公民个体的法律意识水平直接关系到整个社会的法治化进程，关乎全面建成小康社会的

实现程度。因此,必须在全面推进依法治国的各项实践路径中高度关注公民个体权利意识、规则意识、法律意识的倡导培育,摒弃阻碍法治精神实现的法律工具主义以及人治思想,从增进法律的人文关怀入手,在立法、执法、司法的各项工作中体现公民意志、保护公民权利,更好地满足小康社会状态中公民关于权利保护、诉求表达、意见反映的需求,只有这样,作为全面建成小康社会的主要推动者与最终受益者,广大民众才能真正认识到法律对自身诉求与利益的反映,才能切实感受到实行法治所带来的实惠,从而自觉信仰法律、执行法律、维护法治。

其次,要抓住全面建成小康社会的领导关键,从党员干部法治观的培育践行入手规范权力运行,将法治化实现程度纳入全面小康的考核体系。办好中国的事情关键在于党的领导,在于抓住党员领导干部这一关键少数,为此,在全面建成小康的进程中,一要大力增强党员领导干部的法治意识,以中国特色法律治理观念引导他们通过想问题、办事情,逐步改变领导干部单纯依靠政治意志甚至个人意志治理社会的旧局面,使之乐于并善于依靠法律与制度机制解决问题,自觉成为法律的践行者与带路人;二要通过法治方式规范权力运行,健全和完善党内法规,科学设定党组织集体研究、集体决策的程序机制,更好地发挥民主集中制的功能,将权力关进制度的笼子,杜绝事关经济、政治、文化、社会、生态等领域重大决策的"人治"倾向与长官意志;三要加大干部选拔任用中法治能力的考核比重,各级组织部门不仅要注重全面建成小康社会中干部在经济、社会、民生、生态等方面的工作考核,更要注重对干部法治素养与依法办事能力的考核,优先任用能够带头守法,有效运用法治方式发展经济、治理社会、改善民生的领导干部,引导广大党员领导干部树立起正确的政绩观、发展观和法治观。

再次,要注重发挥立法、执法、司法等法治实践的载体价值,通过"法治小康"目标的达成推动全面小康的整体进程。其一,要进一步完善以宪法为核心的中国特色社会主义法律体系,在服务经济社会整体水平提升的同时,树立以全面建成小康社会总布局为目标的立法导向,增强法制层面"顶层设计"的科学性与包容性,有效规避法律、行政法规、规章、规范性文件以及党内法规之间的冲突与矛盾。一方面,加快制定修改教育、医疗、住房、生态环保、食品安全、社会治安等事关民计民生的法律法规,通过立法途径明确和调整各方权利主体之间的利益关系，最大程度地调动一切积极力量参与到国家治理与小康社会的建设进程当中；另一方面，在明确法治基本原则、方针和路径的基础上，深化关于新形势下规范市场活动的前瞻性研究，为各项具体改革创新的制度设计预留法律空间与标准尺度，激发各市场主体在改革建设领域的积极性与主动性。其二，要进一步创新执法理念、规范执法程序、落实执法制度，严格公正执法的各项要求，各级执法机关必须树立法律面前人人平等、尊重和保障人权的法治意识，增强执法办案环节的证据意识、权限意识、责任意识、法律意识，把执法程序是否正当合法作为执法活动重要的评价标准，提高执法工作的网络信息化水平，提升执法效能，最大限度地化解社会矛盾，促进经济社会发展与群众权利实现。其三，要进一步强化司法公正与司法公开，一是以公开促公正，公开制定司法标准，把执行各项司法标准缺位、失位、越位的行为"晒"出来，督促有关单位和个人自觉按照司法标准执法办案，公开各项司法信息与流程，做到让执法者心里有数，让当事人明明白白，让社会监督有据可查。二是以民主促公正，通过建立健全民意收集、甄别、吸收、反馈机制，畅通人民群众和相关单位的诉求反映渠道，防止以言代法、以权压法、徇私枉法，使司法的整个过程都能听到"群众的声音"。

结　语

　　本书的整体架构围绕中国特色法律治理观念搭建，集中探讨中国特色法律治理观念及其思想理论来源。从字面意义上分解"中国特色"表明本书所提出的法治观，着眼于当代中国人的法治思维方式和价值观念，是汲取中华文化精华、反映中国历史、基于中国国情的思想理论；"社会主义"强调对马克思主义基本原理和基本理论观点的坚持与继承，为社会主义法治实践提供了最为重要的价值指引与科学的方法论，并明确了中国共产党领导下中国法治的理论与实践所应坚守的社会主义目标与方向；"法治观"则吸收兼容了西方法治理论的思想来源和主流观点，以及不同时期社会主义国家法治实践的经验认识和重要镜鉴，涵盖了宪法中心论、反人治论等重要的现代法治思想，为全面依法治国、实现国家治理现代化提供了有效的思想来源。总之，本书力图从"中国特色""社会主义""法治观"三个概念维度入手，建构中国特色法律治理观念的学理框架与理论内涵，从整体上把握中国法治迈向现代化的过程和全局。

　　在此，笔者还要说明几点：

　　第一，中国特色法律治理观念是具有"党性"的法治观。改革开放以来，随着中国法治进程的深入，各种政治法律思潮竞相涌现、激荡碰撞，这些思想学说在一定程度上都有着自身的价值倾向和政治立场，试图对党在国家政治经济发展与社会治理中的决策判断和政策导向施以影响。面对多元的法治理论和价值选择，在党的领导下强化和引领人民的价值认同就显得十分必要。因此，构建于党的领导基础之上的法治理论形态，既要在意识形态领域坚持马克思主义法治思想的指导，又要注重立足于中国特有的历史文化、国情现实和法治环境，还要注重在价值层面处理好同世界法治潮流的融合对接。基于此，笔者希冀通过建构一个以马克思主义法治思想为指导的新的法治理论形态，助力"全面依法治国"新常态下党的法治理论创新。从这个意义上讲，本书所构建的中国特色法律治理观念，本身也可以作为与党的法治目标直接相对应的理论形态，即中国共产党的法治观。需要指出的是，在本书的写作中笔者虽以苏联法治理论与实践的悖离为镜鉴，相对全面地梳理阐释了中国共产党历代领导集体的法治观，但并没有关照到新中国成立后我国民主法治遭受重大挫折、曲折发展的一段历史，由此，在论证中国特色法律治理观念的历史必然性上可能略显单薄。

第二，构建中国特色法律治理观念不能离开中华传统文化。在本书的写作中，笔者通过对中华传统文化中"法治"思想的研究梳理，提出以儒家伦理思想为主干的"伦理法"构成中国古代法治观精神内核的观点，指出中国古代伦理法具有兼容众家思想中法的精神和法律规范的特征。正是由于中国古代伦理法建构于以"礼治"为核心的儒家伦理法体系之上，有效地维护了皇权统治的合法性与稳定性，因此才能够被确立为封建正统法治观并得以长期沿用。传统文化的基因是渗入中国人骨髓的，即便在当今社会发展大变革的环境之下，伦理法对现代政治逻辑、生产方式、生活观念的影响都是十分巨大的，中国特色法律治理观念必须在对古代法治观的扬弃中，去其糟粕、取其精华，完成其现代性转化，注重从人的思想价值观层面教化引导，将法的规范、权威、秩序价值融于社会主义核心价值观的伦理道德之中，促使每个公民从内心深处接受并认同法律的约束。不过，对中华传统优秀文化的继承，绝不能取代对马克思主义指导思想的坚持，近代以来，经历过中西文化碰撞和现代科技洗礼的中国，支撑传统文化的制度体系和社会思想基础已发生本质性改变，法治中国的现实图景须有效融合于"世界潮流"的新形势。因此，在此基础上所构建的中国特色法律治理观念，也应更多地着眼于国际法治，"既追求现代性的实现又试图扬弃资本主义现代性，克服资本主义现代性的弊端"[①]。

第三，中国特色法律治理观念应当作为一个动态开放的理论形态而存在。

---

① 陈学明，等. 中国为什么还需要马克思主义［M］. 天津：天津出版传媒集团，天津人民出版社，2013：244.

中国特色法律治理观念本身可以看作中国特色社会主义理论体系的一个组成部分或子系统。同"理论体系"需要不断发展创新一样，法治观理论的创新也要随着制度设计和实践推进而不断深化，因此，作为开放动态的理论形态，中国特色法律治理观念需要吸纳各个发展阶段党的最新理论成果，并加以融合衔接，使之以一个有机整体的理论面貌作用于法治实践。从当前来看，"四个全面"战略布局的提出表征着中国特色社会主义理论的最新成果，可以肯定的是，实现"四个全面"布局下"法治中国"的目标要求，将成为未来一段时期指引我国民主法治建设的基本遵循。基于此，本书专门设计一部分内容，就处理好中国特色法律治理观念与"四个全面"战略布局之间的关系问题进行了阐述，并使之同中国特色法律治理观念的实现路径联系起来，从理论和实践两个层面更为准确地反映了中国法治的时代要求和现实需要，在"理论体系"的框架内丰富法治观的思想内容，把握法治实践的规律性特征，助推社会主义法治理论进一步深化。不过，随着中国改革与发展的不断推进，从更为长远的视角来看，对于中国特色法律治理观念能在多大程度上兼容其他思想理论、兼容哪些思想理论、怎样融合兼容等问题，还须从逻辑脉络、理论架构、实践内容等方面作进一步研究和完善。

参考文献

（一）经典著作和党的文献

1. 马克思恩格斯选集：第1—4卷[M]．北京：人民出版社，2012．

2. 马克思恩格斯文集：第1—10卷[M]．北京：人民出版社，2009．

3. 列宁专题文集——论马克思主义[M]．北京：人民出版社，2009．

4. 列宁专题文集——论辩证唯物主义和历史唯物主义[M]．北京：人民出版社，2009．

5. 列宁专题文集——论资本主义[M]．北京：人民出版社，2009．

6. 列宁专题文集——论社会主义[M]．北京：人民出版社，2009．

7. 列宁专题文集——论无产阶级政党[M]．北京：人民出版社，2009．

8. 列宁选集：第1—4卷[M]．北京：人民出版社，2012．

9. 斯大林选集：上、下卷[M]．北京：人民出版社，1979．

10. 毛泽东选集：第1—4卷[M]．北京：人民出版社，1991．

11. 毛泽东文集：第1—8卷[M]．北京：人民出版社，1993．

12. 毛泽东选集：第5卷[M]．北京：人民出版社，1977．

13. 邓小平文选：第3卷[M]．北京：人民出版社，1993．

14. 邓小平文选：第1—2卷[M]．北京：人民出版社，1994．

15. 江泽民文选：第1—3卷[M]．北京：人民出版社，2006．

16. 江泽民．江泽民论有中国特色社会主义（专题摘编）[M]．北京：中央文献出版社，2002．

17. 江泽民．江泽民论加强和改进执政党建设（专题摘编）[M]．北京：中央文献出版社，2004．

18. 江泽民. 全面建设小康社会　开创中国特色社会主义事业新局面 [M]. 北京：人民出版社，2002.

19. 胡锦涛. 在"三个代表"重要思想理论研讨会上的讲话 [M]. 北京：人民出版社，2003.

20. 胡锦涛. 在毛泽东同志诞辰110周年纪念大会上的讲话 [M]. 北京：人民出版社，2003.

21. 胡锦涛. 在邓小平同志诞辰100周年纪念大会上的讲话 [M]. 北京：人民出版社，2004.

22. 胡锦涛. 高举中国特色社会主义伟大旗帜　为夺取全面建设小康社会新胜利而奋斗 [M]. 北京：人民出版社，2007.

23. 胡锦涛. 坚定不移沿着中国特色社会主义道路前进　为全面建成小康社会而奋斗 [M]. 北京：人民出版社，2012.

24. 习近平. 在纪念毛泽东同志诞辰120周年座谈会上的讲话 [M]. 北京：人民出版社，2013.

25. 习近平. 在第十二届全国人民代表大会第一次会议上的讲话 [M]. 北京：人民出版社，2013.

26. 习近平. 在首都各届纪念现行宪法公布施行30周年大会上的讲话 [M]. 北京：人民出版社，2012.

27. 习近平. 习近平谈治国理政 [M]. 北京：外文出版社，2014.

28. 本书编写组. 党的十八届五中全会《建议》学习辅导百问 [M]. 北京：党建读物出版社，学习出版社，2015.

29. 本书编写组. 党的十八届四中全会《决定》学习辅导百问 [M]. 北京：党建读物出版社，学习出版社，2014.

30. 人民日报评论部. 习近平用典 [M]. 北京：人民日报出版社，2015.

31. 人民日报评论部. "四个全面"学习读本 [M]. 北京：人民出版社，2015.

32. 中共中央文献研究室. 习近平关于实现中华民族伟大复兴的中国梦论述摘编 [M]. 北京：中央文献出版社，2014.

33. 中共中央宣传部. 习近平总书记系列重要讲话读本 [M]. 北京：学习出版社，人民出版社，2014.

34. 中共中央文献研究室，中央党的群众路线教育实践活动领导小组办公室. 习近平关于党的群众路线教育实践活动论述摘编［M］. 北京：党建读物出版社，中央文献出版社，2014.

35. 中共中央文献研究室. 三中全会以来的重要文献选编（上）［M］. 北京：人民出版社，1982.

36. 中共中央文献研究室. 十六大以来重要文献选编（上）［M］. 北京：中央文献出版社，2005.

37. 中共中央文献研究室. 十七大以来重要文献选编（上）［M］. 北京：中央文献出版社，2009.

38. 中共中央文献研究室. 十七大以来重要文献选编（中）［M］. 北京：中央文献出版社，2011.

39. 中共中央文献研究室. 十八大以来重要文献选编（上）［M］. 北京：中央文献出版社，2014.

40. 中共中央文献研究室. 习近平关于全面深化改革论述摘编［M］. 北京：中央文献出版社，2014.

41. 最高人民法院中国特色社会主义法治理论研究中心. 法治中国——学习习近平总书记关于法治的重要论述［M］. 北京：人民法院出版社，2014.

42. 习近平. 在纪念中国人民抗日战争暨世界反法西斯战争胜利69周年座谈会上的讲话［N］. 人民日报，2014-9-4（2）.

43. 习近平. 在庆祝全国人民代表大会成立60周年大会上的讲话［N］. 人民日报，2014-9-6（2）.

44. 习近平. 在庆祝中国人民政治协商会议成立65周年大会上的讲话［N］. 人民日报，2014-9-22（2）.

45. 习近平. 中国共产党人是中国优秀传统文化忠实继承者——在纪念孔子诞辰2565周年国际学术研讨会暨国际儒学联合会第五届会员大会开幕式上的讲话［N］. 人民日报，2014-9-25（2）.

46. 习近平. 在党的群众路线教育实践活动总结大会上的讲话［N］. 人民日报，2014-10-9（2）.

47. 习近平. 联通引领发展，伙伴聚集合作—在"加强互联互通伙伴关系"东道主伙伴对话会上的讲话［N］. 人民日报，2014-11-9（2）.

48. 习近平. 谋求持久发展，共筑亚太梦想——在亚太经合组织工商领导人峰会开幕式上的演讲 [N]. 人民日报，2014-11-10 (2).

49. 习近平. 在中央全面深化改革领导小组第十次会议上的讲话 [N]. 人民日报，2015-02-28 (2).

50. 习近平. 在省部级主要领导干部学习贯彻十八届四中全会精神 全面推进依法治国专题研讨班开班仪式上发表的重要讲话 [N]. 人民日报，2015-02-03 (2).

51. 习近平. 同党外人士共迎新春时的讲话 [N]. 人民日报，2015-02-13 (2).

52. 习近平. 同中央党校县委书记研修班学员座谈时的讲话 [N]. 人民日报，2015-01-13 (2).

53. 习近平. 在十八届中央纪委五次全会上的讲话 [N]. 人民日报，2015-01-14 (2).

54. 习近平. 决胜全面建成小康社会 夺取新时代中国特色社会主义伟大胜利——在中国共产党第十九次全国代表大会上的报告 [M]. 北京：人民出版社，2017.

（二）中文著作

1. 王伟光. 中国特色社会主义理论体系研究 [M]. 北京：人民出版社，2012.

2. 李慎明. 居安思危——苏共亡党二十年的思考 [M]. 北京：社会科学文献出版社，2011.

3. 萧灼基. 马克思传 [M]. 北京：中国社会科学出版社，2008.

4. 萧灼基. 恩格斯传 [M]. 北京：中国社会科学出版社，2008.

5. 蔡定剑. 论道宪法 [M]. 北京：译林出版社，2011.

6. 俞吾金. 被遮蔽的马克思 [M]. 北京：人民出版社，2012.

7. 董四代. 民生主义与中国特色社会主义 [M]. 北京：中央编译出版社，2011.

8. 于昆. 和谐社会视野下的党群关系研究 [M]. 北京：人民出版社，2009.

9. 万俊人. 寻求普世伦理 [M]. 北京：北京大学出版社，2009.

10. 刘爱龙. 立法的伦理分析 [M]. 北京：法律出版社，2008.

11. 强世功. 法律人的城邦 [M]. 上海：上海三联书店，2003.

12. 吕世伦，文正邦. 法哲学论 [M]. 北京：中国人民大学出版社，1999.

13. 黎民，张小山. 西方社会学理论 [M]. 武汉：华中科技大学出版社，2005.

14. 张晋藩. 中国司法制度史 [M]. 北京：人民法院出版社，2004.

15. 吴经熊. 法律哲学研究 [M]. 北京：清华大学出版社，2005.

16. 公丕祥. 法制现代化的挑战 [M]. 武汉：武汉大学出版社，2006.

17. 孔祥俊. 司法理念与裁判方法 [M]. 北京：法律出版社，2005.

18. 季卫东. 正义思考的轨迹 [M]. 北京：法律出版社，2007.

19. 王利明. 司法改革研究 [M]. 北京：法律出版社，2001.

20. 张文显. 二十世纪西方法哲学思潮研究 [M]. 北京：法律出版社，2006.

21. 张岱年. 中国伦理思想研究 [M]. 南京：江苏教育出版社，2005.

22. 林端. 儒家伦理与法律文化 [M]. 北京：中国政法大学出版社，2002.

23. 侯廷智，邰丽华. 马克思主义法学思想理论及其现实意义 [M]. 北京：首都经济贸易大学出版社，2011.

24. 谭智华. 法治与社会和谐 [M]. 北京：人民法院出版社，2009.

25. 刘海年，李步云，李林. 依法治国建设社会主义法治国家 [M]. 北京：中国法制出版社，1996.

26. 冯友兰. 中国哲学史新编（上）[M]. 北京：人民出版社，1998.

27. 孙春增. 先秦法哲学思想研究 [M]. 济南：山东大学出版社，2009.

28. 武树臣. 儒家法律传统 [M]. 北京：法律出版社，2003.

29. 程竹汝. 司法改革与政治发展 [M]. 北京：中国社会科学出版社，2001.

30. 蒋立山. 法律现代化——中国法治道路问题研究 [M]. 北京：中国法制出版社，2006.

31. 公丕祥. 法制现代化研究：第5卷 [M]. 南京：南京师范大学出版社, 1999.

32. 赵宝云. 西方五国宪法通论（修订本）[M]. 北京：中国人民公安大学出版社, 2005.

33. 宋英辉, 郭成伟. 当代司法体制研究 [M]. 北京：中国政法大学出版社, 2002.

34. 沈德咏. 中国特色社会主义司法制度论纲 [M]. 北京：人民法院出版社, 2009.

35. 张晋藩. 中国司法制度史 [M]. 北京：人民法院出版社, 2004.

36. 余金成. 劳动论纲 [M]. 天津：天津社会科学院出版社, 1995.

37. 荣长海, 董四代. 社会主义思想史 [M]. 天津：天津社会科学院出版社, 2000.

38. 王文兴, 杜鸿林. 哲学社会科学论著写作规范与技巧 [M]. 天津：天津人民出版社, 2011.

39. 王长江. 政党论 [M]. 北京：人民出版社, 2009.

40. 高新民, 张希贤. 中国共产党建设史 [M]. 北京：中共中央党校出版社, 2009.

41. 郑永年. 中国模式：经验与困局 [M]. 杭州：浙江人民出版社, 2010.

42. 高振强, 孟德楷. 法治精神要论 [M]. 北京：法律出版社, 2013.

43. 林汐. 依法治国新征程学习读本 [M]. 北京：国家行政学院出版社, 2014.

44. 刘泽华. 中国政治思想通史 [M]. 北京：中国人民大学出版社, 2014.

45. 郑永年. 中国改革三步走 [M]. 北京：东方出版社, 2012.

46. 李培林, 等. 社会冲突与阶级意识 [M]. 北京：社会科学文献出版社, 2005.

47. 雷广臻. 中国近代思想史论 [M]. 北京：北京师范大学出版社, 2012.

48. 高全喜. 思想的界碑——西方政治思想史讲稿 [M]. 杭州：浙江大

学出版社，2012.

49. 张晋藩. 中国司法制度史［M］. 北京：人民法院出版社，2004.

50. 张希坡，韩延龙. 中国革命法制史［M］. 北京：中国社会科学出版社，2007.

51. 李龙. 新中国法制建设的回顾与反思［M］. 北京：中国社会科学出版社，2004.

52. 李龙. 以人为本与法理学的创新［M］. 北京：中国社会科学出版社，2010.

53. 甄小英，等. 党群关系新论［M］. 北京：中共中央党校出版社，2001.

54. 张光博. 坚持马克思主义法律观［M］. 长春：吉林人民出版社，2005.

55. 陈业宏，唐鸣. 中外司法制度比较［M］. 北京：商务印书馆，2000.

56. 何勤华. 法律文化史谭［M］. 北京：商务印书馆，2004.

57. 公丕祥. 权利现象的逻辑［M］. 济南：山东人民出版社，2002.

58. 龚群. 当代西方道义论与功利主义研究［M］. 北京：中国人民大学出版社，2002.

59. 胡锦光. 违宪审查比较研究［M］. 北京：中国人民大学出版社，2000.

60. 刘泽华. 中国政治思想史［M］. 杭州：浙江人民出版社，1996.

61. 林尚立. 当代中国政治形态研究［M］. 天津：天津人民出版社，2000.

62. 陈光中. 中国司法制度的基础理论专题研究［M］. 北京：北京大学出版社，2005.

63. 季卫东. 正义思考的轨迹［M］. 北京：法律出版社，2007.

64. 资中筠. 启蒙与中国社会转型［M］. 北京：社会科学文献出版社，2011.

65. 赵明. 正义的历史映像［M］. 北京：法律出版社，2007.

66. 林端. 儒家伦理与法律文化［M］. 北京：中国政法大学出版社，2002.

67. 叶必丰. 行政法的人文精神[M]. 北京：北京大学出版社, 2005.
68. 吴经熊. 法律哲学研究[M]. 北京：清华大学出版社, 2005.
69. 张中秋. 中西法律文化比较研究[M]. 北京：中国政法大学出版社, 2006.
70. 万其刚. 立法理念与实践[M]. 北京：北京大学出版社, 2006.
71. 蔡文鹏. 信仰危机与苏联的命运[M]. 北京：社会科学出版社, 2012.
72. 公丕祥. 马克思主义法学中国化的进程[M]. 北京：法律出版社, 2012.
73. 李光灿, 吕世伦. 马克思恩格斯法律思想史（修订版）[M]. 北京：法律出版社, 2001.
74. 付子堂. 马克思主义法律思想研究[M]. 北京：高等教育出版社, 2005.
75. 李可. 马克思恩格斯环境法哲学初探[M]. 北京：法律出版社, 2006.
76. 于向阳. 法治论[M]. 济南：山东人民出版社, 2003.
77. 武建奇. 马克思的产权思想[M]. 北京：中国社会科学出版社, 2008.
78. 黄和新. 马克思所有权思想研究[M]. 南京：南京师范大学出版社, 2005.
79. 公丕祥. 马克思的法哲学革命[M]. 杭州：浙江人民出版社, 1987.
80. 张恒山. 法治与党的执政方式研究[M]. 北京：法律出版社, 2004.
81. 苏力. 法治及其本土资源[M]. 北京：中国政法大学出版社, 1996.
82. 叶传星. 转型社会中的法律治理——当代中国法治进程的理论探讨[M]. 北京：法律出版社, 2012.
83. 徐建波. 法学家眼中的中国法治[M]. 北京：中国方正出版社, 2003.

（三）中文译著

1. [法]雅克·阿塔利. 卡尔·马克思[M]. 刘成富, 等译. 上海：上海人民出版社, 2010.

2. [法] 卢梭. 社会契约论 [M]. 何兆武, 译. 北京: 商务印书馆, 2003.

3. [法] 卢梭. 论人类不平等的起源和基础 [M]. 李平沤, 译. 北京: 商务印书馆, 2007.

4. [法] 涂尔干. 孟德斯鸠与卢梭 [M]. 李鲁宁, 等译. 上海: 上海人民出版社, 2003.

5. [美] 小杰克·F. 马特洛克. 苏联解体亲历记 [M]. 吴乃华, 等译. 北京: 世界知识出版社, 1996.

6. [意] 马基雅维里. 君主论 [M]. 王水, 译. 上海: 文汇出版社, 2010.

7. [美] 丹尼斯·M. 帕特森. 法律与真理 [M]. 陈锐, 译. 北京: 中国法制出版社, 2007.

8. [美] 庞德. 法律史解释 [M]. 邓正来, 译. 北京: 中国法制出版社, 2002.

9. [美] 富勒. 法律的道德性 [M]. 郑戈, 译. 北京: 商务印书馆, 2005.

10. [美] 约翰·罗尔斯. 作为公平的正义——正义新论 [M]. 姚大志, 译. 上海: 上海三联书店, 2001.

11. [美] 约翰·罗尔斯. 政治自由主义 [M]. 万俊人, 译. 北京: 译林出版社, 2000.

12. [美] 德沃金, 信春鹰, 吴玉章, 等. 认真对待权利 [M]. 上海: 上海三联书店, 2008.

13. [美] 波斯纳. 法理学问题 [M]. 苏力, 译. 北京: 中国政法大学出版社, 2002.

14. [美] 乔治·P. 弗莱切. 隐藏的宪法 [M]. 陈绪纲, 译. 北京: 北京大学出版社, 2009.

15. [美] 约翰·罗尔斯. 正义论 [M]. 谢延光, 译. 上海: 上海译文出版社, 1991.

16. [美] 安德雷·马默. 法律与解释 [M]. 张卓明, 徐宗立, 等译.

北京：法律出版社，2006.

17. ［苏］托洛斯基. 斯大林评传［M］. 齐干，译. 上海：上海三联书店，2011.

18. ［英］雷蒙·威廉斯. 关键词——文化与社会的词汇［M］. 刘建基，译. 北京：生活·读书·新知三联书店，2005.

19. ［英］尼尔·麦考密克. 法律推理与法律理论［M］. 姜峰，译. 北京：法律出版社，2005.

20. ［英］杰弗里·托马斯. 政治哲学导论［M］. 顾肃，刘雪梅，译. 北京：中国人民大学出版社，2006.

21. ［英］约翰·洛克. 政府论两篇［M］. 赵伯英，译. 西安：陕西人民出版社，2004.

22. ［英］霍布斯. 利维坦论国家［M］. 张妍，赵闻道，译. 长沙：湖南文艺出版社，2011.

23. ［英］哈特. 法律的概念［M］. 许家馨，李冠宜，译. 北京：法律出版社，2006.

24. ［英］安东尼·奥格斯. 规制：法律形式与经济学理论［M］. 骆梅英，译. 苏苗军，校. 北京：中国人民大学出版社，2008.

25. ［德］考夫曼. 法律哲学［M］. 刘幸义，等译. 北京：法律出版社，2004.

26. ［德］韦伯. 法律社会学［M］. 康乐，简惠美，译. 桂林：广西师范大学出版社，2005.

27. ［德］康德. 道德形而上学原理［M］. 苗力田，译. 上海：上海人民出版社，2005.

28. ［德］韦伯. 学术与政治［M］. 冯克利，译. 上海：上海三联书店，2005.

29. ［澳］迈克尔·黑德. 叶夫根尼·帕舒卡尼斯：一个批判性的再评价［M］. 刘蔚铭，译. 北京：法律出版社，2012.

30. ［德］黑格尔. 历史哲学［M］. 张作成，车仁维，译. 北京：北京出版社，2008.

31. ［比］马克·范·胡克，等. 比较法的认识论与方法论［M］. 魏磊杰，朱志昊，译. 北京：法律出版社，2012.

32. ［日］大木雅夫. 东西方法观念比较［M］. 华夏，战宪斌，译. 北京：北京大学出版社，2005.

33. ［古罗马］查士丁尼. 法学总论——法学阶梯［M］. 张企泰，译. 北京：商务印书馆，1990.

34. ［古希腊］亚里士多德. 政治学［M］. 吴寿彭，译. 北京：商务印书馆，1996.

35. ［古希腊］亚里士多德. 修辞学［M］. 罗念生，译. 上海：上海三联书店，1996.

36. ［古希腊］柏拉图. 理想国［M］. 郭斌和，等译. 北京：商务印书馆，1986.

37. ［古希腊］柏拉图. 法律篇［M］. 张智仁，等译. 上海：上海人民出版社，2001.

38. ［古希腊］亚里士多德. 尼各马可伦理学［M］. 廖申白，译. 北京：商务印书馆，2003.

（四）中文期刊

1. 王建国. 列宁的司法权思想及其对当代中国的影响［J］. 河北法学，2011（7）.

2. 朱前星. 试论中国特色的社会主义司法话语权理论［J］. 科学社会主义，2012（4）.

3. 黄佳. "社会主义法治理念"的发展与实践——从司法改革看法制建设新成就［J］. 长春师范大学学报（人文社会科学版），2014（2）.

4. 朱立恒. 人权保障与社会主义司法文明［J］. 科学社会主义（双月刊），2012（5）.

5. 左春和. 司法的本真［J］. 社会科学论坛，2014（5）.

6. 崔永东. 司法价值论与司法平衡论［J］. 法学杂志，2012（9）.

7. 苏瑞莹，马拥军. 论西方马克思主义法学的总体特征［J］. 河北学刊，2013（3）.

8. 洪冬英. 以法院文化建设推动司法的改革与发展［J］. 法学，2012

(11).

9. 于浩. 法律价值再检讨：以自由为视角 [J]. 西南政法大学学报, 2014 (2).

10. 王信芳. 新时期群众路线司法价值的发掘、思考与实践 [J]. 人民司法, 2012 (7).

11. 谷丰. 论法心理学视域下司法的"能动"与"克制"价值平衡 [J]. 学理论, 2013 (23).

12. 公丕祥. 当代中国的自主型司法改革道路———基于中国司法国情的初步分析 [J]. 法律科学, 2010 (3).

13. 文正邦. 论司法改革与公民参与问题 [J]. 法学, 2010 (3).

14. 江平. 司法改革应向世界主流看齐 [J]. 炎黄春秋, 2012 (12).

15. 李林, 熊秋红. 积极稳妥有序推进司法体制改革试点 [J]. 求是, 2014 (16).

16. 王申. 科层行政化管理下的司法独立 [J]. 法学, 2012 (11).

17. 杨小军. 法治中国视域下的司法体制改革研究 [J]. 法学杂志, 2014 (03).

18. 刘露. 我国台湾地区司法改革述评 [J]. 武汉理工大学学报 (社会科学版), 2013 (1).

19. 陈明凡. 越南的司法改革 [J]. 云南社会科学, 2013 (1).

20. 姜保忠. 德国新一轮司法改革及其对我国的借鉴意义 [J]. 西北民族大学学报 (哲学社会科学版), 2007 (5).

21. 王谧. 新加坡司法价值观对我国的启示 [J]. 前沿, 2012 (16).

22. 孙洪敏. 让人民监督权力是推进政府绩效管理的根本路径 [J]. 南京社会科学, 2014 (2).

23. 朱俊, 汪玉奇. 中国梦的理论框架与逻辑解构 [J]. 江西社会科学, 2014 (7).

24. 韩大元. 试论宪法解释的效力 [J]. 山东社会科学, 2005 (6).

25. 任喜荣. 集体行使监督职权原则的法律方法解析 [J]. 当代法学, 2009 (5).

26. 王胜俊. 深入学习实践科学发展观坚持为大局服务为人民司法 [J].

求是，2009（4）.

27. 孙笑侠. 法律家的技能与伦理［J］. 法学研究，2001（4）.

28. 陈瑞华. 司法权的性质［J］. 法学研究，2000（5）.

29. 李方祥. 重评20世纪30年代"中国本位文化"论［J］. 中共福建省委党校学报，2007（9）.

30. 刘茂林. 宪法秩序作为中国宪法学范畴的证成及意义［J］. 中国法学，2009（4）.

31. 冯果. 宪法秩序下的经济法法权结构探究［J］. 甘肃社会科学，2008（4）.

32. 陈占安. "马克思主义中国化"的科学内涵［J］. 思想理论教育导刊，2007（1）.

33. 陈金钊. 法学中国化问题探索［J］. 山东社会科学，2006（4）.

34. 蒋传光. 马克思主义法律思想的中国化及其在当代中国的新发展［J］. 上海师范大学学报（社会科学版），2007（4）.

35. 蒋传光，张波. 马克思主义法律思想中国化的哲学路径探析［J］. 毛泽东邓小平理论研究，2009（6）.

36. 郭建宁. 马克思主义中国化的文化解读［J］. 北京行政学院学报，2007（1）.

37. 李龙. "马克思主义法律思想中国化"与法学的创新［J］. 武汉大学学报（人文科学版），2005（4）.

38. 马治国. 马克思主义法律思想的中国化——马克思主义法律思想对中国特色社会主义法制建设的指导地位［J］. 中国特色社会主义研究，2008（5）.

39. 刘茂林，仪喜峰. 宪法是组织共同体的规则［J］. 法学评论，2007（5）.

40. 刘旺洪. 论社会主义法治理念［J］. 唯实，2008（5）.

41. 文正邦. 马克思主义法哲学中国化研究论纲［J］. 法治研究，2008（9）.

42. 王宗礼. 试论人民民主的理论和实践［J］. 政治学研究，2008（4）.

43. 刘杰. 如何评价改革开放以来的中国政治体制改革［J］. 科学社会主

义，2008（3）.

44. 张文显. 社会主义法治理念导言［J］. 法学家，2006（5）.

45. 张文显. 人民法院司法改革的基本理论与实践进程［J］. 法制与社会发展，2009（3）.

46. 周世中. 马克思主义法理学的中国化及其进程［J］. 山东社会科学，2006（10）.

47. 公丕祥. 中国特色社会主义司法改革道路概览［J］. 法律科学，2008（5）.

48. 张建君. 中国经济转型道路：过程及特征［J］. 当代经济研究，2008（5）.

49. 邢冰. 马克思主义法律思想中国化的新发展社会主义法治理念的产生背景与内涵探究［J］. 学术论丛，2009（5）.

50. 孙景宇. 中国的经济转型与国家治理模式演变［J］. 江苏社会科学，2009（1）.

51. 姚莉. 司法效率：理论分析与制度构建［J］. 法商研究，2006（3）.

52. 杨寿堪. 学习历史唯物主义关于群众观点的启示［J］. 湖南社会科学，2012（2）.

53. 刘雪莲. 论全球治理中和谐世界的构建［J］. 吉林大学社会科学学报，2006（5）.

54. 任剑涛. 宪政分权视野中的央地关系［J］. 学海，2007（1）.

55. 何青洲，付子堂. 中国宪政史上的"人民"观［J］. 河南财经政法大学学报，2012（1）.

56. 付子堂，任懿. "人民"的话语实践——关于"文化大革命"时期"人民"内涵流变的法理学反思［J］. 学习与探索，2012（3）.

57. 郭沂. 儒学核心价值观历史演变和现代价值［J］. 浙江学刊，2010（11）.

58. 赵建功. 先秦儒家易学略论［J］. 华中科技大学学报（人文社会科学版），2002（6）.

59. 管建莉. 为政以德的思想及其现实意义探微［J］. 思想理论研究，2009（2）.

60. 杨磊. 儒家思想对现代法治的意义 [J]. 法治论丛, 2004 (11).

61. 孙莉. 德治与法治正当性分析 [J]. 中国社会科学, 2002 (6).

62. 谭德贵. 周易中的法律思想及其影响 [J]. 法学论坛, 2003 (4).

63. 田家官. 马克思主义平等观的现实意义 [J]. 马克思主义研究, 2011 (2).

64. 王建国. 列宁的司法权思想及其对当代中国的影响 [J]. 河北法学, 2011 (7).

65. 吴易风. 产权理论：马克思和科斯的比较 [J]. 中国社会科学, 2007 (2).

66. 陆俊杰. 传统东方社会的法律文化与社会治理——基于马克思晚年人类学笔记的法哲学考察 [J]. 理论月刊, 2014 (8).

67. 李真. 马克思法哲学方法论的承继与超越——以法本质观为视角 [J]. 江西社会科学, 2014 (5).

68. 张小莉, 沈慧. 马克思法哲学方法论思想——以人的历史作用为视角的分析 [J]. 广西社会科学, 2012 (12).

69. 王慧扬. 论当代中国社会主义法治观 [J]. 贵州师范大学学报（社会科学版）, 2012 (2).

70. 莫纪宏. "三个至上"与社会主义法治观 [J]. 华章, 2013 (28).

71. 赵圣熠. 浅析我国社会主义法治观的基本内涵及其哲学底蕴 [J]. 北京联合大学学报（人文社会科学版）, 2009 (2).

72. 王力. 苏联共产党人民群众观的文本与事实困境 [J]. 当代世界社会主义, 2013 (4).

73. 寇清杰. 列宁人民群众观及其当代价值 [J]. 思想理论教育导刊, 2013 (10).

74. 杜鸿林. 重民思想是中国古代人民群众观的核心范畴 [J]. 新华文摘, 2014 (20).

75. 杜鸿林. 习近平对中国特色社会主义人民群众观的丰富发展 [J]. 中共天津市委党校学报, 2014 (5).

76. 杜鸿林. 关于培育和践行社会主义核心价值观的若干思考 [J]. 理论与现代化, 2013 (2).

77. 李其瑞, 邱昭继. 西方马克思主义法学的源流、方法与价值 [J]. 法律科学, 2012 (5).

78. 宋玉波. 西方马克思主义主要流派述评 [J]. 现代法学, 1994 (1).

79. 尹汉宁. 西方民主源流与资产阶级民主的实质 [J]. 红旗文稿, 2013 (18).

80. 周安平. 善治与法治关系的辨析——对当下认识误区的厘清 [J]. 法商研究, 2015 (4).

81. 喻名峰. 法治认同的理论辨析与路径探索 [J]. 湖南师范大学社会科学学报, 2015 (4).

82. 冯炬. 法治中国建设中司法公正思想的理论渊源 [J]. 理论与改革, 2015 (5).

83. 王大为. 法治中国建设视野下的社会组织 [J]. 河北法学, 2015 (11).

84. 陈洪玲. 全面依法治国的内涵及其战略地位 [J]. 山东社会科学, 2015 (7).

85. 张书林. 党领导全面依法治国的三大关系 [J]. 学习论坛, 2015 (11).

86. 公丕祥. 习近平法治思想述要 [J]. 法律科学, 2015 (5).

87. 慎海雄. 全面依法治国必须抓住"关键少数" [J]. 领导科学, 2015 (6).

88. 杨海坤. "四个全面"战略布局下如何全面推进法治政府建设 [J]. 法学评论, 2015 (5).

89. 秦正为. 习近平"四个全面"战略布局的逻辑关系 [J]. 长白学刊, 2015 (3).

90. 贾康. 全面推进依法治国:从政府事权与司法管辖权的合理化看法治化配套改革 [J]. 经济研究, 2015 (1).

91. 张涛, 许晓莲. 论全面依法治国视域下的行政法治——以1993年到2015年《政府工作报告》为分析线索 [J]. 行政与法, 2015 (8).

92. 齐卫平. 树立法治思维 全面依法治国 [J]. 求是, 2015 (7).

93. 邱乘光. "四个全面":演进脉络、基本内涵与科学定位 [J]. 求索,

2015（7）.

94. 邱乘光. 坚持和发展中国特色社会主义的新指南——学习习近平"四个全面"战略思想［J］. 学习论坛，2015（10）.

95. 朱晓静，周绍朋. 推进政府经济管理法治化［J］. 经济与管理研究，2016（1）.

96. 王建国. 法治思维的误区反思与培育路径［J］. 法治研究，2016（1）.

97. 周叶中. 论"党纪新条例"的法技术与法属性［J］. 武汉大学学报（人文科学版），2016（1）.

98. 陈家喜. 党纪与国法：分化抑或协同［J］. 武汉大学学报（人文科学版），2016（1）.

99. 张恒山. 中国特色社会主义法治建设的理论基础［J］. 法制与社会发展，2016（1）.

100. 江国华. 司法立宪主义与中国司法改革［J］. 法制与社会发展，2016（1）.

后 记

本书是在我博士论文的基础上经修改扩展和增加最新观点后形成的。在此，谨对成书过程中对我给予支持和关照的领导、师长、亲属、好友们表示感谢。

我要感谢杜鸿林教授。杜老师一直都是我"仰视"的人，不论是学问还是做人，不论是事业还是生活，不论是理想还是情怀，杜老师的言传身教都深深地印刻在我的脑海之中。我要感谢余金成教授和荣长海教授。余老师的博大宽和，荣老师的睿智通达，是我一生都难以企及但愿意不断学习汲取的宝贵精神财富，二位导师在我的心里分量很重。我要感谢天津美术学院的孙杰、贾广健、蒋宗文、郭振山、李鑫以及付晓霞、范敏、李凤臣。本书最终的修订成形是在美院完成的，这得益于天津美院这样一个充满无限生机的和谐大家庭，正是在诸位领导、师长的科学领导和亲切关怀下，我才能有足够精力和空间投入科研。

原单位和领导也给予了我全面的培养和由衷的关怀。在此，我要感谢天津市宝坻区人民法院和五大道管委会，特别感谢戚忠东、李敬超、王志强、倪贵元、李胜葵、董海明、李广臣、张德岭、郭东洪、孟勇军、李连波以及孙建涛、李哲、吴少雄等同志，没有他们的帮助，我的学术历程无疑将坎坷许多。另外，我要感谢我的父母和家人特别是我的奶奶。好友郝博、赵峥对我关照有加，在此一并感谢。

最后，我还要感谢本书的编辑老师，他们在本书出版的过程中不辞辛劳，针对书稿中的问题与我反复沟通、认真负责，令我甚为感动，在此致以深深的谢意。

本人在书稿写作过程中尽管十分用心，但仍难免力有不逮，书中若存在不当或瑕疵，还望读者和师友们批评指正。

李墨

2019 年 9 月 12 日于天津美术学院